Gerhard Elfers

111 GRÜNDE, LONDON ZU LIEBEN

Eine Liebeserklärung an die großartigste Stadt der Welt

SCHWARZKOPF & SCHWARZKOPF

INHALT

Vorwort:
»We apologize for any inconvenience caused« – Seite 9

1. MAKE YOURSELF COMFORTABLE!
LONDON MAL GANZ ALLGEMEIN – SEITE 13

Weil London nicht zu fassen ist | Weil hier kein Mensch Fußgängerampeln braucht | Weil Achselzucken hier Volkssport ist | Weil hier jeder irgendwie Ausländer ist | Weil London ein eigenes Wörterbuch hat | Weil London im Regen am schönsten ist | Weil man hier die Kunst der Plauderei beherrscht | Weil hier das Wetter per Gesetz geregelt wird | Weil in der Tube ungeschriebene Gesetze gelten | Weil London sich nicht unterkriegen lässt

2. FANCY A PINT?
LONDON GEHT AUS – SEITE 43

Weil das Feiern hier eine eigene Saison hat | Weil nachts der Osten leuchtet | Weil das beste Nachtleben unter Tage stattfindet | Weil hier ständig jemand Theater macht | Weil die Pubkultur ihre eigenen Rituale hat | Weil die Clubs hier wählerisch sind | Weil Schwule und Lesben hier ganz entspannt feiern | Weil es hier für jeden Anlass das passende Restaurant gibt | Weil man hier prima mitsingen kann | Weil man hier über alles lachen darf

3. PLEASE DO NOT TOUCH!
LONDON HINTER GLAS – SEITE 73

Weil man sich hier amüsieren kann wie zu Victorias Zeiten | Weil London jeden Tag ein Klassikparadies ist | Weil Kopien manchmal besser sind als Originale | Weil hier immer jemand auf den

Durchbruch wartet | Weil hier Kinogeschichte geschrieben wird | Weil das schönste Theater in einer Kneipe ist | Weil die besten Künstler auf der Straße abhängen | Weil es auch in der zweiten Reihe viel zu sehen gibt | Weil man hier eine echte Zeitreise unternehmen kann | Weil hier die Erinnerung niemals stirbt

4. MIND THE GAP!
UNTERWEGS IN LONDON – SEITE 103

Weil man hier wirklich kein Auto braucht | Weil London die besten Taxis der Welt hat | Weil die Themse eine gute Adresse ist | Weil die Linie elf London von seiner besten Seite zeigt | Weil U-Bahn-Fahren hier auch was fürs Auge ist | Weil Radeln nicht immer gesund ist | Weil London von Autos Eintrittsgeld verlangt | Weil London nicht nur London ist | Weil man im Schlamm Geschichte(n) findet | Weil London eine echte Endstation hat

5. PREPARE TO BE AMAZED!
LONDON ZUM STAUNEN – SEITE 131

Weil London die schönsten Wolkenkratzer hat | Weil das hässlichste Gebäude der Stadt unter Denkmalschutz steht | Weil es hier überall spukt | Weil hier ein Hafen zur Stadt geworden ist | Weil man hier richtig teuer wohnen kann | Weil Kriege hier nicht kalt werden | Weil es hier noch richtige Royalisten gibt | Weil man hier richtig billig wohnen kann | Weil London die schönste Toilettenspülung der Welt besitzt | Weil man über London nie genug wissen kann

6. FORM AN ORDERLY QUEUE!
UNTER LEUTEN – SEITE 159

Weil man sich hier unter die Schönen und Reichen mischen kann | Weil man in London zum Spenden auf die Straße geht | Weil hier Geburtstage im Gleichschritt gefeiert werden | Weil die Kunst der

Welt hier zu Besuch kommt | Weil man hier nicht einfach ins Kino geht | Weil man hier prima Promis gucken kann | Weil man hier das Leben lernen kann | Weil hier auch dem Gesetz Kathedralen erbaut werden | Weil Silvester hier so schön ruhig ist | Weil London den Aufstand liebt

7. FANCY A CUPPA?
LONDON FÜR GENIESSER – SEITE 189

Weil die britische Küche viel besser ist als ihr Ruf | Weil London seit Jahrhunderten auf derselben Droge ist | Weil hier Molekularküche nicht die Welt kostet | Weil man von schmierigen Löffeln prima essen kann | Weil hier die besten Cocktails gemixt werden | Weil hier niemand »Fish and Chips« isst | Weil die besten Kneipen sich verstecken | Weil man hier die absurdesten Abendessen bekommt | Weil es hier richtig gutes Fastfood gibt | Weil beim Tee der Spaß aufhört

8. SHOP 'TIL YOU DROP!
DIE BESTE EINKAUFSSTADT DER WELT – SEITE 219

Weil hier selbst schuld ist, wer den vollen Preis bezahlt | Weil sich alles um die High Street dreht | Weil es hier alles auch gebraucht gibt | Weil hier soziale Marktwirtschaft neu definiert wird | Weil London die besten Kaufhäuser hat | Weil es hier Straßen nur für Männer gibt | Weil die Grenzen zwischen Shop und Museum hier fließend sind | Weil die Redchurch Street nie langweilig wird | Weil London ein einziger Markt ist | Weil man hier nicht im Freien einkaufen muss | Weil zum Ersten, zum Zweiten und zum Dritten

9. GET A MOVE ON!
LONDON FÜR AKTIVBOLZEN – SEITE 255

Weil man nirgendwo so schön baden gehen kann | Weil man hier eine ruhige Kugel schieben kann | Weil man sich nirgendwo besser die Kugel geben kann | Weil man hier gut abhängen kann | Weil London Olympiastadt ist | Weil hier an jeder Ecke das kleine Glück wartet | Weil man hier den Bäumen aufs Dach steigen kann | Weil London die schönsten Sportanlagen hat | Weil man zum Wandern nicht in die Berge muss | Weil man im Theater nicht unbedingt stillsitzen muss

10. ONLY IN LONDON!
WAS DIESE STADT SO EINZIGARTIG MACHT – SEITE 285

Weil man Straßennamen hier wörtlich nehmen darf | Weil London eine Königin hat | Weil man hier auf die Popstar-Schule gehen kann | Weil die Welt der Mode sich um London dreht | Weil die Straßen mit Silikon gepflastert sind | Weil die Welt auf London blickt | Weil Künstler hier Kriege führen | Weil London eine große Klappe hat | Weil Weihnachten hier früh losgeht | Weil irgendwann jeder drankommt

11. CALM DOWN, DEAR!
LONDON ZUM RUNTERKOMMEN – SEITE 313

Weil man unter Anwälten wunderbar entspannen kann | Weil hier Knochen angebetet werden | Weil man am Kanal stundenlang schlendern kann | Weil nicht nur Airlines in Heathrow eine Lounge haben | Weil man hier Hochzeiten und Todesfällen auf die Spur kommt | Weil man hier mit Geheimlogen auf Tuchfühlung gehen kann | Weil auch kleine Friedhöfe viel zu erzählen haben | Weil man hier überall stille Ecken findet | Weil Helden des Alltags hier Denkmäler bekommen | Weil das Buch hier niemals ausstirbt

Für Anne,
meinen allerersten Grund

»›London kommt!‹ Und unruhig, erwartungsvoll schweifen unsere Blicke die Themse hinauf. Des Dampfers Kiel durchschneidet pfeilschnell die Flut, aber wir verwünschen den saumseligen Kapitän: unsere Sehnsucht fliegt schneller als sein Schiff.«

THEODOR FONTANE, 1852

VORWORT

»We apologize for any inconvenience caused«

Unter dieser Überschrift, so hat mal ein kluger Londoner gesagt, lasse sich London am besten zusammenfassen. Denn sie hängen überall, diese Schilder, auf denen London seine Bewohner und Besucher um Nachsicht bittet. Sie kleben an kaputten Geldautomaten und an den Gittern geschlossener U-Bahn-Stationen: »Wir bitten, die Unannehmlichkeiten zu entschuldigen.«

Es geht nicht immer alles glatt hier. Wie denn auch? London, das sind 1500 Quadratkilometer voller Leben in allen denkbaren Facetten, schillernd und schwierig, bunt und bösartig, furchteinflößend und schön – Moloch und Majestät zugleich. Ein modernes Babylon, dessen knapp acht Millionen Bewohner dreihundert verschiedene Sprachen sprechen, aber beileibe nicht alle die englische beherrschen. Trotzdem verstehen sich alle, irgendwie. Eine echte Metropole mit stark erhöhter Erlebnisdichte, in der sich Arm und Reich überall auf Spuckweite nahe kommen, die keinen Balanceakt scheut, die sich alle 24 Stunden neu erfindet, regeneriert und renoviert, ohne ihre Geschichte zu vergessen. Es ist die wilde Dynamik dieses ständigen Wandels, die das Leben in London so aufregend macht – und eben auch anstrengend. Doch wer die Herausforderungen nicht scheut, sich über sie hinwegsetzt oder, in echter Londoner Manier, alle Widrigkeiten schlicht und einfach ignoriert, der ist auf dem besten Weg, London wirklich lieben zu lernen.

In diesem Buch will ich Ihnen zeigen, wo London wirklich London ist. 111 Geschichten sind hier zusammengetragen, Stichproben des Lebens in meiner Wahlheimat, Lippenbekenntnisse, Lügen und Liebesschwüre, Zeugenaussagen zum Lebensgefühl, Protokolle des täglichen Irrsinns. Es ist eine sehr subjektive

Liebeserklärung eines skeptischen Romantikers an seine Stadt und ihre Menschen, die diesen Ort erst zu dem gewaltigen, faszinierenden, liebenswerten und großartigen Pandämonium machen, das die Römer vor zweitausend Jahren »Londinium« tauften. Es ist ein aufregendes Date mit London, an dessen Ende hoffentlich ein erster Kuss steht, eventuell ein paar leidenschaftliche Nächte. Und der eine oder die andere findet vielleicht ... eine große Liebe.

Und hier ist wohl ein Wort der Warnung angebracht: Wer sein Herz an London verliert, tut dies auf eigenes Risiko. Eine Affäre mit London ist eine gefährliche Liebschaft, tragisch und voller kleiner und großer Dramen. London ist wie eine berühmte Diva, die schon bessere Zeiten gesehen hat. Sie trägt ihr glitzerndes Paillettenkleid mit Stolz, will unablässig bewundert werden und hat für Kuschelsex nichts übrig. Ihre zahlreichen Liebhaber bekommen von ihr selten mehr als ein spöttisches Lächeln; sie sagt dir vielmehr bei jeder Gelegenheit, dass du beileibe nicht ihr einziger Verehrer bist. Man muss Geduld haben mit ihr. Und gut zu Fuß sein. Denn es gibt Momente, da nimmt diese Stadt deine Hand und stürmt los, sie reißt dich mit, Widerstand zwecklos, und du schlägst dir den Kopf an und verlierst einen Schuh, aber du hast keine Wahl, sie lässt dich jetzt nicht mehr los, stürmt einfach weiter, durch graue Tage und schillernde Nächte, und irgendwo siehst du aus dem Augenwinkel plötzlich eine riesige Leuchtschrift blinken: »This will be the ride of your life!« Und darunter, etwas kleiner: »We apologize for any inconvenience caused.«

London, im Frühjahr 2012

Gerhard Elfers

PS: Besuchen Sie »111 Gründe, London zu lieben« auch auf Facebook!

I. MAKE YOURSELF COMFORTABLE!

LONDON MAL GANZ ALLGEMEIN

»When a man is tired of London, he is tired of life;
for there is in London all that life can afford.«
SAMUEL JOHNSON, 1777

GRUND NR. 1

Weil London nicht zu fassen ist

Wo liegt London? Diese Frage lässt sich sehr einfach beantworten, jedenfalls für Geografen: rund um einen Punkt mit den Koordinaten 51° 30' 26" N 0° 7' 39" W. Einfacher gesagt: London, das ist die bebaute Fläche rund um den Bahnhof Charing Cross, der von den Londoner Taxifahrern – der einzig vertrauenswürdigen Instanz auf diesem Gebiet – als der Mittelpunkt von London anerkannt wird. Zwei Minuten zu Fuß vom Trafalgar Square. Um die Ecke vom Savoy. Aber wer an Feinheiten interessiert ist, stellt sich vielleicht weit interessantere Fragen: Wo beginnt London? Oder: Wo hört London auf? Und da wirds schon schwieriger, da bekommt man auch vom Taxifahrer seines Vertrauens höchstens ein »Sorry, guv, no idea!«.

Wenn man auf die Landkarte schaut, sticht im Südosten Englands ein großer grauer Fleck ins Auge, umgeben von einer unregelmäßigen ovalen Linie. Dabei handelt es sich nicht um die Stadtgrenze, sondern um die Ringautobahn M25, die London umgibt wie ein Schutzwall. Eine richtige Grenze aber, eine Linie, an der London aufhört und der Rest der Welt beginnt, gibt es nicht. Seit Jahrhunderten widersetzt sich die Stadt einer endgültigen Festlegung. Sie ist in fast zweitausend Jahren beständig gewachsen, wie ein lebender Organismus. Sie hat gierig kleine Nachbarorte verschlungen und wieder ausgespuckt und sich das alte County Middlesex einverleibt. Ihre Straßen und Gassen wuchern wie Blutgefäße, ständig ändern sie ihren Verlauf und ihre Fahrtrichtung, führen seit Jahrhunderten Bürger und Besucher gleichermaßen in die Irre. Selbst die Anzahl der Londoner ist Anlass für Dispute, sie schwankt zwischen sieben und mehr als zwölf Millionen, je nachdem, welches London man betrachtet:

Greater London, Inner London, Inner und Outer London, Central London, The Metropolitan Area – ja, was denn nun?

Juristisch gesehen ist London der als »Greater London« festgelegte Verwaltungsbezirk, der von der »Greater London Authority« (GLA) unter dem »Mayor« gemeinsam mit den 32 Bezirksverwaltungen und der unabhängigen »City of London Corporation« regiert wird. Aber hier gehen die Meinungen schon auseinander. Denn der »Lord Mayor« der »City of London« würde wohl jeden mit seiner Amtskette erwürgen, der öffentlich die Auffassung vertritt, die GLA würde »seine« City regieren. Londons historischer Kern wacht nämlich seit dem Mittelalter eifersüchtig über seine politische Unabhängigkeit vom Rest der Stadt. Sogar die Queen muss, von Rechts wegen, hochoffiziell um Erlaubnis bitten, wenn sie einen Fuß in die City setzen will, ja, die City leistet sich sogar eine eigene Polizeitruppe. Jack the Ripper, der geheimnisumwitterte Prostituiertenmörder des viktorianischen London, hat sich die traditionellen Revierstreitigkeiten der beiden Londoner Polizeibehörden geschickt zunutze gemacht, indem er stets nahe der Grenze zwischen den Zuständigkeitsbereichen meuchelte.

Die City ist zwar die Keimzelle des modernen London, sie markiert aber schon seit Jahrhunderten nicht mehr das Stadtzentrum. Besucher folgen oft ahnungslos der Ausschilderung in der Hoffnung, mit »The City« sei eine Innenstadt gemeint. Einige werfen sich irgendwann aus Verzweiflung unter einen großen roten Bus, andere sind einfach nur enttäuscht, dass sie keine Fußgängerzonen, Cafés, Theater und Einkaufsmöglichkeiten finden. Denn die nur eine Quadratmeile große City beherbergt lediglich den berühmten Finanzdistrikt der Stadt, und damit immerhin knapp ein Drittel der Wirtschaftskraft des gesamten Königreichs (sowie die größte Ansammlung von dunklen Anzügen in Westeuropa).

Manche nähern sich dem Problem auf praktische Weise: London ist für Pragmatiker des öffentlichen Nahverkehrs überall dort, wo man mit der »Tube«, also der Londoner U-Bahn, hinkommt. Das geht vielen schon wieder zu weit, sie beschränken London auf die U-Bahn-Tarifzonen eins und zwei. Die Nordlondoner wiederum haben traditionell Schwierigkeiten damit, jemanden von der Südseite der Themse – »wrong side of the river« – überhaupt als Londoner anzuerkennen, und für viele alteingesessene Cockneys beginnt das echte London erst östlich der Chancery Lane – wer die »Bow Bells«, also das Glockenläuten der Kirche St Mary-le-Bow an der Cheapside, bei seiner Geburt nicht hören konnte, wird niemals ein echter Londoner sein.

Wo also ist London? Wie kann man es definieren, fassen, bändigen? Wer London finden will, wirft seinen Stadtplan besser in einen der vielen nicht vorhandenen Papierkörbe. Es ist zwecklos, nach Londons Grenzen zu suchen oder nach seinem Zentrum. Wer London nicht nur betrachten, sondern begreifen will, muss versuchen, das Herz der Stadt zu finden. Und dieses Herz schlägt in den noblen Boutiquen der Bond Street genauso wie an den bunten Ständen des Brick Lane Market. Wer London den Puls fühlt, spürt ihn in den bebenden Clubs in Waterloo oder zwischen den spiegelnden Bankentürmen in Canary Wharf, man kann ihn im Victoria Park ertasten und am Flughafen Heathrow, er schlägt an den Ufern der Themse und vor den Theken der Pubs, sogar unten in den Tunneln der Tube kann man ihn ahnen – man muss nur genau hinhören.

GRUND NR. 2

Weil hier kein Mensch Fußgängerampeln braucht

Deutschland«, so schrieb der »Guardian« kürzlich, sei bekannt »für verlässliche Autos, pünktliche Züge und eine nationale Abneigung gegen das Überqueren roter Fußgängerampeln«. Das ist fein beobachtet. Uns Deutsche erkennt man in London zuallererst daran, dass wir an roten Fußgängerampeln, unabhängig vom Verkehrsaufkommen, rituell stehen bleiben. Und hier kommt ein 1-a-Grund, London zu lieben: Kein erwachsener Londoner mit einem Funken Selbstachtung im Leib lässt sich von einem Ampelmännchen vorschreiben, wann er eine Straße überqueren darf und wann nicht.

Ich habe eine Theorie, warum es trotzdem so viele Fußgängerampeln in London gibt: damit die vielen Touristen vom rechtsdrehenden Kontinent nicht familienweise unter den großen roten Bussen zu liegen kommen. Zugegeben: Es hat was für sich, als Besucher und Neu-Londoner die Ampelphasen zu respektieren – Fußgängerampeln retten hier wahrscheinlich jeden Tag Tausenden von Touristen das Leben. Zu Anfang ist mir das auch häufig passiert: wieder mal zu spät aufgestanden, Frühstück im Gehen, ein schneller Blick nach links, zügig auf die Straße, und dann erstarren: unter dem hässlichen Quietschen von Gummi auf Asphalt. Ein zaghafter Blick nach rechts, und die Frontscheibe des Busses ist nur eine Handbreit von der Nasenspitze entfernt. Dahinter ein wild gestikulierender Busfahrer, man kann ihm von den Lippen ablesen, was er sagt: »Where the f*** do you think you're f***ing going, man!« Von der älteren Dame, deren Gesicht grotesk verzerrt hinter der Windschutzscheibe klebt, weil sie das Bremsmanöver des Busses in eine sanft ansteigende Flugbahn katapultiert hat, mal ganz abgesehen.

Trotzdem: Fußgängerampeln werden von Einheimischen völlig zu Recht ignoriert. Sie stören den Rhythmus der Stadt. Und sie sind nicht nur bevormundend, was kein Londoner leiden kann, sondern auch irritierend. Da ist zunächst mal die Grünphase. Die ist oft so kurz, dass olympische Leichtathleten berechtigte Sorge haben, ob sie es ohne Doping auf die andere Seite schaffen. Kurz bevor die Grünphase beendet ist, also nach zwei bis drei Sekunden, fängt das Männchen an zu blinken. Was so viel heißt wie: »Get a bloody move on, Grandma!« Und wenns blinkt, sollte man tatsächlich sehen, dass man rüberkommt, denn die Ampel für die Autofahrer blinkt jetzt gelb, und das bedeutet: Vollgas! Jetzt trennen uns nur noch Augenblicke von der Dunkelphase: Weder das grüne noch das rote Männchen geben nun eine Handlungsempfehlung, viele Touristen fallen vor Schreck darüber in eine Art Schockstarre und bleiben mitten auf der Straße stehen, ein weiterer Anlass für hässliche Auseinandersetzungen mit den »White van men«, den berüchtigten Fahrern der weißen Lieferwagen. Die Ampelphasen sind hier oft so beknackt, dass die Verkehrsbehörde neuerdings sogar Zehn-Sekunden-Countdowns testet, die die verbleibende Zeit bis zur nächsten Grünphase anzeigen – an sage und schreibe *acht* Ampeln in London.

Das alles trägt wenig bei zu einem gedeihlichen Miteinander im Straßenverkehr. Kein Wunder also, dass die Londoner ihre Fußgängerampeln eher als freundliche Anregung des Straßenverkehrsamtes betrachten, und nicht als in Stein gemeißelten Befehl zum Stehenbleiben. Die Polizei sieht das übrigens ganz genauso, man kann unter den Augen eines Polizisten seelenruhig bei Rot die Straße überqueren, ohne damit rechnen zu müssen, die nächsten Monate bei Wasser und Brot im Tower zu verbringen. Nicht mal eine hochgezogene Augenbraue ist der Polizei das wert, probieren Sie es ruhig mal aus: als kleines urbanes Abenteuer beim nächsten London-Besuch. Es hat einen sehr befreienden Effekt.

GRUND NR. 3

Weil Achselzucken hier Volkssport ist

Ein kalter Januarmorgen, kurz nach acht. Vereiste Reste einer millimeterdünnen Schneeschicht verheißen nichts Gutes. Am Geldautomaten hängt heute ein Zettel, ich muss ihn gar nicht lesen, ich weiß auch so, was draufsteht: »... we apologize for any inconvenience caused ...« Aber ich brauche auch gar kein Geld, denn das Café, in dem ich mein Frühstücksbrötchen kaufen will, hat noch geschlossen. Genau wie der Kiosk an der Ecke, wo ich mir normalerweise die Zeitung für die Bahnfahrt besorge. Aber die findet heute ohnehin nicht statt, wie ich resigniert feststelle, als ich an der U-Bahn-Station »Angel« die heruntergelassenen Gitter sehe, an denen ebenfalls Zettel hängen. »We apologize ...« Kein Bus weit und breit, oder nur immer der falsche, was aufs Gleiche rauskommt. Der Taxifahrer, dem ich als Fahrtziel King's Cross nenne, winkt müde ab, murmelt etwas von Schichtende und falscher Richtung, sagt »Sorry, guv, apologies!« und lässt mich stehen. Ich mache mich missmutig auf den Zwei-Kilometer-Marsch nach King's Cross, in halbherzigem Schneeregen, ohne Schirm. Nass bis auf die Knochen erreiche ich die überfüllte Schalterhalle des Bahnhofs, wo die Durchsagen schon »severe delays« für alle Linien ankündigen, nicht ohne Entschuldigung für die »inconvenience caused«. Ah, denke ich nur, wieder mal die falsche Sorte Schnee, und will schnell im Büro anrufen. Ich komme aber nicht durch, weil Millionen anderer Pendler gerade aus demselben Grund das Netz blockieren. Die Stadt steht still.

Es ist jeden Winter das Gleiche: Ein Hauch Puderzuckerschnee auf den Schienen reicht aus, um weite Teile des zweitgrößten U-Bahn-Netzes der Welt – das übrigens vorwiegend überirdisch verläuft – lahmzulegen. Ein mittleres Erdbeben könnte keinen schlimmeren Effekt haben. Der Mann, der den Geldautomaten nachfüllt, die Verkäuferin der Bäckerei, der Kioskbesitzer und der Busfahrer der Linie 214, sie alle stehen jetzt, so wie ich, frierend an irgendeinem Bahnhof und – zucken mit den Achseln. Genau wie die Verantwortlichen von »London Underground«, die immer eine Ausrede parat haben, warum sie die Stadt regelmäßig aus denselben Gründen ins Chaos fallen lassen, die schönste und berühmteste unter ihnen: Man hätte, trotz eindeutiger Wettervorhersage, nichts tun können, denn es habe sich um »die falsche Sorte Schnee« gehandelt. Die falsche Sorte Schnee! Darauf muss man erst mal kommen, wenn man nicht zufällig Eskimo ist.

Sie alle zucken mit den Schultern, weil sie Londoner sind. Mit anderen Worten: Sie sind Kummer gewohnt. Eine Stadt wie diese, mit einem prähistorischen U-Bahn-System, streikfreudigen Gewerkschaften und oft gleichgültigen Beamten kann einfach nicht immer funktionieren. Irgendwas läuft immer schief, es muss nur eines der Millionen kleinen Rädchen im Getriebe stehen bleiben: Ein defektes Signal, ein Selbstmörder (»We have one under« heißt das im Jargon der U-Bahn-Fahrer) oder nur der Staub von einer Baustelle reichen aus, um London zu lähmen. Aber sich darüber aufzuregen hieße, Energie zu verschwenden, die man besser für die Überwindung der nachfolgenden Kette von Widrigkeiten aufspart, das ist auch ohne erhöhten Blutdruck anstrengend genug. Man ist, als Besucher wie als Bewohner, gut beraten, sich lockerzumachen. Von London lernen, heißt Gleichmut lernen. Beschwerden, so freundlich man sie auch vorträgt, bringen nicht nur wenig, sie werden auch als unhöflich empfunden: Es hängen doch überall Entschuldigungszettel! Es dauert ein paar Jahre, bis einem das Londoner Achselzucken in Fleisch und Blut übergeht, vor allem als Deutschem. Aber irgendwann lernt man: Die Aussetzer bei Bahn, Bäcker oder Bank gehören einfach dazu. Man akzeptiert, dass unter Londons Oberfläche stets das Chaos lauert – und dass man besser immer einen Schirm dabeihaben sollte.

GRUND NR. 4

Weil hier jeder irgendwie Ausländer ist

Es hat keine vier Wochen gedauert, bis ich mich als echter Londoner fühlte. Man merkt das an Kleinigkeiten. Wenn man den Wert des Münzgeldes langsam an der Form erkennt. Wenn »Please« und »Thank you« in der Alltagssprache an Bedeutung gewinnen oder: wenn man beginnt, beim Überqueren der Straße zuerst nach rechts zu schauen. Diese Stadt macht es Einwanderern leicht. Aber sie hat auch keine andere Wahl. London ist und war immer eine fleischfressende Pflanze. Jedes Jahr verdaut sie im Schnitt mehr als 50.000 Zuzügler netto, das entspricht etwa der Einwohnerzahl von Passau. Ein gutes Drittel von uns ist nicht hier geboren: In mehr als dreihundert Sprachen wird in London übers Wetter geredet, von Arabisch bis Zulu. Und das ist kein Phänomen unserer Zeit, die Geschichte Londons ist, bis zurück zur römischen Besatzung, eine Erfolgsgeschichte der Immigration. Wie sähe London aus, wäre es nicht, über Generationen, von Millionen Menschen aus aller Welt so nachhaltig geprägt worden? Vermutlich ähnlich wie Münster – hübsch, aber etwas flau. Zum Glück aber spülte die Themse jahrhundertweise die Verfolgten und Vertriebenen, die Hungrigen und Geschäftstüchtigen dieser Welt in die Stadt, in mächtigen Wellen. Und die Spuren dieser Menschen sind bis heute sichtbar.

Das große muslimische Gebetshaus in der Brick Lane zum Beispiel diente zunächst den aus Frankreich vor religiöser Verfolgung geflohenen Hugenotten als Kirche. Ende des 19. Jahrhunderts dann ließen sich Tausende Juden aus Osteuropa in dem Viertel nieder, die vor den Pogromen in ihrer Heimat Zuflucht suchten – aus der Kirche der Hugenotten wurde eine Synagoge. (Die beiden Beigel-Shops am oberen Ende der Brick Lane sind die Relikte aus dieser Zeit des jüdischen Spitalfield.) Nach dem Zweiten Weltkrieg dann kamen die Einwanderer vom indischen Subkontinent und nahmen den Platz der längst integrierten und in bessere Viertel abgewanderten Juden ein: Aus der Synagoge wurde die »Brick Lane Jamme Masjid«. Sie bietet als eine der großen Moscheen der Stadt heute viertausend Gläubigen Platz.

London war oft Refugium für politisch Verfolgte; berühmte Exilanten wie der italienische Revolutionär Giuseppe Garibaldi kamen, Karl Marx schrieb hier sein »Kapital«, und auch Friedrich Engels und Lenin schärften hier ihren kritischen Blick auf die herrschenden wirtschaftlichen Verhältnisse. Einwanderung in London war ein Geschäft auf Gegenseitigkeit, die Einwanderer brauchten London, aber London brauchte auch die Bluttransfusion der Neubürger. Sie waren das einzige Mittel, um der hohen Sterberate in der Stadt etwas entgegenzusetzen. Hinzu kam der ständig wachsende Bedarf der Metropole an billigen Arbeitskräften. Doch nicht immer herrschte Friede, Freude, Eierkuchen zwischen Einheimischen und Neubürgern. 1576 notierte ein Beobachter, dass mit einem Aufstand gegen die Hugenotten zu rechnen sei, die »die schönsten Häuser der Stadt besetzen«, und besonders die jüdische Bevölkerung sah sich immer wieder mit Hass und Misstrauen konfrontiert. Schon 1215 gab es ein erstes Pogrom. Viele reiche Londoner standen bei jüdischen Kaufleuten und Geldverleihern in der Kreide, sie nutzten ihren politischen Einfluss und zwangen die Londoner Juden, ein Zeichen auf ihrer Kleidung zu tragen, das sie als Juden kenntlich machte – ein düsterer Vorgeschmack auf Ereignisse in ferner Zukunft.

Aber die Londoner haben sich Pogromen auch widersetzt: Als britische Faschisten 1936 durch das jüdische East End marschieren wollten, stellte sich ihnen ein wütender Mob von 300.000 Gegendemonstranten in den Weg – London lässt sich nicht alles gefallen. Aus dieser Geschichte kommend pflegt London heute einen entspannten Umgang mit uns Immigranten. Niemand muss sich hier heimatlos fühlen. Ganz im Gegenteil, London bietet jedem eine Alternative zur eigenen Nationalität – und man muss dafür nicht mal den Pass abgeben. Die neue Staatsbürgerschaft kommt ganz automatisch und kostenlos, man kann sich kaum dagegen wehren. Irgendwann, auf einer Dinnerparty oder am Bankschalter, gibt man nämlich auf die Frage »Where are you from?« ohne lange nachzudenken eine neue Antwort: »I'm a Londoner.«

Und das ist kein schlechter Moment.

GRUND NR. 5

Weil London ein eigenes Wörterbuch hat

Wer in London klarkommen will, braucht natürlich gute Englischkenntnisse. Aber die wirklich wichtigen Vokabeln stehen leider nicht in Lehrbüchern, und auch Kurse für gehobenes Business English vermitteln nur lückenhafte Kenntnisse über Wörter und Wendungen, die für das tägliche Überleben in London unerlässlich sind. Besonders im Pub, wo ja das eigentliche Leben stattfindet und die wirklich wichtigen Dinge besprochen werden, wird man oft mit Begriffen konfrontiert, die selbst Anglistik-Studenten verblüffen – und sich meist einer direkten Übersetzung ins Deutsche entziehen. Im Folgenden ein sprachliches Erste-Hilfe-Paket für London, ohne Anspruch auf Vollständigkeit:

»MATE« – Essenzielle Vokabel, allgegenwärtig (oft mit stummem »t«). Diese Universalfloskel zur ungezwungenen Kontaktaufnahme ist mit »Kumpel« oder »Alter« nur unzureichend übersetzt: Wer sich zum Beispiel im Pub an einem anderen männlichen Gast vorbeidrängelt, wird niemals »Excuse me, sir!« sagen, sondern stets »Sorry, mate!«, und zwar unabhängig von Bekanntschaftgrad oder Lebensalter des Gegenübers. Begrüßungen beschränken sich oft auf ein knappes »Awright, mate?«. Doch Vorsicht beim Bier mit Kollegen: Dem Abteilungsleiter jovial mit »Here you are, mate!« sein Getränk zu reichen, wäre schon ein Fauxpas. Das weibliche Äquivalent zum »Mate« ist »Luv« oder »Darling«, aber Achtung: Gelegentlich werten Frauen ein flockiges »'allo, darlin'!« als plump-vertrauliche Anmache, und man kann sich schon mal ein ungehaltenes »Don't you darlin' me!« einfangen.

»GUV'NOR« ODER »GUV« – Eine Stufe höher auf der formellen Höflichkeitsskala treffen wir auf den »Guv«. Besonders Taxifahrer und ältere Wirte benutzen oft die Kurzform von »Governor« als ironisch-ehrerbietige Anrede für ihre Kunden im Sinne von »Boss« oder »Chef«. Auch hier gilt: für den Büroalltag ungeeignet.

»BLOKE« – »Kerl« trifft die Sache schon ziemlich genau. »He's a decent bloke« ist eine schlichte, aber aufrichtige Sympathiebekundung von Leuten, die meistens Dave oder Rob heißen und wahrscheinlich gerade dem Papst oder Rod Stewart positive Charaktereigenschaften bescheinigen.

»BOLLOCKS« – Eigentlich die umgangssprachliche Bezeichnung für den, sagen wir, hinteren Teil der primären männlichen Geschlechtsorgane, eignet sich »Bollocks« aber darüber hinaus als Ausruf, wenn etwas so richtig schiefgeht. Auch bestens verwendbar für die Bewertung einer Äußerung des Gegenübers, die nicht vollständig den Kern der Sache zu treffen scheint – etwa in: »Chelseas' best midfielder ever was Ballack.« – »Bollocks!« (Achtung: ebenfalls nur begrenzt bürotauglich!)

»BUGGER« – Ähnlich wie → Bollocks als Ausruf des Erstaunens über das Misslingen eines Vorhabens geeignet, bezeichnet »to bugger« aber eigentlich eine Sexualpraktik, die bis vor wenigen Jahren als »Buggery« noch unter Strafe stand. Zusammengesetzte Varianten sind »Bugger off!« (freundschaftliche Bitte, möglichst zeitnah das Weite zu suchen) oder »I was utterly buggered!« (etwa: »Ich hatte gestern Abend einen kleinen Schwips.«).

»COPPER« – Das geläufigste Wort für Polizist. Kein Einheimischer würde einen Polizisten als »Bobby« bezeichnen.

»TAKING THE MICKEY« – (out of someone, auch: »taking the piss«) Jemanden aufziehen, sich über jemanden lustig machen.

»QUID« – Britische Pfundmünze, etwa in: »Five quid for a pint? Are you taking the piss?«

»INNIT« – Kurzform von »Isn't it?«. Weit verbreitet bei Adoleszenten aus Gegenden mit erhöhter Dichte von sozialem Wohnungsbau. Deutsches Äquivalent: »Weißwassischmein?«

»BILLY-NO-MATES« – Ein Mensch ohne → Mates (soziale Endstation für jeden, der die hier aufgeführten Vokabeln nicht im aktiven Wortschatz führt.)

GRUND NR. 6

Weil London im Regen am schönsten ist

Um mal schnell mit einem Wetterklischee aufzuräumen: Regenwetter ist für London nicht typisch. Leider. Hier fällt im Jahr etwa so viel Niederschlag wie in Berlin, und viel weniger als zum Beispiel in Hamburg. Aber wenn es mal regnet, dann ist das ein sehr spezieller Regen. Aus meteorologischer Sicht ist es bestimmt völliger Blödsinn, aber ich bin davon überzeugt: Es gibt einen typischen Londoner Regen. Er ist eine Art Sonderanfertigung der Natur, so unglaublich fein und dicht, dass auf jeden Quadratmillimeter ein Tropfen zu fallen scheint. Er kann einen in Sekunden vollständig benetzen und in Minuten durch dickste Schutzkleidung dringen. Dieser Regen kommt von allen Seiten, ein Windhauch genügt, und die kleinen Tropfen ändern die Richtung – »horizontal drizzle« nennt sich das dann.

Aber London im Regen, das hat einen ganz eigenen Reiz, besonders abends. Die bunten Leuchtreklamen der Theater spiegeln sich dann geheimnisvoll im schwarz-glänzenden Asphalt der Shaftesbury Avenue, sie blinken, als stünden sie im Wettbewerb mit den Scheinwerfern der Busse und Taxis. Das Premierenpublikum huscht in Smokings und zu kurzen Kleidchen über die Straße, und die Männer bekommen unerwartet Gelegenheit, den Gentleman zu geben, der seiner Begleitung galant den Schirm überlässt. Im Regen wird die Straße selbst zur Bühne. Die Menschen vollführen gewagte Sprünge über Pfützen und Sturzbäche oder schrecken mehr oder weniger elegant vor den Fontänen zurück, die unter den Reifen der Autos emporspritzen.

Die Stadt kommt sich näher im Regen. Die Londoner, die sonst mit gesenktem Blick aneinander vorbeilaufen, begegnen sich plötzlich auf unerwartete Weise. Sie drücken sich in Hauseingänge und unter jeden noch so kleinen Dachfirst, springen sogar zu Fremden unter den Schirm. Vielleicht ist das der Grund, warum viele Londoner Liebesgeschichten im Regen beginnen. Man sieht die Leute lachen, wenn sie einen Unterschlupf gefunden haben und sich die Tropfen von der Jacke schütteln. Elegante Damen stehen barfuß in Bushäuschen, ihre kostbaren Schuhe in der Hand, und Mütter breiten hastig Plastikfolien über Kinderwagen aus. In der City verschwinden die Spitzen der Bankentürme in tiefhängenden Wolken wie Gipfel im Gebirge, und oft sorgt ein verstopfter Gulli dafür, dass kleine Pfützen zu Seen anschwellen – die Stadt wird zur Landschaft. Sogar den unansehnlichen Vierteln verleiht der Regen vorübergehend Glanz: Er wäscht den Schmutz von Häusern und Straßen.

Wer ein Taxi braucht, besorgt sich besser schnell eines, denn schon wenige Minuten, nachdem die ersten Tropfen gefallen sind, sieht man kaum noch eines der heimeligen gelben Lichter die Straße heraufkommen. Dann bleibt nur der Bus, er verwandelt sich vom Transportmittel in ein Refugium. Erwischt man endlich den richtigen, verschwimmt die Stadt mit dem Zischen der sich schließenden Türen in unwirklicher Schönheit. Der Regen dämpft, London wird leiser. Die abertausend Botschaften der Plakate, Schilder und Leuchtreklamen werden schwerer verständlich, das Tourette-Syndrom der Stadt scheint vorübergehend geheilt. Die riesigen Leuchttafeln am Piccadilly Circus schimmern nur noch durch die Tropfen, die über die Busfenster perlen. Für uns hier drinnen sieht die Stadt plötzlich aus wie ein impressionistisches Gemälde. Und wenn dann die Fenster beschlagen sind, vom Dampf, der aus den Mänteln und Jacken steigt, dann ist es, als fahre man durch einen der legendären Londoner Nebel. Alles wird Umriss, nur Licht und Schatten, die Mitreisenden sind das einzig Wirkliche. Die Touristen wollen sich immer wieder vergewissern, dass da draußen die Stadt noch steht, mit den Jackenärmeln wischen sie sich Gucklöcher in die beschlagenen Scheiben, die aber schnell wieder verschwinden. Nur die Kinder begreifen, worum es geht: Sie malen lachende Gesichter an die Fenster.

Erst im Regen, denke ich manchmal, beginnt die Stadt richtig zu leben. Erst im Regen wird London wirklich London.

GRUND NR. 7

Weil man hier die Kunst der Plauderei beherrscht

Wie's mir geht? »Nicht so gut«, antworte ich wahrheitsgemäß. »Ich habe gerade eine heftige Erkältung hinter mir und fühle mich immer noch ganz schlapp. Außerdem macht mir ein eingewachsener Zehennagel zu schaffen. Auf dem Weg zu dieser Party bin ich dann zu allem Überfluss in eine Pfütze getreten, deren Tiefe ich zu optimistisch eingeschätzt hatte, und jetzt habe ich nasse Füße. Was wohl meine Erkältung wieder zurückbringen wird.«

Die Blonde, die mir vom Gastgeber als Rachel vorgestellt worden war, sieht mich entgeistert an, entdeckt urplötzlich einen Bekannten und entfernt sich auffallend rasch. Jetzt lässt sie einem glatzköpfigen Zwerg ihr strahlendes Lächeln angedeihen, nicht ohne mich gelegentlich von Weitem ängstlich zu mustern. Ich hätte Rachel auch direkt in den Po kneifen können, der Effekt hätte verheerender nicht sein können. Sie wollte nicht wissen, wie es mir geht. Sie wollte nur ein Gespräch in Gang bringen, das ihr unser Gastgeber aufgenötigt hat. Small Talk eben. Aber ich bin Deutscher! Dichter und Denker und all das! Germans don't do small talk!

Aber hier in London geht es nicht ohne. In Deutschland als oberflächlich, verlogen und bestenfalls banal verrufen, ist diese Kommunikationsdisziplin das Leichtlauföl im Sozialgetriebe der Stadt. Wer in London lebt oder gelegentlich beruflich zu tun hat, ist gut beraten, sich die Grundlagen des Small Talk anzueignen. Rachel zum Beispiel wollte nicht *wirklich* wissen, wie es mir geht. Sie wollte einfach nur nett sein, und wäre ich ein gewiefter Small Talker, hätte ich geantwortet: »Sehr gut, danke, aber ich bin ziemlich erschöpft, weil die Bakerloo Line wieder mal nur bis Edgeware Road gefahren ist und ich den Rest des Weges zu Fuß gehen musste.« Und schon ist man beim ersten Thema: dem Lamento über den öffentlichen Personennahverkehr, dem sich absolut jeder Londoner nur zu gern anschließt. Über Strecken und Stationen landet man sehr schnell beim Wohnviertel und den überzogenen Immobilienpreisen, ein weiteres todsicheres Small-Talk-Thema, mit dem man mühelos zwei Gin Tonics überbrücken kann.

Dieser Kleinschnack kann, wenn er gut läuft, in aller Unverbindlichkeit wunderbar unterhaltsam sein, leicht und fluffig wie Milchschaum auf einem Cappuccino. Und was ist verkehrt an amüsant? Muss man bei einer Dinnerparty Welträtsel lösen? Will man bei einem Stehempfang mit Menschen, die man wahrscheinlich nie wieder sehen wird, über ansteckende Krankheiten reden? Oder über das Frauenbild in Shakespeares Frühwerk? Also: Beim Small Talk geht es darum, die flachen Stellen zu finden in einem reißenden Fluss möglicher Blamagen. Man merkt dabei sehr schnell, ob man »klickt«, also ob es gemeinsame Themen gibt, oder ob man sich besser rasch einen anderen Gesprächspartner suchen sollte, bevor man aus Langeweile jeden Lebenswillen verliert. Aber Vorsicht: Small Talk ist auch ein Austausch sozialer Visitenkarten. In diesem ersten Geplauder finden die Londoner sehr schnell heraus, auf welcher Sprosse der gesellschaftlichen Leiter der Gesprächspartner steht. Im immer noch sehr klassenbewussten Königreich wird beim Small Talk subtil die soziale Satisfaktionsfähigkeit des Gegenübers abgeklopft. Als erfolgreich abgeschlossen kann man einen Small Talk betrachten, wenn man vom Gegenüber zum Dinner eingeladen wird. Aber wer nach einem enthusiastischen »You must come for dinner!« den Kalender zückt, um einen Termin zu vereinbaren, blamiert sich – und sein Gegenüber. Denn natürlich will der freundliche ältere Geschichtsprofessor Sie nicht zum Abendessen nach Hause bitten. Es handelt sich, analog zum »How are you?«, lediglich um eine Sympathiebekundung, die man am besten mit einem »Sure!« auf sich beruhen lässt.

Und noch etwas: Detailliertes Fachwissen ist tabu, es sei denn, man redet mit Berufskollegen. Ich saß einmal einer bezaubernden Brasilianerin gegenüber, die sich als am University College beschäftigte Statistikerin entpuppte. Leider nahm sie mein geheucheltes Interesse am Bestäubungsverhalten der britischen Honigbiene für bare Münze. Nach zwanzig Minuten begannen meine Ohren zu bluten und mir wurde klar, dass wir Deutschen nicht die Einzigen sind, die ein gestörtes Verhältnis zum Small Talk haben.

GRUND NR. 8

Weil hier das Wetter per Gesetz geregelt wird

Mystisch wabert er durch unzählige Filme und Romane, Alfred Hitchcocks frühe Killer lösten sich spurlos in ihm auf, Sherlock Holmes kombinierte sich durch seine Schwaden, und Edgar Wallace' »tote Augen von London« hätten das deutsche Kinopublikum der 1960er Jahre auch nicht bis in die letzten Albträume hinein verfolgt, wenn es Klaus Kinski und ihn nicht gegeben hätte: den Londoner Nebel.

Erbarmungslos hat er sich festgesetzt im kollektiven Unterbewusstsein der Welt. Jeder glaubt, genau zu wissen, wie zu jeder Jahreszeit, ob tagsüber oder nachts, das Wetter in London ist: neblig-trüb. Die Tower Bridge im Sonnenschein kann sich kaum jemand vorstellen. Das hatte auch seine Berechtigung. Über Jahrhunderte war der Nebel ein »London particular«, eine Londoner Spezialität, er gehörte zur Stadt wie Tower oder Themse. Zu Zeiten Königin Victorias war London das Zentrum der industriellen Revolution; die Kohle, die in den Öfen der Privathäuser, in den entstehenden Fabriken und den kleinen Betrieben der Brauer, Seifensieder, Schmiede und Gerber verfeuert wurde, sorgte ohnehin für eine giftige, schweflige Rauchwolke, die London einhüllte und seine Häuser schwärzte. Wenn dann eine – im Winter typische – stabile Hochdruckwetterlage hinzukam, war das Szenario perfekt für die »großen Nebel«.

Jedes Jahr forderten diese menschengemachten Naturkatastrophen, die mehrere Tage, ja sogar Wochen andauern konnten, viele Todesopfer, vor allem durch Erstickung. Im Jahre 1873 starben im Winternebel siebenhundert Menschen, für 19 von ihnen, so vermerkt penibel der Polizeibericht, ist es besonders dumm gelaufen: Sie fielen, mangels Sicht, schlicht in die Themse. Der

Nebel kroch in das Röhrensystem der Tube und drang sogar in Gebäude ein, noch in den frühen 1950er Jahren wurden Theatervorstellungen abgebrochen, weil das Publikum die Schauspieler auf der Bühne nur noch als Schatten wahrnahm. 1952 starben mehrere Tausend Menschen (kein Druckfehler!) im letzten großen »Pea soup fog« – Nebel so dick wie Erbsensuppe.

Doch der Nebel hatte auch positive Seiten: Schriftsteller wie Charles Dickens, Robert Louis Stevenson oder Heinrich Heine haben ihm literarische Denkmäler gesetzt, und mal ehrlich: Sherlock Holmes ohne Nebel, das wäre wie Derrick ohne Tränensäcke. Der französische Impressionist Claude Monet verbrachte zwei Jahre in London, nur um den Nebel in all seinen vielfältigen Farben und Erscheinungsformen zu malen. Aber nicht nur Künstler wussten den Nebel für ihr berufliches Fortkommen zu nutzen. Vor allem in den unbeleuchteten Straßen der Elendsviertel des East End nahmen, wen wunderts, Diebstähle, Morde und andere Unfreundlichkeiten im gleichen Maße zu, wie die Sicht abnahm.

So war das früher mit dem Nebel. Und jetzt ist es an der Zeit, ein für alle Mal klarzustellen: Es gibt ihn nicht mehr, den Londoner Nebel. Ja, wirklich. In London herrscht meist überraschend klare Sicht. Es gibt hier heutzutage ungefähr so oft Nebel wie in Köln. Und zwar ziemlich genau seit 1956. Da hat die Regierung den Nebel endgültig abgeschafft. Sie hat einfach den »Clean Air Act« erlassen, ein Gesetz, das das Heizen mit stark rauchender Kohle oder Holz verbot. Zehn Jahre später bekamen die Kraftwerke höhere Schornsteine verordnet. Und seitdem wars das mit dem Londoner Nebel. Und im Ernst, die Einzigen, die den Nebel vermissen, sind norwegische Touristen mit Suizidabsichten und ambitionierte Hobbyfotografen. Wenn also jetzt noch einer sagt: »Huch, London, da ist es doch immer so neblig!« – sofort den Mund mit Seife auswaschen.

GRUND NR. 9

Weil in der Tube ungeschriebene Gesetze gelten

Mein Kollege Steve ist ein sogenannter »Commuter«, ein Pendler. Das heißt, er fährt jeden Morgen mit der Tube zur Arbeit und abends wieder heim. Steve ist kein grundsätzlich unangenehmer Zeitgenossse, nur manchmal etwas ungeduldig. Er verbringt, wie viele Londoner, rund sechzig Minuten pro Tag in vollen Zügen, Zügen der Piccadilly und Central Line, und hat sich deshalb Grundlagen in mehreren fernöstlichen Kampfsportarten angeeignet. Zu seinem Leidwesen sind Piccadilly und Central (die blaue und die rote) zwei Linien, die über die Maßen von Touristen frequentiert werden. Und jeden Morgen, wirklich jeden Morgen, beschwert sich Steve über die »bloody tourists«. Meist meint er deutsche Touristen. Die ihn verfolgen, wie er behauptet. Er geht davon aus, dass Deutschland 95 Prozent aller Touristen in London stellt, und befürchtet, dass Deutschland jetzt durch Tourismus zu vollenden sucht, was der Luftwaffe 1941 nicht gelungen ist: die Londoner komplett zu demoralisieren. Sie in die Knie zu zwingen. Er schaut mich immer an, wenn er das sagt, ist aber so taktvoll, mich nicht direkt dafür verantwortlich zu machen. Trotzdem habe ich dann irgendwie ein schlechtes Gewissen. Also habe ich ihn gebeten, mir einen Verhaltenskodex für meine deutschen Freunde zu erstellen, die mich hier besuchen kommen. Zehn Minuten später bekam ich folgende E-Mail, die ich im Folgenden übersetzt – und leicht zensiert – wiedergebe:

»Also, erstens: Es gibt keinen Grund, in der Tube zu sprechen. Es ist Montagmorgen. Niemand spricht. Die meisten lesen die Tageszeitung oder ein Buch. Alle wollen ihre Ruhe haben. Passt mal auf: Die wohnen hier! Die Frau auf dem Nebensitz, die versucht, den Schminkspiegel gerade zu halten, und euch großzügig mit ihrem Puder bestäubt? Wundert euch nicht, ihr sitzt in ihrem Badezimmer! Viele um euch herum haben auch einen massiven Kater vom Wochenende. Was ist so dringend, dass es jetzt und hier lauthals diskutiert werden müsste? Eure sexuellen Eskapaden im Hostel letzte Nacht? Achtung: Es verstehen hier mehr Leute Deutsch, als ihr denkt! Aber ihr müsst das quer durch den Waggon blöken. Weil ihr ja so gern in Gruppen reist, die sich natürlich durch verschiedene Eingänge quetschen und so im ganzen Waggon verteilen. Also: In der Tube die Klappe halten! Dann ist schon viel gewonnen.

Zweitens: Nicht starren! Augenkontakt ist ›verboten‹, wie wir Briten sagen. Wenn Gott gewollt hätte, dass wir uns in der Tube anschauen, hätte er den ›Evening Standard‹ nicht erschaffen. Oder die Werbetafeln an der Decke. Darauf lässt man seine Augen ruhen. Mit der Zeit lernt man auch den Tube-Blick: ins Leere starren, ohne jemanden zu belästigen. Bis ihr den draufhabt, einfach die Augen schließen. So wie der Typ im Sitz gegenüber. Der macht das, um niemanden anzustarren. Was, ihr dachtet, der schläft? Bei dem Gequatsche?

Drittens: Nehmt den verdammten Rucksack ab! Wer seinen Rucksack in einer überfüllten Tube nicht zwischen seine Beine stellt, nimmt einem zahlenden Passagier den Platz weg. Der passt dann nicht mehr rein. Und kommt zu spät zur Arbeit. Und bekommt die Kündigung, weil es das dritte Mal ist, dass er – wegen Touristen wie euch! – zu spät kommt. Er muss also sein Haus verkaufen und seine Kinder im Winter barfuß auf die Straße schicken, um Streichhölzer zu verkaufen. Wollt ihr das? Also. Apropos: Was ist da überhaupt drin, in diesen prall gefüllten Daypacks? Proviant für eine Woche in der Wildnis? Wasservorräte für einen Sahara-Trip? Ihr seid in einer westeuropäischen Großstadt! Man kann hier an jeder Ecke Wasser und Essen kaufen! Man benötigt auch keine expeditionstaugliche Regenjacke. Ein Taschenschirm reicht völlig aus. Man kann sich hier doch überall unterstellen!

Viertens: Auf den vierhundertzweiundzwanzig Rolltreppen der Tube steht man *rechts*, um Menschen, die es eilig haben, weil sie zur *Arbeit* müssen, das Überholen zu ermöglichen. Noch mal: *rechts* stehen. Man steht niemals nebeneinander. Sondern hintereinander. Auf der *rechten* Seite. Ihr findet, das widerspricht dem generellen Linksverkehr im Land? Hey, wir sind Engländer. Wir sind exzentrisch, voller Widersprüche. Deshalb kommt ihr doch alle her!

Fünftens: *Ein* Versuch an der Ausgangs-Barriere reicht aus. Wenn der Automat eure Travelcard wieder ausspuckt oder die Oyster Card nicht beim ersten Versuch akzeptiert, wird er es auch beim zweiten und dritten Versuch nicht tun. Tretet also einfach zur Seite und gebt die Barriere frei. Auf dem Display steht nicht umsonst ›Seek assistance!‹. Schaut euch einfach hilfesuchend um. Dann kommt sehr schnell ein Mann mit Mütze und hilft euch weiter.«

So weit also Steve. Hier noch ein Tipp von mir: Wenn Sie in der U-Bahn einem schlecht rasierten, blassen Mann gegenübersitzen, der Sie mit dem Gesichtsausdruck anstarrt, der Robert De Niro als »Taxi Driver« berühmt gemacht hat, verlassen Sie besser an der nächsten Station zügig die Bahn.

Es handelt sich vermutlich um Steve.

GRUND NR. 10

Weil London sich nicht unterkriegen lässt

Ich habe heute Mittag mein Testament gemacht«, sagt Adrian und wedelt mit einem handgeschriebenen Zettel. Sein letzter Wille, ein paar schiefe Kugelschreiberzeilen. Es wird viel improvisiert heute. »Ich hab alles meinen Kindern hinterlassen, obwohl ich schon seit drei Jahren mit meiner Freundin zusammen bin. Meinen Sie, die ist jetzt sauer?«, fragt er und lacht. Die Engländer nennen das »Stiff upper lip«, Haltung. Heute ist Donnerstag, der 7. Juli 2005. Gestern hat London die Olympischen Spiele zugesprochen bekommen, oben in Schottland begrüßt Tony Blair gerade die Regierungschefs der G8, aber das interessiert heute niemanden, denn an diesem Tag, der bald »7/7« heißen wird, sind Terror und Tod zurückgekommen nach London, in Gestalt von vier jungen Männern mit Rucksäcken.

Ich sitze seit einer Stunde im Taxi, Adrian ist mein Fahrer und neuer Freund. Katastrophen verbinden. Wir versuchen, vom City Airport ins West End zu gelangen. Zwecklos. Das Taxameter zeigt 27,80 Pfund und wir sind erst einen knappen Kilometer vom Flughafen entfernt. Die U-Bahn fährt nicht mehr, Hunderttausende Flüchtlinge verstopfen die Straßen. Wir fahren vorbei an Canary Wharf, Adrian zieht alle Abkürzungsregister, zwecklos. Anwälte und Banker in teuren Anzügen zwängen sich zu fünft in Kleinwagen. Komischerweise schimpft niemand. London trägt einen gespannten, aber entschlossenen Gesichtsausdruck zur Schau.

Adrian ist 45 und lebt in Essex, südwestlich der Hauptstadt, aber eigentlich ist er ein echter Cockney, geboren in Bow. Angst hat er nicht. »Wenn ich Angst habe, dann haben die doch schon gewonnen, oder? Außerdem werden die wohl kaum mein Taxi in die Luft sprengen.« Wer auch immer »die« sind. Die Anschläge hätten ihn daran erinnert, dass alles verdammt schnell vorbei sein kann, sagt er. Deshalb das Testament. Was die Attentäter sich wohl gedacht hätten, fragt Adrian, und ich sage, dass sie vermutlich eine Botschaft senden wollten. »Botschaft?« Adrian dreht sich zu mir um. Ich zucke mit den Schultern. Wer weiß schon, was in diesen Leuten vorgeht.

Ich solle mir keine Sorgen machen, sagt Adrian, London sei Bomben gewohnt. Er erinnert sich noch an die letzte große Aktion der IRA. Gut zehn Jahre ist das her, damals legte die irische Untergrundorganisation mit einer mächtigen Autobombe ein riesiges Bürohaus in Schutt und Asche. Der vorerst letzte in einer langen Reihe von Anschlägen, zwei Tote. Und? »Nichts und. Wenn es knallt, rückt London zusammen, das ist alles.« Schon im Ersten Weltkrieg wurden die Londoner Opfer des gerade neu erfundenen Luftkriegs, ob ich das gewusst hätte. Habe ich nicht, nein. Von Zeppelinen aus warfen deutsche Soldaten Bomben auf die Stadt, »Can you believe that? Fucking *Zeppelins*!«.

Und dann kam der »Blitz«, wie sie das hier nennen, das Terrorbombardement der deutschen Luftwaffe im Zweiten Weltkrieg. Er zerstörte eine Million Häuser und tötete 20.000 Londoner. Die U-Bahn, die heute morgen um zehn vor neun zur Falle wurde, war damals der Luftschutzkeller der Stadt. Hunderttausende verbrachten die Bombennächte in den Tunneln und Gängen tief unter der Erde, schliefen in Feldbetten, das knappe Essen wurde geteilt und Lieder haben sie gesungen, gegen das dumpfe Dröhnen der Einschläge. Nach der Entwarnung stieg man wieder empor und machte sich ans Aufräumen. Dann wurde einfach weitergelebt. Wir lassen uns nicht unterkriegen, Herr Hitler! Seitdem ist es London egal, von wem oder von wo es bombardiert wird: von oben, von unten, von der Luftwaffe oder von Extremisten – die Bedrohung hat sich eingebrannt ins kollektive Gedächtnis der Stadt. Vom »Spirit of the Blitz« wird man noch häufig hören in diesen Tagen, während die Suche nach Namen beginnt, nach Hintermännern und Motiven.

Neben uns im Stau steht jetzt ein Cabrio. Vorn zwei junge Männer in blauen und weißen Businesshemden, hinten eingequetscht zwei Frauen in Nadelstreifenkostümen. Gut gelaunt winken sie mir zu. Haben die kein Radio?

»Thank you for not smoking.« Der Aufkleber der britischen Lungengesellschaft an der Trennscheibe ist nicht zu übersehen, Adrian läßt mich trotzdem rauchen. One of those days. Das Taxameter zeigt 39 Pfund. Die Anwälte im Cabrio lassen den Motor aufheulen und zischen zehn Meter vorwärts. Auf der Gegenfahrbahn quält sich eine Kolonne Polizeiwagen vorbei, mit nervös zuckenden Blaulichtern, die Sirenen heulen im Dauerbetrieb. Je näher wir der City kommen, desto mehr Menschen sind unterwegs. Im Radio jetzt erste Details, umrisshaft ergibt sich ein Bild. Drei Bomben sind es gewesen, dann sieben, schließlich vier. Wahrscheinlich Selbstmordattentäter. Experten wissen wieder und wieder, dass es absolute Sicherheit nicht geben kann, Klischees haben Konjunktur und die U-Bahn hat den Betrieb eingestellt. Viele Verletzte, die Bahnhofshalle von King's Cross ist ein provisorisches Lazarett. Ziemliches Chaos. Mich überläuft ein Schauer.

Die Menschen in den Autos und auf der Straße haben fast alle ein Handy am Ohr, obwohl die Netze hoffnungslos überlastet sind. Im Radio heißt es, die Behörden hätten die Handynetze abgeschaltet, um Fernzündungen weiterer Bomben zu verhindern, was sich später als falsch herausstellt, wie so viele der als Nachrichten verkleideten atemlosen Spekulationen des Tages. Ich bekomme trotzdem eine SMS, eine besorgte Nachfrage aus Deutschland, wie es mir gehe, man komme telefonisch nicht durch. Ich antworte, dass es mir gut geht. Meine Schwester in München wird diese SMS erst drei Tage später bekommen. Überall auf der Welt versuchen jetzt Schwestern, Mütter und Ehepartner, ihre

Angehörigen in London zu erreichen. Bei einigen von ihnen wird ein Fremder den Hörer abnehmen. 52 Namen werden vier Jahre später in den Gedenkstein im Hyde Park eingemeißelt werden. Die siebenhundert knapp Davongekommenen bekommen kein Denkmal, einige von ihnen haben Arme oder Beine verloren in den zermalmten Waggons der Piccadilly und Circle Line.

Aber London, das merkt man schnell, ist nur angezählt, nicht geschlagen. Niemals geschlagen. Die alten Reflexe aus dem »Blitz« funktionieren noch. »Carry on regardless« – einfach weitermachen. Viele nutzen die Boote auf der Themse, um nach Hause zu kommen. Den Bussen trauen nur wenige. In der ganzen Stadt sind Fahrräder schnell ausverkauft. Aber schon am Tag danach fährt die Tube wieder. Der Bürgermeister, den alle beim Vornamen nennen, ruft die Leute grimmig auf, Zutrauen zu haben. Sich nicht unterkriegen zu lassen. Es funktioniert, wie es immer funktioniert hat. Schon 24 Stunden nach dem schlimmsten Terroranschlag in seiner Geschichte kehrt London zu nervöser Normalität zurück. Viele Londoner Muslime werden später berichten, sie seien in der Tube noch wochenlang angestarrt worden.

Es ist 17.30 Uhr, als Adrian mich an der Old Street absetzt. Gute drei Stunden hat die Fahrt gedauert, knapp hundert Pfund habe ich auf der Uhr, die teuerste Taxifahrt meines Lebens. Ich schiebe fünf Zwanziger durch den Schlitz. »Nein«, sagt Adrian. Er will kein Geld von mir. »Nicht heute«, sagt er, und schüttelt energisch den Kopf. »Listen, mate, you call your sweetheart and make sure she's safe, alright?«, sagt er zum Abschied. »Sicher«, sage ich, und: »Take care.« Ich mache mich zu Fuß auf den Weg, es ist nicht mehr weit. Und ich wähle, mit der Hand in der Hosentasche, zum hundertsten Mal die Nummer, die auf meinem Handy unter der »1« gespeichert ist.

2. FANCY A PINT?

LONDON GEHT AUS

»Oh you look so beautiful tonight
In the city of blinding lights«

U2, 2004

GRUND NR. 11

Weil das Feiern hier eine eigene Saison hat

Wenn man in der U-Bahn plötzlich von Paaren in Abendgarderobe geradezu umzingelt wird und auf den Straßen des West End die Smoking-Dichte bedrohlich zunimmt, dann ist es wieder so weit: In London hat die »Party season« begonnen. Das ist hier keine Kleinigkeit, ab Oktober haben die Smoking-Verleiher Hochkonjunktur, und wer ab Donnerstag versucht, einen Tisch in einem beliebigen Restaurant zu buchen, hat schlechte Karten: »Sorry, Sir, we're booked out. Christmas Parties, you know ...«

London feiert jetzt, und zwar richtig. Und egal ob Champagner-Empfang der Botschaft oder Weihnachts-Dinner im Ruderclub – viele Feiern haben einen strikten Dresscode, und der heißt »Black tie«. Das bedeutet: Smoking für die Gentlemen, die Ladys haben etwas mehr Spielraum. Ein Cocktailkleid ist aber das Minimum an Glamour. Das mag altmodisch klingen, aber es gehört einfach zum gesellschaftlichen Leben in London, auf einer Abendveranstaltung die Kleiderordnung – und damit den Gastgeber – zu respektieren. Nicht nur die High Society hält sich daran: Auf Firmen-Weihnachtsfeiern, bei denen »Black tie« ausgerufen wird, betrachten es alle Mitarbeiter, und zwar vom Fahrer bis zum Vorstand, als Pflichtübung – und vor allem den Männern macht es häufig großen Spaß, einmal im Jahr, mit lässig herabhängender Fliege, auszusehen wie James Bond im Kasino.

Eigentlich ist diese Form der abendlichen Einheitskleidung als Verneigung vor den Frauen gedacht. Vor dem schlicht schwarzweißen Hintergrund können ihre Kleider und entblößten Rücken umso verführerischer strahlen. Doch wer einmal eine Partysaison in London mitgefeiert hat, weiß auch: Die gepflegten Klamotten sind keineswegs eine Garantie für eine zivilisierte Tanzveranstaltung auf gehobenem Niveau. Natürlich gibt es auch in Deutschland viele Firmen und Vereine, die Weihnachtsfeiern abhalten, aber das ist nur ein müder Abklatsch dessen, was hier im letzten Quartal des Jahres so abgeht. »Dinner for One« am Ballermann, das trifft die Sache ziemlich genau. Sie denken, ich übertreibe? Sie waren noch nie im November in London. Sie wissen nicht, was ein Cocktail aus »Mulled wine«, »Eggnog« und ein paar »Snowballs«, in erhöhter Schlagzahl konsumiert, im Körper eines minderbegabten Trinkers anrichten kann. Wer sich das anschauen möchte, besucht einfach die mobilen Erste-Hilfe-Stationen, die an den heftigsten Wochenenden im West End und in der City aufgebaut werden, den Epizentren des Partybebens. Während der zweimonatigen Saison betreibt der »London Ambulance Service« nämlich tatsächlich sogenannte »Booze Buses«, improvisierte Krankenwagen mit mehreren Sitzplätzen. Darin sammeln die leidgeprüften und chronisch unterbezahlten Sanitäter Betrunkene ein, hängen ihnen Kotztüten um und liefern sie in den erwähnten Auffanglagern für Partyopfer ab. Diese wurden eingeführt, als immer mehr Notaufnahmen in den Londoner Krankenhäusern während der Christmas season aussahen, als sei auf der Themse ein luxuriöses Kreuzfahrtschiff gesunken: Vor lauter erlesen gekleideten Alkoholopfern kamen die wirklichen Notfälle zu kurz.

Ein weiterer interessanter Aspekt der Partysaison ist eher zwischenmenschlicher Natur: In der ungezwungenen vorweihnachtlichen Atmosphäre kommen sich die Menschen näher, und gelegentlich folgt ein nur nachlässig geschützter Austausch von Körperflüssigkeiten. Gerne auch an öffentlichen Plätzen. Folgerichtig verzeichnen im Januar und Februar diejenigen Organisationen, die sich hierzulande der Familienplanung widmen, einen um rund zehn Prozent erhöhten Andrang junger Frauen, die Beratungsbedarf haben.

Aber mal abgesehen von den Exzessen: Die Party season kann richtig Spaß machen. Mindestens ein halbes Dutzend Einladungen bekomme ich jedes Jahr, und die meisten davon sind von der gepflegteren Sorte. Ich hätte nie gedacht, dass ich mir mal einen Smoking leisten würde, aber in London kommt man auf Dauer nicht darum herum. Die Leihgebühr für einen Mietfrack beträgt rund sechzig Pfund pro Abend, da hat man die Investition in einen eigenen Smoking schnell wieder hereingefeiert. Ich habe mir ein Exemplar aus besonders strapazierfähigem Material ausgesucht, denn er soll schließlich ein paar Jahre halten. Außerdem sollen verschüttete Getränke daran abperlen wie an einem Regenmantel, so hat es mir der Verkäufer erklärt. Und die Taschen haben alle clever versteckte Reißverschlüsse. Nicht, dass ich mich nicht zu benehmen wüsste. Aber die vielen Betrunkenen um mich herum! Man kann ja nicht vorsichtig genug sein!

GRUND NR. 12

Weil nachts der Osten leuchtet

Nightlife in London? Auf zwei Seiten? Die ganze Stadt ist ab Sonnenuntergang ein einziger Nachtclub, so scheint es zumindest an den Wochenenden. Wie soll man da sinnstiftende Tipps geben? Wo anfangen? Der unüberschaubare Mix an musikalischen Stilrichtungen bringt sogar intime Kenner der Club-Szene zur Verzweiflung, wobei die unterschiedlichen Clubnächte für weitere Verwirrung sorgen. Natürlich gibt es die Tanzindustrie, die großen Super-Clubs wie Ministry of Sound oder Fabric, in diesen Amüsiertempeln geht jedes Wochenende zuverlässig die Post ab. Aber in jüngster Zeit sind zwei grundsätzliche Trends erkennbar.

Erstens: Abseits der großen Clubs wird verstärkt in DJ-Bars gefeiert. Neue Exemplare dieser nachtaktiven Spezies (Kreuzungen aus Café, Bar, Restaurant und Club) schießen an jeder Ecke der Stadt wie psychedelische Pilze aus dem Boden, jedes Wochenende scheint eine neue aufzumachen – oft haben sie nur eine kurze Halbwertszeit. Meist überschaubar in der Größe kann man sich hier schon am frühen Abend bei Cocktails und exotischen Flaschenbieren auf die Nacht einstimmen, bevor der DJ das Kommando übernimmt. Der zweite Trend lautet: Go East. Neben den traditionellen Amüsiervierteln im West End hat sich in den E-Postcodes ein pulsierendes Nachtleben entwickelt. Ausgehend von Shoreditch wird nächtelang immer weiter Richtung Sonnenaufgang getanzt. Im Folgenden ein paar Koordinaten des Ostlondoner Nachtvergnügungssystems.

Ein scharfes Curry aus einem der preiswerten bengalischen Restaurants am südlichen Ende der Brick Lane schafft eine gute Grundlage für den folgenden Tanzmarathon. Das 93 Feet East bietet sich als guter Startpunkt an, besonders im Sommer, denn in dem großzügigen Garten chillt es sich ganz prima in den Tanzpausen. Samstags werden die zwei Tanzflächen schon ab Mittag voll, und am späteren Abend, wenn die Frühstarter langsam müde werden, verändert sich das Publikum noch mal. Musikmix: eklektisch. Die Vibe Bar direkt gegenüber ist eine prima Alternative – wer mal eine Hand an die Fenster hält, versteht übrigens, warum die so heißt. Nicht weit entfernt ist das Concrete (Tea Building, Shoreditch High Street), Anziehungspunkt für Liebhaber von Techno und House, die passende Begleitmusik zum industriellen Beton-Look des spartanischen Interieurs. Gute Cocktails gibts hier, der Eintritt ist frei und je später der Abend, desto länger die Schlange. Etwas weiter östlich befindet sich mein Geheimfavorit, der Bethnal Green Working Men's Club. Der ehemalige Treffpunkt echter East Ender hat sich fast unrenoviert den Stil der Siebziger erhalten. In den Clubnights tanzt man zu Sixties-Soul oder House, dazu gibts Karaoke, Mottopartys, Revuetheater, Livemusik und – Bingo! Daher eine sehr gemischte Crowd von zwanzig bis vierzig, je absurder das Outfit, desto besser. Muss man gesehen haben.

Das Cargo in der Rivington Street ist die Bass-Zentrale von Shoreditch. Im Sommer ist der Garten schon nachmittags an der Kapazitätsgrenze, oft leitet Livemusik die Nacht ein, danach HipHop, Breakbeat und World Music. Getanzt wird auch hier bis in die Puppen. Nicht weit entfernt, um die Ecke vom belebten Hoxton Square, erkennt man schon von Weitem die Schlangen vor »333 Mother«. Einer der ersten Clubs, die hier aufmachten, und inzwischen etwas angejahrt, aber zuverlässig unterhaltsam. Unten Drum'n' Bass, oben Electro oder Trance: Je nach Programmlage hat man hier die Wahl zwischen verschiedenen Musikrichtungen auf drei Tanzflächen – nur Mainstream hört man hier nicht.

Der Hosenbund ihrer Skinny-Jeans sitzt knapp oberhalb der Kniekehle? Ihr Hut ist drei Nummern zu klein? You'll feel right at home im Dalston Superstore (Kingsland High Street). Earbleedingly trendy, wie die ganze Nachbarschaft: Dalston läuft gerade still und heimlich dem benachbarten Shoreditch den Rang als In-Spot Nummer eins ab.

Das Londoner Nachtleben in einem Buch abzubilden ist ungefähr so schlau wie der Versuch, einen Cocktail mit der Post zu verschicken. Wer dauerhaft »In the know« sein will, muss erheblichen Aufwand betreiben, ich kenne Leute, die sind auf Dutzenden von Mailinglisten und ärgern sich immer noch, weil sie permanent etwas verpassen. Es hilft nichts, das Internet ist die beste Informationsquelle. Timeout.com, residentadvisor.net oder thenudge.com sind gute Sextanten für die Navigation durch lange Londoner Nächte.

GRUND NR. 13

Weil das beste Nachtleben unter Tage stattfindet

Kennen Sie auch so jemanden, der permanent von irgendwelchen illegalen Partys berichtet, von geheimen Bars und ultracoolen Pop-up-Locations? Meist in so einem Ich-könnte-dir-sagen-wo-ich-war-aber-ich-müsste-dich-hinterher-töten-Tonfall? London ist voll von diesen Leuten – und dieser Sorte von Lokalen. Es sind Bars, die so gut sind, dass man sie einfach nicht mit zu vielen anderen teilen will. Diese »Speakeasys« – benannt nach den geheimen Kneipen in Amerika während der Prohibition – schießen wie Pilze, nun ja, *in* den Boden, denn meistens befinden sie sich unter der Erde.

Mein Lieblings-Speakeasy, gnadenreicherweise nur knapp hundert Meter von meiner Haustür entfernt, befindet sich unter einem coolen Hipster-Café in Shoreditch. Zwar muss man eigentlich Mitglied sein, aber es werden hier immer wieder auch Nicht-Mitglieder eingelassen. Nichts weist darauf hin, dass in diesem Laden auch hochprozentiger Alkohol vom Feinsten ausgeschenkt wird. Wer aber Bescheid weiß, geht in Richtung Toilette, steigt eine ziemlich steile Treppe hinab und steht unten plötzlich vor drei Türen – Sie kennen das sicher aus Computerspielen. Eine führt in den Putzraum, die andere in die Toilette und die dritte – ist verschlossen. Die Reihe von Lichtschaltern an der Wand kommt ihnen übertrieben vor für die einsame Birne an der Decke? Guter Instinkt, diese Schalter wollen in der richtigen Reihenfolge gedrückt werden, und schon öffnet sich mit leisem Klick die schalldichte Tür und Stimmengewirr und Bar-Jazz dringen ans Ohr. Drinnen empfängt uns eine gemischte coole Crowd, die sich im Schummerlicht bei klassischen Drinks (unbedingt probieren: »Old Cuban«) an den niedrigen Tischen in schicke Sessel und Sofas lümmelt und uns kurz mustert (»Wie sind *die* denn hier reinge...?«). Die Atmosphäre ist entspannt und nicht allzu trendy, gelegentlich verirrt sich auch mal ein Banker mit seiner Sekretärin hierher: Für eine Affäre gibt es keinen schöneren Ort zum Knutschen als das kleine Separee hinten links in der Ecke.

Nicht weit entfernt, in der Artillery Lane, liegt ein bekanntes Frühstückscafé, das nach einem Kultfilm der 1980er Jahre benannt ist. Sehen Sie den großen Kühlschrank? Fragen Sie den Kellner hinter vorgehaltener Hand nach einem Termin beim »Mayor«. Öffnen Sie dann beherzt die Kühlschranktür und entdecken Sie das »Bürgermeister von Angsthasenhausen«, Londons ungeheimste Geheimbar. Viel Holz, antike Tapeten aus den Siebzigern und ein ausgestopfter Elchkopf sorgen für entspanntes Jagdhüttenfeeling, die Cocktails sind ordentlich und Kleinigkeiten zu essen gibts auch.

Die Rezession sorgt unterdes für eine Erweiterung des Angebots. Viele kleine Unternehmen stellen ihre Kellerräume aufstrebenden Junggastronomen zur Verfügung, die aus Abstellräumen funky little bars machen. Ein gutes Beispiel dafür ist die Moustache Bar auf der Stoke Newington Road in Dalston. Lediglich ein stilisierter Schnurrbart weist außen auf sie hin, doch der könnte auch zu dem Herrensalon im Erdgeschoss gehören. Achten Sie auf Gruppen von Rauchern, die vor der kleinen schwarzen Tür stehen. Drinnen warten preiswerte Drinks, generell coole Bartunes (natürlich nicht in der »Gay Rockabilly Night«) und ein Publikum von überwiegend lokalen Bohemiens und Partyprofis. Öffnungszeiten: spät bis früh, Atmosphäre: abgerockt und intim, Drinks: preiswert. Nice.

Die hohen Weihen des Londoner Nachtlebens aber erreicht man erst durch jahrelanges Meditieren über bestimmten Internetseiten und sorgfältigen Aufbau eines nützlichen Bekanntenkreises. Dann kommt man in den Genuss von wirklich memorablen Veranstaltungen, wie zum Beispiel einer Feier zum 206. Jahrestag der

Totenwache Admiral Nelsons im Fox and Cutlass. Livemusik, Shanty-Singalong, Sockenpuppentheater, später elektronische Tanzmusik aus allen Epochen der Musikgeschichte und natürlich exotische Alkoholika. Das alles in Londons coolstem, abgeranztestem, viel zu kleinem und deshalb genau richtigem Partykeller. Aber selbst wenn man zu den wenigen Auserwählten zählt, die über anstehende Partys informiert werden – eine Garantie, auch tatsächlich reinzukommen, ist das nicht. Es gilt, eine komplizierte Sequenz von Codewörtern zu kennen, eine vorher festgelegte Bestechung für den Türsteher mitzuführen (eine Dose Bohnen etwa, ein paar graue Socken oder »somthing pineapple-related«). Eingeladene dürfen Freunde mitbringen, einzige Voraussetzung: »They have to be ... nice«. Doch Gastgeber und Impresario E., Ex-Privatdetektiv, Xerox-Künstler, Schauspieler und Bonvivant extraordinaire mit einer, nennen wir es »farbenfrohen Biografie«, hat bisher nur wenige abgewiesen, die den Weg zur Eingangstür gefunden haben. Hat man die Freundlichkeitsprüfung bestanden, schwenkt in dem kleinen Vorraum des unscheinbaren viktorianischen Hauses in Dalston – genauer darf ich leider nicht werden – quietschend ein Regal zur Seite: Wer durch diese Geheimtür tritt, für den gibt es vorläufig keine Rettung mehr. Er (oder sie) wird irgendwann zu sich kommen und sich fragen, warum er seit Stunden auf Churchill starrt (ein rotierendes Huhn, fragen Sie bitte nicht) oder plötzlich, händchenhaltend mit einem Mann namens Nigel, auf den Flugzeugsesseln der Departure Lounge aufwacht und nur vermuten kann: Das war bestimmt eine geile Party gestern Abend. Schade, dass ich nicht dabei war.

Zur Erinnerung: Es geht hier um *geheime* Bars. Die sollen ruhig auch ein bisschen geheim bleiben. Wer eine Suchmaschine halbwegs bedienen kann, findet leicht heraus, wo diese Läden sich befinden. Seien Sie, lieber Leser, also bitte nicht sauer, dass ich hier keine genaueren Ortsangaben mache. Ich könnte das zwar tun – müsste Sie aber hinterher töten.

GRUND NR. 14

Weil hier ständig jemand Theater macht

London, klar: Theaterstadt. Allein im West End gibt es mehr als fünfzig Bühnen, im Rest der Stadt noch mal die gleiche Anzahl – wer da nichts findet, ist selbst schuld. Vor mehr als zehn Millionen Menschen heben sich hier jährlich die schweren Samtvorhänge, und was ich kaum begreifen kann: Die Deutschen tun sich schwer damit, sich bei einem Besuch auch mal eine von Londons Hauptattraktionen zu gönnen. Einige schauen sich, wenns hochkommt, vielleicht ein Musical an – »Da ist der Text ja nicht so wichtig ...« Großer Fehler! Denn selbst Menschen, die einer direkten Konfrontation mit der englischen Sprache zu Recht mit gemischten Gefühlen entgegensehen, können im Theater auf ihre Kosten kommen. Man muss sich nur richtig vorbereiten, und dafür ist kein Sprachkurs notwendig. Am besten sucht man sich schon zu Hause das richtige Stück aus und bucht die Tickets gleich mit. (Gute Deals bekommt man auch kurzfristig beim zentralen Ticket-Büro am Leicester Square.)

Für Anfänger empfiehlt sich eines der klassischen Stücke, die im West End schon seit Jahrzehnten immer wieder laufen. Deren Handlung kann man sich vorher online anlesen, sodass man im Theater nicht mit dem Langenscheidt auf dem Schoß sitzt, den Sitznachbarn nervt und den Faden verliert, sobald man mal ein Stück Text nicht versteht. So kann man sich voll auf die Aktion auf der Bühne konzentrieren. Ein guter Start ins Londoner Theaterleben ist »The Mousetrap«, ein klassisches Kriminalstück von Agatha Christie, das im West End nun schon seit fast sechzig Jahren ununterbrochen aufgeführt wird, mehr als 24.000 Mal – Weltrekord. Dieses Stück wird im St Martin's Theatre gezeigt und es zeichnet sich durch eine weitere spannende Besonderheit aus:

Auf Wunsch von Agatha Christie höchstselbst wird das Publikum nach jeder Aufführung gebeten, das überraschende Ende nicht weiterzuerzählen. Das hat lange funktioniert, und die Empörung war groß, als 2010 die Online-Enzyklopädie Wikipedia das Ende des Krimis in dem betreffenden Artikel auflöste. In Zeiten des Internets kann man eben nichts mehr geheim halten, wahrscheinlich hatte auch hier Julian Assange seine Finger im Spiel. Also: den Wiki-Artikel nur bis zum Abschnitt »Auflösung« lesen, sonst beraubt man sich eines großen Teils des Vergnügens. Und wenn man das herrliche Theater mit seiner grandiosen Kuppel wieder verlässt, ist man garantiert West-End-süchtig.

Selbstbewusst und gestärkt kann man sich jetzt dem ernsten Fach widmen. Shakespeare zum Beispiel muss nicht teuer sein: Ein Stehplatz im Globe Theatre hat einen schönen rustikalen Old-School-Charme, und den gibts schon für fünf Pfund, oft auch an der Abendkasse. Und wo sonst kann man die Stücke des großen Meisters besser genießen als in dem Theater, das dem Original von 1599 bis ins Detail nachempfunden ist?

Wem nach zeitgemäßeren Aktivitäten zumute ist oder wer den inneren Paparazzo nicht zähmen kann, der kann sich eine weitere Besonderheit der Londoner Theaterlandschaft zunutze machen. Nirgendwo – abgesehen von Los Angeles – herrscht eine so große Dichte von leibhaftigen Hollywoodstars. In jeder Saison ist mindestens einer hier, besonders Kevin Spacey, künstlerischer Leiter des Old Vic, gelingt es immer wieder, ein paar seiner Kumpels zu überzeugen, eine Saison in London zu spielen. Jeff Goldblum, Matthew Modine und Neve Campbell gaben schon Gastspiele am Old Vic, und auch Matt Damon, Casey Affleck und Gwyneth Paltrow haben sich im West End kürzlich gegen Geld bei der Arbeit zuschauen lassen, um ihr professionelles Image als »richtige« Schauspieler mit einer Prise Londoner Bühnestaubs aufzupeppen. Oft sind die Gastspiele der Promis »aus den Kolonien« nur kurz und dementsprechend schnell ausverkauft, aber das soll uns

Groupies nicht betrüben, denn berühmte britische Schauspieler wie Daniel Radcliffe, Helen Mirren oder Jude Law geben sich hier ohnehin fast täglich die Klinken der Bühneneingänge in die Hand. Autogrammjägern hilft hier der rechtzeitige Blick in einschlägige Fachpublikationen. Ob mit Film-Promis oder heimischen Talenten – ein Abend in einem West-End-Theater ist immer eine Angelegenheit der höheren Vergnügungsordnung.

GRUND NR. 15

Weil die Pubkultur ihre eigenen Rituale hat

Für London-Neulinge gibt es kein gefährlicheres Terrain als den Pub. Der Pub ist ein soziales Minenfeld – eine falsche Bewegung, und man hat sich bis auf die Knochen blamiert, oder, schlimmer noch: als Tourist geoutet. Und was könnte einem Deutschen im Ausland peinlicher sein? Eben. Wenn Kontinentaleuropäer einen Londoner Pub betreten, spielen sich oft hässliche Szenen ab. Sie kommen rein, setzen sich an einen Tisch und winken nach einiger Zeit ungeduldig dem Barmann. Irgendwann gehen sie einzeln an die Theke und bestellen »One beer, please!«, und später wird diskutiert, wie viel Trinkgeld denn angemessen sei. Das sind gleich so viele Fauxpas, dass einem schwindelig werden möchte. Also, hier die Grundlagen, ein Proseminar, aber nur für Erstsemester ohne sozialen oder beruflichen Kontakt zu Eingeborenen.

Erstens: Es gibt in Pubs keine Bedienung am Tisch. Punkt. Man holt sich seine Getränke an der Theke. Immer. Und bezahlt sofort. Idealerweise auch immer. Und man gibt kein Trinkgeld, das ist in Pubs unüblich. Zweitens: Es hat keinen Zweck, »ein Bier« zu bestellen. Anders als in deutschen Eckkneipen, die üblicherweise von einer einzigen Brauerei beliefert werden, gibt es in Londoner Pubs immer mindestens fünf verschiedene Sorten Bier. Ich kenne welche, die halten zwei Dutzend Sorten vorrätig. Vom Fass. Man werfe also vor der Bestellung einen kurzen Blick auf die Zapfhähne, an denen die farbenfrohen Labels internationaler Brauereien prangen. Und dann bestelle man, und zwar präzise, etwa so: »One Kronenbourg, please.« Und jetzt merkt man, drittens, sofort: schon wieder falsch. Denn der Landlord, also der Wirt, wird jetzt mehr oder weniger freundlich eine Frage bellen, die für kontinentale Ohren vollkommen unverständlich ist, es klingt etwa wie »Painttof?«. Er will damit erreichen, dass der Gast vom Kontinent sich bitte auf eine genauere Mengenangabe festlegen möge. Also noch mal: »A pint of Kronenbourg, please«, oder, wenn man nicht ganz so arg durstig ist, eventuell »a half of Staropramen«. Das »half pint« hat immer noch fast 0,3 Liter, für Anfänger eine schöne Einstiegsklasse, das Weltergewicht der britischen Kampftrinker sozusagen. Das wäre also geschafft. Wir lassen die Früchte unseres Erfolges die Kehle hinunterrinnen, in dem schönen Bewusstsein, dass der »Bachelor« geschafft ist. Wir bleiben an der Theke stehen, denn jetzt folgt der »Master« für ältere Semester, der Eintritt ins Hauptstudium, will heißen: trinken mit Eingeborenen.

Das Wichtigste zuerst: »Buying a round.« Wer mit englischen Kollegen nach Feierabend noch auf ein »swift half« in den Pub geht, ist gut beraten, sofort laut zu deklamieren: »My round!« Den Protest der Kollegen – »Are you sure? No, it's Robert's turn!« – ignoriere man tunlichst und frage nach den Wünschen der Kollegen. Jetzt den Notizblock zu zücken wäre zwar naheliegend, aber ein Eingeständnis stark eingeschränkter kognitiver Fähigkeiten. »A half pint of London Pride, a straight J&B, a Red Stripe top, a Heineken shandy, a large G&T, a white wine spritzer, a pint of Staropramen with a head and two bags of crisps, salt & vinegar and cheese & onion« wird man doch noch im Kopf behalten können! Also, Ruhe bewahren und auf Gott vertrauen. Doch Vorsicht: Jetzt einfach die gewissenhaft memorierte Bestellung über die Theke zu blöken, ohne sich kurz zu vergewissern, dass man auch wirklich an der Reihe ist, gilt als schlechter Stil. Nun ohne Stottern bestellen, seinen halben Monatslohn über die Theke schieben – »thank you« nicht vergessen – und die Runde zu den Kollegen tragen, auch wenn man mehrmals laufen muss.

Wenn alle Getränke verteilt sind, wird getrunken. Ohne anzustoßen. Oder gar auf Augenkontakt zu bestehen. Stattdessen freut man sich darüber, dass alle sich bedanken. Damit hat man wahrscheinlich das teuerste Bier seines Lebens gekauft, aber dafür kann die Erlangung der britischen Staatsbürgerschaft jetzt getrost als bürokratische Bagatelle verbucht werden. Die »Round« ist heilig. Es gibt hier keinen sichereren Weg ins soziale Abseits, als nie oder zu spät eine Runde zu kaufen oder auf getrennter Zahlung zu bestehen. »He's got very deep pockets, but very short arms« ist einer der freundlicheren Kommentare über einen Geizkragen. Wer dieses Ritual verinnerlicht hat, ist schon fast ein Londoner. Das ist übrigens nicht nur irgendeine Sitte. Die gesamte Gesellschaftsordnung des Landes scheint darauf zu beruhen, und man ist gut beraten, sich diesen Gepflogenheiten anzupassen. Anthropologen glauben, die »Runde« gehe auf den Austausch von Geschenken zurück, um sich gegenseitig friedfertiger Absichten zu versichern, was in manchen Pubs in den Außenbezirken durchaus notwendig sein kann. Sicher, wenn man schnell nach Hause will und die erste Runde gekauft hat, ist das ein teures Vergnügen. Aber eine wissenschaftliche Untersuchung der Oxford University (kein Scherz) hat ergeben, dass Runden-Spender sich auf die Dauer finanziell nicht schlechter stellen als ihre geizigen Freunde, sich aber zusätzliches Ansehen als großzügige, freundliche Zeitgenossen sichern. Wenn alles in London nur so einfach wäre.

GRUND NR. 16

Weil die Clubs hier wählerisch sind

Eine klebrige Flüssigkeit läuft mir durch die Haare und verteilt sich auf meinem Gesicht, sickert in den Kragen, ein paar Spritzer hinterlassen eine dekorative Lebensmittelbatik auf meinem hellen Jackett. Ich knie vor einer Zweimeterzwanzig-Transe, sie trägt ein langes glitzernd-blaues Kleid mit hohem Schlitz, aus dem ein muskulöses, schlecht rasiertes Bein hervorlugt. Um mich herum johlt die Menge, und ich frage mich: Wo, bitte, bin ich hier hineingeraten? Die Antwort ist einfach: Ich befinde mich auf der Dachterrasse des angesagtesten »Private Member Clubs« der Stadt und hatte der freundlichen Dame in Blau, die mit einer Flasche Schnaps die Runde machte, freundlich zugelächelt, woraufhin sie sich bemüßigt fühlte, mich mit einem, wie sich gerade herausstellt, klebrigen Anisschnaps zu übergießen. Eigentlich sollte die Flüssigkeit in meinem weit aufgesperrten Mund landen, wie bei den anderen Opfern, die zu früh »Bingo!« gerufen hatten, aber Zielen ist offenbar nicht ihre (seine?) Stärke. Heute Abend ist »Gay Bingo Night« im Shoreditch House, was meine Freundin Christina, die mir jetzt kichernd eine Serviette reicht, wohlweislich verschwiegen hatte, als sie mich zu einem »netten Abend in meinem Club« einlud. Das Shoreditch House ist der größte unter den neuen coolen Erben der altehrwürdigen Londoner Gentlemen's Clubs.

Deren Mitglieder wendeten sich wohl mit Schaudern ab, würden sie Zeuge solch dekadenter Vorgänge. Clubs wie Boodle's oder White's wurden im 17. Jahrhundert gegründet und halten bis heute eisern an ihren Statuten und Traditionen fest. Keine Handys, keine Laptops. Und keine Frauen. Premier David Cameron beendete aus Protest gegen das Frauenverbot öffentlichkeitswirksam seine Mitgliedschaft bei White's. In diesen Clubs Mitglied zu werden ist für Normalsterbliche so gut wie unmöglich. Da muss man schon aus einer der »guten Familien« kommen, zumindest aber Mitglied der konservativen Tory-Partei sein. Zwei Mitglieder müssen dann noch für die Ehrenhaftigkeit des Bewerbers bürgen, bevor er Zutritt erhält zu den edlen Salons im Stadtteil St James's, der wegen der Vielzahl der dort ansässigen Clubs auch »Clubland« genannt wird. Und das ist nicht unwichtig für den Nachwuchs aus Politik und Wirtschaft, denn viele sagen, dass hinter den opulenten Fassaden nach wie vor die wichtigsten Entscheidungen gefällt und die Geschicke des Landes gelenkt werden.

Auch in den neuen coolen Clubs ist man wählerisch, was die Klientel betrifft. Im Shoreditch House, größter Ableger einer ganzen Kette ähnlicher Etablissements, brauchen Bewerber zwei Bürgen, aber die Aufnahmekriterien sind andere. Anwälte und Banker der nahen City zum Beispiel müssen leider draußen bleiben, denn hier will die bunte Boheme aus Medienleuten, Künstlern, New-Media-Typen und Schauspielern unter sich sein, die Mehrheit ist um die dreißig, Krawattenträgern wird die Tür gewiesen. Für einen durchgängigen Sozialstatus der Mitglieder sorgt ein happiger Jahresbeitrag von siebenhundert Pfund, zuzüglich zweihundert Pfund Aufnahmegebühr. Am Pool auf dem Dach rekelt sich folglich so mancher Prominente auf den ausladenden Betten, deshalb gilt hier striktes Foto-Verbot.

Tagsüber sonnt man sich bei Drinks auf der riesigen Dachterrasse, abends vertreibt man sich die Zeit an den langen Tischen des Restaurants – dank der Mitgliedsbeiträge sind die Preise hier überraschend günstig –, spielt eine Partie Billard oder Kicker in der weitläufigen Bar oder entspannt am Kamin der großzügigen Lounge. Viele Mitglieder nutzen den Club auch als Büro on-the-go: iPads gehören hier genauso zur Hipster-Grundausstattung wie zu kleine Hüte, und Konferenzräume kann man stundenweise günstig mieten. Für Neuankömmlinge, die in der Web-2.0-Szene um den nahen Silicon Roundabout mitreden wollen, ist die Mitgliedschaft im Shoreditch House oder einem der Konkurrenten Pflicht. Tipp: Wer sich mal einen Abend im Shoreditch House gönnen will, aber kein Mitglied kennt, der mietet sich einfach im angeschlossenen Hotel ein – dessen Gäste genießen die gleichen Privilegien wie Mitglieder.

Den Trend zum alternativen Members Club begründete übrigens in den 1980er Jahren der Groucho Club, benannt nach dem amerikanischen Komiker Groucho Marx, der mal gesagt haben soll, dass er keinem Club beitreten wollte, der ihn als Mitglied akzeptieren würde. Das Groucho-Clubhaus im Amüsierviertel Soho ist nachts ein beliebter Treffpunkt der Londoner Paparazzi, denn hier fallen regelmäßig Boulevard-Lieblinge wie Jude Law, Lily Allen oder Kate Moss, in wechselnden Bewusstseinszuständen und gestützt von stets neuen Begleitern, aus der Tür. Was mich wieder zurückbringt zu meinem bunten Bingo-Abend, in dessen weiterem Verlauf es noch zu einem unfreiwilligen Bad kam und ich in eine heitere Verwechslung im Bereich der Umkleidekabinen verwickelt wurde. Am Ende war ich jedenfalls froh, dass auch die neuen Clubs sich einer alten Londoner Clubtradition verpflichtet fühlen: absolute Diskretion.

GRUND NR. 17

Weil Schwule und Lesben hier ganz entspannt feiern

Wer sich in London gleichgeschlechtlich amüsieren will, hat eine Menge Auswahl. Die Old Compton Street in Soho ist seit fast drei Jahrzehnten das Herz der schwulen Szene Londons, eine Vielzahl von Gay bars, Buchläden, Cafés, Tea rooms, Sexshops und Nachtclubs bieten etwas für jeden Geschmack der an Subkulturen reichen Szene. Erste Anlaufstellen für Besucher sind die Pubs Comptons und Admiral Duncan, wobei letzterer eine Art Wallfahrtsort inmitten des schwulen Mekkas darstellt. Hier explodierte 1999 die Nagelbombe eines Neonazis, die drei Gäste tötete und fast siebzig von ihnen zum Teil schwer verletzte. Heute weht an der Fassade stolz eine große Regenbogenfahne, obwohl das eigentlich gegen die Bau-Richtlinien der Stadtverwaltung verstößt – Londons Gay-Community stellt hier selbstbewusst ihre eigenen Regeln auf. Eine der größten schwulen Party-Zentralen ist das Heaven, unterhalb des Bahnhofs Charing Cross. Jeden Samstag amüsiert sich hier eine tanzwütige Crowd zwischen zwanzig und dreißig bei den legendären »G-A-Y«-Clubnächten, und montags zieht die Party-Reihe »Popcorn« House-Fans mit erhöhtem Bewegungsbedarf an.

Für Frauen, die London vor allem wegen der Londonerinnen lieben, ist ebenfalls Soho die erste Adresse. Neben einer Vielzahl von lesbischen Partys, die an den Wochenenden in den Clubs der Gegend stattfinden, bleiben vor allem jüngere Mädels in der gerade frisch renovierten Candy Bar bei Cocktails unter sich. Um die Ecke verwandelt sich das Star Café am Abend in einen Lesben-Treffpunkt der entspannten Art, der besonders von Frauen ab dreißig frequentiert wird (siehe Grund Nr. 64). Tipp meiner Freundin Katja: Die lesbische Party-Szene ist stetig im

Fluss, regelmäßige Events etablieren sich inzwischen immer stärker im trendigen Osten der Stadt, so etwa »Girl Action«, »Ruby Tuesday« oder die »Twat Boutique« in verschiedenen Locations im East End. Websites wie girlguidelondon.co.uk sind hier auf dem neuesten Stand.

Apropos neuester Stand: Jenseits von Soho hat sich inzwischen ein weiterer Gay-Hotspot entwickelt. Eine der wenigen Attraktionen, die der Londoner Süden bereithält, ist die vibrierende Schwulenszene in Vauxhall. Die Vauxhall Tavern mutet an wie ein Country-Pub, den Außerirdische in sehr engen T-Shirts in die Stadt gebeamt haben. Sie ist die älteste schwule Kneipe der Stadt, seit den 1950er Jahren trifft sich hier die Südlondoner Gay-Szene, vor allem aber »Bears« und »Cubs«.

Junge Männer, denen Soho zu brav und mainstreamig ist, feiern im Fire, denn hier gibts Party-Dekadenz vom Feinsten. Ab Mitternacht wird auf vier verschiedenen Floors der Dresscode »Waschbrettbauch« ausgerufen, wer sein T-Shirt anbehält, ist selbst schuld, und nach Angaben von Szenekennern kann man in angeschlossenen Räumlichkeiten einen Flirt unkompliziert auf die nächste Eskalationsstufe heben.

Afterhour-Clubs wie A:M und Orange machen das Nightlife-Angebot komplett, wer will, kann hier das ganze Wochenende abfeiern, ohne Vauxhall zu verlassen. Wahrscheinlich hat mein Freund Paul deshalb immer so kleine Augen am Montagmorgen. Von ihm kommt übrigens eines der schönsten Komplimente, das man London machen kann. Paul treibt sich seit dreißig Jahren in der Szene herum und hat große Veränderungen miterlebt. »Das Beste ist, dass wir in London keine Ghettos mehr brauchen«, sagt er. »Wenn man auf offener Straße einen Mann küssen will, muss man nicht mehr auf die Old Compton Street gehen. Heute kann man das fast überall tun. London ist in dieser Hinsicht wahrscheinlich der entspannteste Ort in Europa. Und das ist der Grund, warum *ich* London so liebe.«

GRUND NR. 18

Weil es hier für jeden Anlass das passende Restaurant gibt

Es gibt Momente, da reicht es nicht, einfach in die beliebte Pizzeria oder zum »Chinesen um die Ecke« zu gehen. Ein besonderes Date gehört dazu, eine bestandene Prüfung (ein zweistelliger Hochzeitstag etwa ...) oder eine finanziell zufriedenstellend ausgegangene Ehescheidung. Egal, ob man *den* wichtigen Menschen in seinem Leben einfach mal mit etwas Besonderem verwöhnen möchte oder eine hoffentlich zukünftig wichtige Person beeindrucken will, London bietet eine große Auswahl an Restaurants, in denen man im althergebrachten Sinne »schick essen gehen« kann. Was nicht bedeutet, dass man dort keine Jeans tragen dürfte. Und natürlich kommt es hier auch auf die Qualität der Speisen an, aber immer spielt das Ambiente eine wichtigere Rolle, um so einen Abend unvergesslich zu machen.

Das Wolseley ist so ein Ort für besondere Anlässe. Beliebt bei Prominenten und Künstlern – der 2011 verstorbene Maler Lucian Freud kam fast jeden Abend zum Dinner– macht diese Brasserie im Stil der berühmten »Grand Cafés« lässig zwölf Punkte auf der zehnstufigen Ambiente-Skala. Die opulente Einrichtung lässt den Gast schon beim Eintreten ehrfürchtig erschauern. Wer zu früh dran ist, nimmt einen Aperitif an der Bar direkt am Eingang und zögert so den Moment noch hinaus, an dem der Kellner ihn an den Tisch führt und seine Augen die ganze Pracht dieses ehemaligen Ausstellungsraums für Luxusautos gierig einsaugen. Venezianische Säulen aus Marmor, elegante Bögen und Treppen, viel Gold und Schwarz dominieren den grandiosen Speisesaal und lassen die Dekadenz der 1920er Jahre lebendig werden. Tipp: einen Tisch in der zentralen Rotunde bestellen, von dort aus hat man den besten Rundumblick auf eventuell anwesende Promis. Diese und das wirklich umwerfende Dekor sorgen für einen Abend, den die Liebste nie vergessen wird. Leider wird es ihr schwerfallen, sich auf Ihren Heiratsantrag zu konzentrieren, und sie wird vermutlich trotz Warnruf den Ring im Champagnerglas verschlucken – es ist hier, bedingt durch die Architektur, manchmal etwas laut. Aber dieser »Buzz« gehört zum Wolseley dazu.

Eine etwas intimere, aber nicht weniger edle Dinner-Erfahrung wartet mitten in Soho, nur fünf Taximinuten entfernt – natürlich nehmen Sie heute mal ein Taxi! Hey, Hochzeitstag! Im Bob Bob Ricard (kein Druckfehler) sitzt man auf Bänken in intimen kleinen Separees, die an alte Eisenbahnabteile erinnern und mit samtenen Vorhängen und schönen Art-déco-Gittern aus Messing abgetrennt sind – Motive aus dem Orient-Express sind kein Zufall. Denn auch kulinarisch schaut man hier in Richtung Osten, neben englischen Klassikern wie »Potted Shrimps« und »Chicken and Mushroom Pie« wollen hier russische Spezialitäten verkostet werden. Die russische Küche gehört zu den sträflich unterschätzten Gastro-Erlebnissen, und im »BBR« wird sie auf höchstem Niveau zelebriert. Deshalb sollte man ruhig den Mut haben, sich eine der vorzüglichen »Zakuski« zu gönnen, kleine, preiswerte Vorspeisen, die obendrein den Vorteil haben, mit einem auf minus 18 Grad Celsius gekühlten feinen Wodka serviert zu werden. In Kristallgläsern, versteht sich. Oder den Beluga Kaviar, zu 135 Pfund? Vielleicht warten Sie damit doch besser bis zur Silberhochzeit.

Eigentlich ist Ihnen nicht nach feiern, aber Sie sind froh, dass Sie den Kerl endlich los sind? Und er einen beträchtlichen Teil seines Vermögens? Und Sie mögen zufällig die Filme von Tim Burton? Dann führen Sie Ihren Anwalt (oder Ihre beste Freundin) in eines der interessantesten Restaurants der Stadt: das Les Trois Garçons im wilden Osten. Als Shoreditch auf der Nightlife-Landkarte der Stadt noch gar nicht vorkam, eröffneten drei visionäre Freunde, die vor allem ihr untrüglicher Geschmack für Interieurs einte, in diesem viktorianischen Pub das Restaurant ihrer Träume. Riesige Ölgemälde, verrückte Mobiles aus Handtaschen, jede Menge ausgestopfte Tiere – geschmackvoll mit buntem Modeschmuck dekoriert – kontrastieren im gedämpften Licht der Kronleuchter aufs Wunderbarste mit der Grundstimmung eines alten East-End-Boozers. Die Mahagoni-Theke zeugt noch von Zeiten, als hier nicht gehobene französische Bistro-Küche auf feinem Porzellan, sondern Ale aus Zinnkrügen serviert wurde. Exzentrik und Exzess sind hier optisches Programm, nur die Speisekarte ist beruhigend klassisch, von Wild-Carpaccio über Bouillabaisse bis Crème brûlée – das Drei-Gänge-Menü kostet 45 Pfund. Oder warum nicht gleich das »Tasting Menu« (sieben Gänge) mit passender Weinbegleitung zu hundert Pfund? Hören Sie ruhig auf Ihre beste Freundin: »Darling! Man lässt sich schließlich nicht alle Tage scheiden!« Eben.

GRUND NR. 19

Weil man hier prima mitsingen kann

Ich bin einer von diesen Menschen, die eine komplizierte Wurzelbehandlung jederzeit einem Abend in einer Karaoke-Bar vorziehen würden. Nicht nur, weil man in diesen Etablissements oft betrunkenen Bankern zuhören muss, die Barry Manilows »Mandy« grundlos Gewalt antun, nein, schlimmer: Wer sich weigert, vor versammelter Mannschaft (Kollegen! Chef!) den Horst zu geben, muss zudem damit rechnen, als »Spielverderber« zumindest vorübergehend ins soziale Sibirien geschickt zu werden. Menschen, die trotz alledem ihr ausbaufähiges Vokaltalent der Beurteilung einer Schar betrunkener Freunde anheimstellen möchten, sollten sich deshalb wenigstens eine originelle Veranstaltung aussuchen und die herkömmlichen Londoner Karaoke-Bars meiden – die ohnehin selten das Gesamtwerk von Rex Gildo auf der Festplatte vorrätig halten.

Eine der spaßigsten Blamage-Gelegenheiten in dieser Hinsicht bietet zum Beispiel »Karauke« (sprich: kâr'e-yoo'ke). Ein gutes Dutzend Virtuosen der Ukulele spielt einmal im Monat im Royal George (Goslett Yard) Begleitmusik für ambitionierte Sänger – man kann gnadenreicherweise auch in Gruppen singen. Ein Repertoire »von ABBA bis Zutons« plus allerlei Klassik aus der jüngeren Pop- und Rockgeschichte stellt sicher, dass für jeden was dabei ist, Songtexte gibts auf Zetteln am Eingang. Sicherheitshalber vorher via Facebook anmelden, um garantiert reinzukommen. Wen dabei das Ukulele-Virus packt, der sollte am nächsten Morgen Nägel mit Köpfen machen und beim »Duke of Uke« in der Cheshire Street ein geeignetes Anfängerinstrument ausprobieren – die gibts dort schon ab dreißig Pfund.

Sie bevorzugen eine etwas härtere Gangart und denken gern an ihre Schulpartys zurück? Echte Headbanger sollten sich Tickets für den Ultimate Power Club besorgen, der einmal im Monat im Scala in der Pentonville Road die Trommelfelle malträtiert. Schon der Titel lässt Schlimmes ahnen, und richtig: Hier kommen die ganze Nacht ausschließlich »Power ballads« zur Aufführung, enthusiastisch mitgegrölt von einem sympathisch gemischten Publikum zwischen zwanzig und vierzig. Luftgitarre von Bon Jovi über Phil Collins bis Guns N' Roses, sogar vor Bonnie Tyler schrecken die DJs nicht zurück – Ohrstöpsel und eine Klinikpackung »Fisherman's Friend« schützen vor unerwünschten gesundheitlichen Folgeerscheinungen.

Diejenigen, die ihre Turnschuhe gerne offen und die Basecaps verkehrtherum tragen, sollten den Stadtplan in ihrem Smartphone an Donnerstagen auf die Little Portland Street programmieren. Sie können dann beim »HipHop Karaoke« im The Social (einer durchaus ernst zu nehmenden Institution auf dem Gebiet des zeitgenössischen Sprechgesangs) nicht nur von den für West-End-Verhältnisse sehr zivilen Getränkepreisen profitieren. Nein, Nachwuchsrapper und Spätberufene, die sich auf die kleine Bühne trauen und mal so richtig ihren inneren Eminem rauslassen, bekommen neben Ruhm und jeder Menge RESPEKT! auch ihr Bier ganz umsonst. Früh da sein, der kleine Club ist schnell gerammelt voll.

Wer sich an öffentliche Gesangsdarbietungen erst langsam herantasten möchte und musikalisch ohnehin den »Gutenaltenzeiten«, also den *echten* guten alten Zeiten, zugeneigt ist, für den ist »Communal Karaoke« ein guter Weg – gemeinsam blamiert ist eben nur halb so peinlich.

Sonntagabend gibts dazu beim Singalong im Duke of Kendal in der Connaught Street die beste Gelegenheit. Evergreens (das Wort allein …) des letzten Jahrhunderts bestimmen in diesem Pub das Repertoire der Pianisten, und die zum Teil wirklich talentierten Hobbysänger aus der Nachbarschaft geben sich Mühe, das Publikum mit einzubeziehen. Die Crowd ist das Gegenteil von hip, eher so fünfzig plus, aber ein paar junge Gesichter mischen sich immer unter die erstaunlich vitale Rentnergang. Alle haben einen Mordsspaß, denn spätestens nach der zweiten Strophe und dem dritten Pint kann man alle Refrains mitsingen. Rein stimmungstechnisch ist das die beste Gesangsveranstaltung in der ganzen Stadt – da werden sogar, ich gestehe, eingefleischte Karaoke-Hasser irgendwann weich.

GRUND NR. 20

Weil man hier über alles lachen darf

Comedy in London, das ist kein reiner Spaß. Zumindest nicht für Deutsche. Als Deutscher muss man hier einiges abkönnen. Stereotype über Fleiß, Pünktlichkeit und reservierte Liegen am Swimmingpool gehören zu den harmloseren Gags im Repertoire der Comedians, aber: Wir sind nicht die einzigen Opfer. Der Schmelztiegel London, wo fast jeder irgendeiner Minderheit angehört, liefert beständig Witzmaterial, egal ob Muslime, Cockneys, Deutsche oder Juden – jeder kriegt hier sein Fett weg, immer scharf beobachtet und oft herrlich bösartig. Hauptsache, hinterher lacht einer.

Und das ist das Problem für Leute wie Jayde Adams. »Das Publikum in London ist eines der härtesten«, sagt die 26-jährige Nachwuchskomikerin aus Bristol. »Wenn man es hier schafft, dann schafft man es überall.« Seit einem Jahr ist Jayde in London, übernachtet bei Freunden und kratzt ihr Geld zusammen, um ihren Traum von der komischen Karriere in die Tat umzusetzen. Heute hat sie einen besonders schweren Gig. Es ist »Comedy Night« in Benny's Bar, in einem winzigen Keller in Bethnal Green. Die Vorstellung ist ausverkauft: Knapp zwei Dutzend Zuschauer drängeln sich auf hölzernen Bänken. Fünf Comedians geben kurze, rund 15-minütige Vorstellungen und Jayde ist ihr »Compère«, eine Art Zeremonienmeisterin. Sie sagt die einzelnen Kollegen an und macht ein paar eigene Gags zwischendurch, sorgt für gute Stimmung. Aber das ist gar nicht so einfach heute, das Publikum klatscht wohlwollend, aber man merkt: So hundertprozentig zünden die Witze über den Alltag einer Komikerin, garniert mit allerlei, sagen wir, Humor für Erwachsene, noch nicht.

An Orten wie diesen schärfen Comedians ihren Blick, prüfen, was funktioniert und was nicht, langen gelegentlich auch gepflegt unter die Gürtellinie und manchmal eben auch daneben. Aber die Atmosphäre ist freundschaftlich, das Publikum bei diesen kleinen Veranstaltungen weiß: Wer eine Comedy-Perle entdecken will, muss Geduld haben. Dutzende solcher Veranstaltungen gibt es jede Woche, in Hinterzimmern von Pubs und Bars versuchen Hunderte von mehr oder weniger talentierten Nachwuchskomikern, den Schritt vom Klassenclown zum professionellen Comedian zu gehen. »London«, erklärt Jayde nach ihrem Auftritt, »ist eigentlich der einzige Ort, um Comedy zu machen. Und nicht nur, weil man hier so viele gute Acts sehen kann. Egal ob beim Einkaufen, in der U-Bahn oder in der Kneipe: Permanent begegnen einem hier komische Leute. So wie du zum Beispiel!« Sie lacht, und ich frage mich, inwiefern ich als komödiantisches Material taugen würde. Ach so, natürlich.

Wer es eine Nummer größer mag, der sollte mal im Comedy Store in Soho vorbeischauen. Das ist so etwas die Royal Albert Hall der Comedy-Szene. Alle Großen der Branche haben hier ihre Witze gerissen, von Robin Williams bis Ricky Gervais, wer hier ans Mikrofon darf, der hat es geschafft. Ian Stone ist einer von ihnen. Seit zwanzig Jahren steht er immer wieder auf dieser Bühne, er ist da, wo Jayde und ihre Freunde gerne hinwollen – ein Profi, in 34 Ländern aufgetreten, von der Truppenbetreuung in Afghanistan bis zur letzten Atlantiküberquerung der »Queen Elizabeth 2«. »Natürlich bin ich Jude, aber ich bin kein praktizierender Jude!«, ruft Ian ins Publikum. »Wäre ich ein praktizierender Jude, würde ich jetzt einen von euch Muslimen hier vorn rauswerfen und mich auf seinen Platz setzen!« Anderswo würde wohl vielen das Lachen im Halse stecken bleiben, hier lachen alle mit, vor allem die Angesprochenen unter den vierhundert Zuschauern. »Es ist eine Art Vertrag zwischen dem Publikum und mir«, sagt Ian. »Hier im Store ist alles erlaubt.« Skrupel gibt man als Zuschauer besser an der Garderobe ab.

Es dauert mitunter Jahre, um ein Programm von 45 Minuten zusammenzubringen – und eigenes Material ist Pflicht. Ian hat Stoff für rund drei Stunden. Im Kopf. Auf einem kleinen Notizblock sammelt er Ideen und strukturiert seine Gedanken. Vor einem Auftritt blättert er nur kurz in seinen Notizen, dann geht er auf die Bühne und feuert frei eine Pointe nach der anderen ab. »Gute Comedy ist wie ein Schwan«, erklärt er, als wir nach der Vorstellung beim Bier zusammensitzen. »An der Oberfläche wirkt alles sehr elegant und mühelos. Aber unten wird verdammt hart gestrampelt.«

Die alternative Comedy wurde hier im Comedy Store geboren. Ende der 1970er Jahre hatten die jungen Leute die Nase voll von den ewig gleichen Herrenwitzen der alten Garde. Damals begann auch Ian seine Bühnenlaufbahn, mit 16 ließ er sich im ersten Comedy Store von der Bühne buhen. »Das war hart«, erinnert er sich, aber man lernt. Diese neue politische und böse Comedy war das Gegenstück zum Punk.« London, bestätigt Ian, ist der einzige Ort, um es als Comedian auf dem »Circuit« zu schaffen – danach winken lukrative Auftritte in einer der vielen Panel-Shows des britischen Fernsehens und kommerzielle Gigs. Alle fünf Akteure des heutigen Abends (Freitage sind besonders zu empfehlen) sind von diesem Kaliber, schon in der Pause habe ich Bauchschmerzen vor Lachen. Außerdem: Keiner hat Witze über Deutsche gemacht. Doch am Ende seiner clever-witzigen Routine über den Nahostkonflikt landet Ian über irrwitzige Umwege dann doch noch bei der Schlussfolgerung: »It's all the bloody Germans' fault!«

Na also.

3. PLEASE DO NOT TOUCH!

LONDON HINTER GLAS

»You are now
In London, that great sea, whose ebb and flow
At once is deaf and loud, and on the shore
Vomits its wrecks, and still howls on for more.
Yet in its depth what treasures!«

PERCY BYSSHE SHELLEY, 1820

GRUND NR. 21

Weil man sich hier amüsieren kann wie zu Victorias Zeiten

Sie geben sich redlich Mühe, die drei Gestalten, die in schummrigem Licht auf der Bühne umherspringen, mal unbeholfen, mal geschmeidig, aber es hilft nichts: Modernes Tanztheater ist nicht mein Ding. Es geht, laut Programm, um Erinnerungen, um Träume von der Vergangenheit. Da hätten sie sich allerdings keine bessere Bühne aussuchen können, denn an wenigen Orten wird die Vergangenheit Londons so lebendig wie hier, in »Wilton's Music Hall«.

»Wilton's« ist die letzte noch weitgehend im Originalzustand erhaltene Music Hall der Welt und eines der bestgehüteten Geheimnisse Londons. Schon sie zu finden ist nicht einfach, sie liegt in einer unscheinbaren kleinen Gasse, die nicht im Stadtplan verzeichnet ist. Aber wenn man davorsteht, weiß man sofort, dass man am Ziel ist, auch ohne den Schriftzug neben der Tür. Das Haus mit seiner abgeblätterten Fassade lehnt sich an seine Nachbarn, als ob es allein nicht mehr stehen könnte, die handgeschnitzten Ornamente haben keine Farbe mehr. Der Eindruck der Baufälligkeit verstärkt sich in der Lobby, wo Stahlträger die alten Deckenbalken stützen. Auf dem bröckelnden Putz der Wände erzählen Farbschichten aus drei Jahrhunderten von besseren und schlechteren Zeiten, überall kommen Ziegel zum Vorschein, der Verfall ist allgegenwärtig, aber von morbider Schönheit.

Einen Pub mit dem Namen Prince of Denmark gab es an dieser Stelle schon im 17. Jahrhundert. John Wilton kaufte das Gebäude 1850 und baute wenig später den Saal an. Die hohen Decken sollten Akrobaten und Trapezartisten beste Rahmenbedingungen bieten, und eine gigantische »Sunburner Lamp«, eine grandiose

Apparatur mit dreihundert Gasbrennern und Tausenden geschliffenen Kristallen, verwandelte den rundherum verspiegelten Saal in ein magisch glitzerndes Panoptikum. Der mit Blattgold reich verzierte Balkon ruht noch heute auf den spindelförmigen Säulen aus Gusseisen, die weltweit einzigartig sind.

Wenn man diesen Unterhaltungs-Dinosaurier betritt, kann man sich gut vorstellen, was hier früher los war, wenn »Champagne Charlie« auf die Bühne trat, zotige Witze riss und anstößige Lieder sang – Stand-up-Comedy wurde in den Music Halls geboren. Charlie, der eigentlich George Leybourne hieß, parodierte die feine Gesellschaft, er trat in Frack und Zylinder auf und trank stets aus einer Champagnerflasche – sein Markenzeichen. Der Schaumweinhersteller Moët & Chandon verpflichtete ihn bereits 1866, Lieder über die Vorzüge des Champagners zu singen und vor allem öffentlich nichts anderes zu trinken als Moët – Product-Placement ist keine neue Erfindung. Jede Nacht zogen Künstler wie Charlie von einer der dreihundert Music Halls der Stadt zur nächsten, oft absolvierten sie ein halbes Dutzend Gigs pro Abend. Folgerichtig wurde Charlie nur 42, er starb völlig verarmt, und, wenig überraschend, an einem Leberschaden. Die Music Halls waren auf Künstler wie Charlie angewiesen, denn sie durften keine zusammenhängenden Stücke aufführen: Die etablierten Theater im West End fürchteten die billige Konkurrenz. So war das Programm eine bunte Revue, Opernsänger, Komiker, Artisten, Feuerschlucker und Ballettgruppen wechselten sich in schneller Folge ab. Angeblich feierte 1868 sogar der verruchte französische Tanz Cancan auf der Bühne des Wilton's seine London-Premiere – und wurde prompt verboten.

Das Publikum saß dicht gedrängt an großen Tischen, es wurde gegessen, getrunken und gefeiert, ausschweifend gefeiert. Seeleute auf Landgang, Arbeiterinnen der nahen Streichholzfabrik, Buchhalter und Packer aus den unzähligen Lagerhäusern der Umgebung, Hausmädchen, Handwerker und Huren, Kutscher,

Krämer und Kriminelle ließen es hier krachen, vergaßen für ein paar Stunden ihr mühseliges Leben da draußen und rotzten und kotzten auf den mit Sägespänen bestreuten Boden. Vereinzelt wurden auch feine Herren aus dem West End hier gesehen, die sich einen lockeren Abend mit dem Pöbel gönnten, jenseits von Upperclass-Benimmregeln – und vorzugsweise mit den grell geschminkten Mädchen, die an der Treppe im ersten Stock auf Kavaliere warteten. Diese Ladys hatten zwar »harte Gesichter«, so ein zeitgenössischer Kenner der Szene, seien aber »hübscher als die Huren vom Haymarket«. Na, immerhin. In den Saal, der heute für dreihundert Personen zugelassen ist, quetschten sich damals mehr als tausend Gäste pro Vorstellung, die bis zu fünf Stunden dauern konnte. Ein Wunder, dass es dabei nur zu einem einzigen Todesfall kam: Ein empfindlicher Sänger namens Malloy verlor die Geduld mit einem penetranten Zwischenrufer, er sprang von der Bühne und erschlug den Störenfried kurzerhand mit einem Weinkrug. Ein kunstsinniger Richter billigte ihm später mildernde Umstände zu.

Um 1888 war die Blütezeit der Music Halls vorbei, und ausgerechnet der Sündenpfuhl Wilton's wurde von Methodisten übernommen und zu einer Mission umgewidmet – die Leute in der Umgebung hatten hinreichend bewiesen, dass sie Seelsorge bitter nötig hatten. Doch Wilton's blieb ein Angelpunkt der Geschichte des East End. Die Methodisten versorgten hier 1889 während des großen Streiks hungernde Dockarbeiter mit Essen, und 1936, als sich britische Faschisten unter Edward Mosley in der Nachbarschaft schwere Straßenschlachten mit Gewerkschaftern, Juden und Kommunisten lieferten, fanden viele Verletzte hier Unterschlupf und Hilfe. Ein paar Jahre später bot der alte Theatersaal den beim »Blitz« ausgebombten Familien der Gegend ein vorübergehendes Dach über dem Kopf.

Nach jahrzehntelanger Vernachlässigung ist dieses grandiose Kulturdenkmal Gott sei Dank wieder aus der Asche auferstanden.

Heute ist Wilton's nicht nur ein vielseitiges Theater (die Mahogany Bar ist auch an spielfreien Tagen geöffnet), das grandiose, abgerockte Originaldekor wird auch gern von Filmproduzenten genutzt. In »Sherlock Holmes – Spiel im Schatten« prügeln sich Jude Law und Robert Downey Jr. dekorativ durch Wilton's, eine wunderbare Music-Hall-Szene, in der gut nachempfunden ist, wie es früher dort zugegangen sein muss. Und egal was man sich aus dem vielseitigen aktuellen Programm herauspickt, ob modernes Theater, klassische Musik, Performances oder Lesungen – durch Wilton's Music Hall weht immer noch ein Hauch der zügellosen alten Zeiten.

GRUND NR. 22

Weil London jeden Tag ein Klassikparadies ist

Was darfs denn sein? Mozart in der Mittagspause? Kantaten bei Kerzenschein? Oder lieber stilvoll in Smoking und Abendgarderobe »La Bohème« erleben? Nirgendwo haben Klassikfans so viel Auswahl wie in London. Jeden Tag kann man hier Solisten und Orchestern der internationalen Spitzenklasse bei der Arbeit zuhören, und das geht schon mittags los. Wenn das Morgenmeeting vorbei ist und man die Zeit bis zum Rückflug überbrücken will, sind die »Lunchtime Concerts« eine prima Alternative zum Gedudel in der Flughafenlounge.

Die Kirche St Martin-in-the-Fields am Trafalgar Square zum Beispiel ist seit den 1950er Jahren ein Fixstern im Klassik-Kosmos, als der Dirigent Sir Neville Marriner hier die Academy gründete, ein Kammerorchester von internationalem Rang. Montags, dienstags und freitags bekommen talentierte Nachwuchskünstler ab zwölf Uhr Gelegenheit, ihr Können unter Beweis zu stellen – für viele ein wichtiger Schritt zu einer Weltkarriere. Das Repertoire reicht von Barock bis Moderne, und der Eintritt ist kostenlos. Ein weiterer Tipp für Leute, die sich mittags lieber Musik reinziehen als eine warme Mahlzeit: In St Luke's, einer ehemaligen Kirche an der Old Street, die aufwendig zum Konzertsaal umgebaut wurde und dem London Symphony Orchestra als Heimat und Probenraum dient, gibts bei den »BBC 3 Lunchtime Concerts« jeden Donnerstag Klassik vom Allerfeinsten zum Einheitspreis von zehn Pfund.

Frisch verliebt und Lust auf schöne Musik? Für einen romantischen Abend ist die »Candlelight«-Konzertreihe von St Martin's unübertroffen. Hunderte Kerzen lassen die berühmte Kirche in angemessenem Glanz erstrahlen und schaffen eine Atmosphäre, in der Werke wie Mozarts »Requiem« oder Händels »Messiah« besonders gut aufgehoben sind. Am besten sitzt man auf den alten knarrenden Holzbänken in einer der kleinen Boxen auf der Galerie, da kann man die unvergleichliche Stimmung am besten genießen – und weitgehend ungestört Händchen halten.

Am Wochenende ist die Auswahl noch größer. Eine der besten Adressen für Kammermusik: die wegen ihrer einmaligen Akustik weltberühmte Wigmore Hall. Hier geben sich die Top-Solisten und Spitzen-Quartette der Welt die Klinke in die Hand, nicht wenige nehmen hier auch ihre Platten auf. Um die Jahrhundertwende als Demo-Saal der deutschen Klavierbauer Bechstein erbaut, wurde dieser Traum aus Alabaster und Marmor im Ersten Weltkrieg als »Feindbesitz« enteignet und bot Künstlern wie Artur Rubinstein, Charles Camille Saint-Saëns und Sergei Prokofjew eine angemessene Plattform. Konzerte gibts hier jeden Abend, an Wochenenden auch um die Mittagszeit, Karten kosten von zehn Pfund aufwärts. Besonders interessant: die »Pre-concert Talks«, in denen Musiker, Komponisten oder Instrumentenbauer Einblicke in das aufgeführte Werk oder ihr künstlerisches Schaffen bieten.

Freunde von Kingsize-Klassik aber sollten sich einen Abend in einem der berühmtesten Opernhäuser der Welt gönnen. Rechtzeitig zu buchen ist hier ratsam, und keine Sorge: Die Zeiten, in denen man ins Royal Opera House nur in Smoking oder Abendgarderobe hineingelassen wurde, sind längst vorbei. In Covent Garden rümpft über Jeans niemand mehr die Nase. Dennoch lassen es sich viele Besucher nicht nehmen, ihre Garderobe dem Anlass entsprechend auszuwählen. Anzug und kleines Schwarzes passen auch viel besser zum schieren Prunk des prächtigen Saals: Alles erstrahlt in Gold und tiefem Bordeauxrot, und wenn sich der mit dem Emblem der Queen kunstvoll bestickte Vorhang lautlos hebt, kann man sich gut vorstellen, wie es war, als Georg Friedrich Händel vor knapp dreihundert Jahren hier seine eigenen Werke dirigierte.

Egal ob Oper, Ballett oder Sinfonisches, alle Vorstellungen sind hier ruck, zuck ausverkauft, zumindest die Plätze im mittleren Preissegment. Doch dieses unvergleichliche Klassikerlebnis kann man schon ab neun Pfund genießen – wobei »genießen« vielleicht das falsche Wort ist, wenn man quasi unter der Decke auf Holzbänken sitzt und fast nichts von der Bühne sieht – so ist Oper ja nun auch nicht gedacht. Um die hundert Pfund pro Person sollte man schon kalkulieren, die besten Plätze in den »Grand tier«-Boxen kosten mehr als achthundert Pfund. Tipp: Besucher mit Billigtickets und Hang zum Abenteuer, die während des ersten Akts einen guten noch unbesetzten Sitz erspäht haben, können nach der Pause vielleicht doch noch einen Logenplatz ergattern – denn jetzt werden die Karten meist nicht mehr kontrolliert. Wem das zu aufreibend ist, der beeilt sich, um einen der wenigen nicht reservierten Plätze in der fantastischen Hall Bar zu bekommen und bei einem Glas Champagner seine Begleitung mit Zitaten aus dem Libretto zu beeindrucken – oder einfach über die Figur der Sopranistin zu lästern.

GRUND NR. 23

Weil Kopien manchmal besser sind als Originale

Von den großen, den berühmten Londoner Museen ist das Victoria & Albert Museum, kurz »V&A«, mein absoluter Favorit. Das mächtige Gebäude an der Cromwell Road ist an sich schon sehenswert, und an den Ausstellungsstücken aus fünftausend Jahren Kulturgeschichte dokumentiert sich eindrucksvoll das ewige Streben der Menschen, die Dinge schöner zu machen. Glas, Keramik, Fotografie, Möbel, Malerei, Bildhauerei, Schmuck, Bücher, Textilien und Bühnenkunst: Mit mehr als zwei Millionen Einzelstücken birgt das V&A eine der größten Kunstsammlungen der Welt. Von Leonardo da Vincis Notizbüchern über die »Portland Vase« von Josiah Wedgwood bis hin zu Mick Jaggers Bühnenoutfits – es gibt kaum ein Thema, das hier nicht abgehandelt würde.

In dem riesigen Bau kann man leicht ganze Tage verbringen, aber einen Ort gibt es dort, den ich besonders mag, und zwar aus einem bestimmten Grund: Er beherbergt nichts als – »Fälschungen«. Die »Cast Courts« liegen, etwas versteckt, am Ende des Ostflügels des Museums. Zwei Hallen, hoch wie Kathedralen, beherbergen Kopien der berühmtesten Skulpturen der Kunstgeschichte. Es handelt sich dabei um Gipsabdrücke der Originale, die vor allem während des 19. Jahrhunderts angefertigt wurden. Der berühmteste unter ihnen: die mächtige »Trajanssäule«, eine Kopie der knapp zweitausend Jahre alten Urmutter aller Siegessäulen in Rom. Das Original ist mehr als dreißig Meter hoch, die Londoner Kopie ist deshalb in zwei Teile zerlegt, was den Vorteil hat, dass man die herrlichen Reliefs besser erkennen kann. Sie erzählen die Geschichte zweier Kriege, die der römische Kaiser Trajan führte, und zeigen mehr als 2500 menschliche Figuren.

Eine Kopie der mittelalterlichen Kanzel des Doms zu Pisa, das berühmte Portal der Kathedrale in Santiago de Compostela, Michelangelos »David« in Originalgröße – so ziemlich alles, was Bildhauern heilig ist, ist hier im Abguss nachgebildet. Und auch einiges, was nicht so heilig ist: Königin Victoria soll über die Darstellung gewisser Körpermerkmale des »David« so schockiert gewesen sein, dass man flugs ein Feigenblatt anfertigte, das im Falle königlichen Besuchs rasch mittels zweier Haken am Gemächt des Italieners befestigt werden konnte. Aua. Das mutet man ihm heute nicht mehr zu, der Sichtschutz ist separat neben der Statue ausgestellt.

Exponate und Räume der »Cast Courts« werden gerade einer umfangreichen Renovierung unterzogen, sodass immer nur einer der beiden Säle geöffnet ist. Von einer Galerie im ersten Stock aus hat man aber einen guten Einblick in beide, und man kann den Experten bei der Restaurierung zuschauen. Lange führte diese Sammlung ein Schattendasein, an bloßen Kopien klassischer Plastik war, vor allem im letzten Jahrhundert, niemand so richtig interessiert. Erst kürzlich hat man sich wieder der kunsthistorischen Bedeutung dieser Sammlung besonnen. Denn sie zeigt die jahrhundertealten Reliefs und Skulpturen in exakt dem Zustand, in dem sie vor 150 Jahren waren – kurz bevor die Abgase der aufkommenden Industriegesellschaft, der Massentourimus und dilettantische Restaurierungen ihre zerstörerische Wirkung an den Originalen entfalten konnten. Die Abdrücke sind also nicht nur eine Sammlung von hervorragenden Kopien – die »Cast Courts« des V&A sind eine Art Zeitkapsel, in der die bedeutendsten Skulpturen der Kunstgeschichte auf Generationen konserviert sind.

GRUND NR. 24

Weil hier immer jemand auf den Durchbruch wartet

Eigentlich will ich die Northern Line nach Belsize Park nehmen. Ganz weit entfernt, Fetzen einer Stimme, glasklar und weich, die sich in den Kacheln der Bahnsteige und Tunnel hundertfach spiegelt und langsam verblasst. Unwiderstehlich. Ich steige die Treppe hinab, die zu den südlichen Bahnsteigen in Euston führt, und da steht sie, mit ihrer Gitarre und einem kleinen Verstärker, und singt an gegen das Rauschen der Züge der Northern Line und der Victoria Line, gegen die plärrenden Durchsagen. Mit dem linken Fuß tippt sie den Takt in die kalten Fliesen, ein paar Münzen liegen in ihrem Gitarrenkoffer.

»Montage sind am schlimmsten«, erzählt sie, »da sind alle schlecht gelaunt. Einige geben einem Geld, aus Mitleid. Aber dieser Platz ist gut, das Echo ist nicht so stark. Man muss den Sound gut hinkriegen, dann verdient man auch was. So um die dreißig Pfund kann ich hier in zwei Stunden verdienen. Am besten ist es unten in Piccadilly Circus, Samstagabend zwischen zehn und zwölf Uhr. Da geht man mit fünfzig Pfund nach Hause. Aber man muss bekannte Hits spielen und die Leute anlächeln und auf die Betrunkenen achtgeben. Es gibt welche, die werfen mit Pennys nach einem. Einmal habe ich ›Man in the Mirror‹ gespielt, da kam eine Gruppe von angetrunkenen Mädchen die Rolltreppe hoch, die haben mich umringt und mitgesungen, von vorn bis hinten. Dann haben sie Passanten angehalten und sie überredet, mir Geld zu geben. Das war lustig. Manchmal bleiben Leute stehen und hören mir eine Weile zu. Einige haben Tränen in den Augen, vielleicht, weil ich gerade einen Song singe, der ihnen etwas bedeutet. Manche klatschen auch, aber ich frage mich dann oft: Machen die sich jetzt über mich lustig?

Ich spiele lieber meine eigenen Songs. Es stimmt, die sind alle irgendwie traurig. Vielleicht hängt das damit zusammen, dass sie oft von Männern inspiriert sind, mit denen es nicht geklappt hat. ›Rip in Your Raincoat‹ ist so ein Lied. Es handelt von einem Typen, mit dem ich ein paar Mal aus war. Dann war es aus. Oft denke ich nach schlechten Dates: Da kann man wenigstens ein Lied draus machen. Andere Lieder kommen aus meinen Tagträumen. ›Jersey‹ zum Beispiel, da sehe ich immer einen See in New Jersey vor mir. Aber vielleicht gibts dort gar keine Seen? Keine Ahnung, ich sehe jedenfalls einen kleinen See, wenn ich das Lied spiele. ›The Eversholt Trees‹ ist ein Lied über eine Straße in Camden, in der ich mal gewohnt habe, über das Rauschen der Blätter. Bei einem anderen Lied sehe ich immer meinen Bruder, aber es geht darin gar nicht um meinen Bruder. Verstehst du? Komisch, irgendwie.

Ich habe auch einen richtigen Job. Das hier mache ich nicht wegen des Geldes. Wo sonst kannst du als unbekannter Musiker vor so vielen Leuten spielen? Einmal hab ich einen Gig bekommen in Camden, der DJ des Clubs hat mich hier unten spielen gehört. In London kann alles passieren.

Du, war nett, mit dir zu plaudern, aber ich muss mal wieder. Hey, bevor du abhaust: Ein paar meiner Songs findest du auch im Internet. Such mich mal! Ich heiße Beck. Beck Lanehart.«

GRUND NR. 25

Weil hier Kinogeschichte geschrieben wird

Können Sie sich noch an Ihren ersten Kinobesuch erinnern? Und steigt Ihnen dabei ein ganz besonderer Geruch in die Nase? Dann auf nach Lambeth, wo es eine der Attraktionen zu erleben gilt, die das Überqueren der Themse lohnt. Das Cinema Museum hat sich nämlich nicht, wie viele Filmmuseen in ganz Europa, der Geschichte des Films verschrieben, sondern der Geschichte seiner Aufführung – ein kleiner, aber feiner Unterschied. Die Sammlung baut auf der privaten Sammlung zweier exzentrischer Kinofans auf, Kinoverrückter muss man schon sagen: Ronald Grand und Martin Humphries, die in den 1980er Jahren ihre Sammlungen von Film-Memorabilia zusammenwarfen und kurzerhand ein Museum gründeten. Der Geist des Kinos als Kultur- und Begegnungsstätte soll hier am Leben erhalten werden, die Erinnerung an eine Ära vor Multiplexen und Dolby Surround: als ein Kinobesuch noch eine abendfüllende Veranstaltung war und die Platzanweiser Uniformen trugen – einige davon sind hier ausgestellt.

Für sieben Pfund pro Person bekommt der interessierte Besucher, der sich vorher angemeldet hat, eine fachkundige Tour durch das Haus. Und zu sehen gibt es viel: Mobiliar und Kino-Dekorationen aus den Hochzeiten des Kinos, das die beiden Gründer während des großen Kinosterbens in den 1970er Jahren gerettet haben, dazu Hunderte von Filmprojektoren aller Bauarten und Formate. Im ersten Stock ist ein ganzer Flur Charlie Chaplin gewidmet, denn der große Komödiant und Filmpionier wurde in dieser Gegend Londons geboren. Und es gibt noch eine Verbindung zwischen Chaplin und dem heutigen Museum: Das Gebäude war Ende des 19. Jahrhunderts ein Armenhaus, in dem

Kinder aus sozial schwachen Familien für einen Hungerlohn und ein Dach über dem Kopf schuften mussten – der zwölfjährige Chaplin war eines davon.

Das Archiv beherbergt Tausende von Filmzeitschriften aus hundert Jahren, ein Panoptikum der Filmgeschichte, das weltweit seinesgleichen sucht, und dann sind da natürlich die Fotos, der Grundstock und die eigentliche Keimzelle des Museums: Gut eine Million Szenenfotos und Plakate haben Ronald und Martin über die Jahre zusammengetragen, das ist die wahrscheinlich größte private Sammlung von Film-Stills der Welt. Dazu kommen Tausende Büchsen Original-Filmmaterial, 5,2 Millionen Meter davon – da kann man sich schon den einen oder anderen gemütlichen Abend machen.

Eine Bibliothek mit Filmbüchern gehört ebenso zum Museum wie eine Sammlung von Originalnotenblättern aus der Stummfilmzeit. All das bekommt man von Ronald oder einem der freiwilligen Helfer gezeigt und erklärt. Aber das Schönste sind die Gänge und Flure, ausgestattet mit Dekomaterial, Möbeln, Filmplakaten und jeder nur erdenklichen Art von Paraphernalia, die den Besucher in die goldene Zeit des Kinos zurückversetzen. Heute werden hier Jazzkonzerte gegeben, Horrorfilmnächte abgehalten oder Chaplin-Matinees präsentiert – das Museum ist ein sehr lebendiger Ort, in dem Kinokultur gefeiert wird. Aber das Cinema Museum ist nicht nur nur eine Sammlung von Ausstellungsstücken. Man spürt, dass mehr dahintersteckt: Seit 25 Jahren sind hier Filmliebhaber am Werk, ohne staatliche Unterstützung, auf jeden Penny angewiesen, den Besucher spenden. Vieles wirkt im besten Sinne »amateurhaft«, also von Liebhabern gemacht, und jedes Jahr fehlt wieder irgendwo Geld, müssen irgendwo noch ein paar Pfund aufgetrieben werden. Also, liebe Filmfans: unbedingt anschauen, und am besten ein paar Pfund spenden, damit dieses einzigartige Privatmuseum weiter existieren kann!

GRUND NR. 26

Weil das schönste Theater in einer Kneipe ist

London zu lieben fällt Theaterfreunden nicht schwer – keine europäische Großstadt hat so viele Bühnen wie London, und jeden Abend findet man vor allem im West End sicher ein Stück, das dem eigenen Geschmack entspricht. Mein absolutes Lieblingstheater aber befindet sich zwanzig Taximinuten entfernt von »Theatreland«, dem berühmten Zentrum der angelsächsischen Bühnenkunst mit großen Theatern wie dem Adelphi oder dem Palladium. Hinter einer schlichten Pub-Fassade, mitten auf der belebten Upper Street des Stadtteils Islington, verbirgt sich der Geheimtipp schlechthin für Theaterkenner. Seit mehr als vierzig Jahren ist das »King's Head« Londons wichtigste Off-West-End-Bühne, oder, anders gesagt: Londons bester Pub mit angeschlossenem Theaterbetrieb.

Wer den Gastraum betritt, merkt gleich, dass das hier keine beliebige Kneipe ist. Die Wände sind übersät mit Bildern von Schauspielern, bekannten und unbekannten, die hier auf der Bühne gestanden haben. Hugh Grant und Ben Kingsley gaben an diesem Ort ihr Debüt, Alan Rickman, Kenneth Branagh, Clive Owen, Gary Oldman, Imelda Staunton, John Hurt – für die Creme der britischen Schauspieler war das King's Head eine wichtige Sprosse auf der Karriereleiter, viele sind dem Haus bis heute freundschaftlich verbunden. Die nikotingelbe Decke hängt voller ausrangierter Bühnenscheinwerfer, alte Plakate erinnern an den Erfolg vergangener Zeiten, das gesamte Dekor ist wunderbar abgewetzt, eine milde, unwiderstehliche Patina hat sich über die Jahre darübergelegt.

Auch ohne eine Vorstellung zu besuchen, lohnt es sich, hier auf ein Pint vorbeizuschauen und die Bühnenluft einzusaugen. Der

Theatersaal war schon im 19. Jahrhundert ein Ort für aufregende Spektakel. Damals wurden hier Hahnenkämpfe abgehalten, und zu Anfang des folgenden Jahrhunderts schlugen sich Boxer die Nasen platt – der Geist dieser illegalen Aktivitäten scheint in die Mauern eingedrungen zu sein, Spannung und Drama liegen diesem Haus in den Genen.

Im Jahre 1970 von dem inzwischen legendären amerikanischen Independent-Impresario Dan Crawford gegründet, machte sich das Theater mit dem notorisch undichten Dach schnell einen Namen durch unkonventionelle Produktionen bekannter und unbekannter Autoren, was auch hochkarätige Schauspieler anzog. Besonders die intime Atmosphäre im Theatersaal – es gibt hier nur 107 Plätze – sorgt für eine Spannung zwischen Schauspieler und Publikum, die man auf den großen Bühnen weiter westlich vergeblich sucht. Richard E. Grant sagte einmal, dass man sich als Schauspieler nirgendwo so nackt fühle wie auf der Bühne des King's Head. Und es stimmt, bei der Weltpremiere von »Constance«, einem lange verschollenen Bühnenstück von Oscar Wilde – eines der typischen Kleinode, die im King's Head eine Heimstatt finden –, hat man sogar Teile der Dekoration in den Zuschauerraum verlagert. Die Schauspieler kommen und gehen durch den Mittelgang, und die Zuschauer in der ersten Reihe könnten die Darsteller berühren, wenn sie wollten. Nirgendwo sonst wird man schon durch die Architektur so in den Bann des Stücks gezogen. Zuschauer wie Akteure profitieren von der Nähe zueinander und der ungewöhnlich geformten Bühne – fast werden sie zu einem einzigen Organismus.

2010, nach mehr als tausend Produktionen, hat der neue künstlerische Leiter eine weitere kleine Revolution eingeleitet – das King's Head Theatre ist jetzt »Londons Little Opera« – das wahrscheinlich kleinste Opernhaus der Welt. Zwar wird hier weiterhin auch Theater gespielt, aber der Fokus liegt in Zukunft darauf, klassische und aktuelle Opern einem neuen Publikum nahezubringen. Bei Ticketpreisen ab 15 Pfund und dem traditionellen Qualitätsanspruch kann man einigermaßen sicher sein, dass das gelingen wird. Vom Hahnenkampf zur »großen« Oper: Es wird sicher Spaß machen, das King's Head auf seiner weiteren Reise zu begleiten – und sei es nur, um in der unvergleichlichen Atmosphäre einen Drink zu nehmen.

GRUND NR. 27

Weil die besten Künstler auf der Straße abhängen

Die interessanteste Sammlung zeitgenössischer Kunst der Stadt befindet sich nicht in der Tate Modern. Auch nicht in der White Cube oder der Saatchi Gallery. Die Flure und Säle der besten Ausstellung moderner Kunst sind Straßen, Hinterhöfe und Parkplätze, und wer sie besichtigen möchte, steigt im Dreieck der U-Bahn-Stationen Aldgate, Old Street und Bethnal Green aus der Tube und sperrt die Augen auf. Ihre Leinwände sind Rollläden, Türen, Bauzäune, Fassaden und manchmal auch ein geparkter Lkw – willkommen in der größten Freiluftgalerie Europas. Einer, der sich hier richtig auskennt, ist Charley Edwards, Street Artist und »zufälliger Galerist«, Künstlername: Pure Evil.

Wir reden über die Wandlung, die »Street Art« in den letzten Jahren durchgemacht hat, von einer Untergrundbewegung zur etablierten Kunstsparte. Kann man noch als »cool« gelten, wenn seine Werke für fünfstellige Beträge in den Auktionshäusern unter den Hammer kommen? Wir schlendern die Curtain Road hinunter, bleiben stehen vor einem riesigen Wandgemälde, einem Gemeinschaftswerk von Dead Leg, Zadok und Best Ever. Das sei so eine Sache, dieses »Coolsein«. Charley sagt, dass man auf Dauer nicht »cool« bleiben könne. »Man muss am besten im Knast sitzen, um seine ›Streed cred‹ zu behalten, nur damit ein 14-Jähriger einen ›wicked‹ findet. Man kann aber nicht malen, wenn man im Knast sitzt.« Es ist schon ein Kreuz mit der Glaubwürdigkeit in diesem Genre. Diese Kunstform hat ihre eigenen Gesetze.

Hunderte von Kunstwerken gibt es im Osten Londons gratis zu bewundern – wenn man weiß, wo man hinschauen muss. Werke der »alten Meister« wie Pure Evil oder King Robbo hängen neben den spritzigen Arbeiten der jungen Talente, oft malen, sprühen oder »pasten« sie auch gemeinsam in Hauseingängen oder hoch oben, an bröckelnden Fassaden. Besonders beliebt sind »Shutters«, die stählernen Rollläden, die nachts an den Geschäften heruntergelassen werden. Wer frühmorgens über die Brick Lane oder die Redchurch Street schlendert – denn tagsüber und abends sind die Shutters natürlich alle hochgezogen –, gewinnt einen guten ersten Überblick über die Großen des Gewerbes. Es begegnen einem die unheimlichen monochromen Pelztiere und Vögel des Belgiers ROA, die psychedelischen Blumengärten von Milo Tchais, clevere dreidimensionale Miniaturszenen von Pablo Delgado, Ben Eines riesige, inzwischen berühmte Typografien, die simplen Strichmännchen von Stik oder die opulent-bunten Kindergartenmalereien von Malarky. Die Vielfalt der Stile, Themen und Techniken ist zum Augenreiben, kein Wunder: London ist Europas Mekka der Sprayer-Elite, wer in der Szene mitreden will, kommt nicht umhin, hier zu arbeiten. Besonders das East End ist eine ideale Brutstätte für urbane Kunst, weiß Charley. »Es gibt hier unheimlich viel von dem, was ich den ›dritten Raum‹ nenne. Das sind ungenutzte und oft vernachlässigte öffentliche Plätze, die ziehen Sprayer magisch an.«

Street Art ist Stadtkunst. Beschädigte Wände, bröckelnder Putz, Sprünge und Stufen, Wasserschäden und Versorgungsrohre: All das nutzen die Künstler der Straße als Stilmittel und integrieren es oft in ihre Bilder. Das Kunstwerk steht unverrückbar im Kontext seiner Umgebung, es hat keinen anderen Ort als den seiner Entstehung – bis es unter den Dampfstrahlern der Stadtverwaltung verschwindet oder von Kollegen übermalt wird. »Street Art ist vergänglich«, betont Charley, so flüchtig wie die Aerosol-Nebel aus den Spraydosen. Selbst die besten »Pieces« haben in London oft nur eine Halbwertszeit von wenigen Wochen: Die Galerie der Straße hängt sich permanent selbst um, hier gibt es keine Kuratoren, nur Künstler. »Zeit spielt noch eine andere wichtige Rolle«, sagt Charley. »Man ist immer in Eile. Man kann Ärger mit Anwohnern bekommen, oder gleich mit der Polizei. Viele von uns sind schon Dutzende Male festgenommen worden, haben teilweise schon im Knast gesessen wegen Vandalismus. Man muss oft höllisch schnell sein.« Auch das unterscheidet Street Art von »normaler« Kunst: Da gibt es kein wochenlanges Pinseln im Atelier, der Druck der Illegalität verlangt handwerkliche Perfektion im Zeitraffer. Wohl auch deshalb findet man die besten Werke in schlecht beleuchteten Seitenstraßen, wo die Polizei sich nur selten blicken lässt.

Für viele Anwohner und Verwaltungen ist die Sprüherei nach wie vor ein Reizwort: belangloses Hipster-Gekritzel, glorifizierter Vandalismus bestenfalls, aber Kunst? Sammler und kommerzieller Kunstbetrieb sind da anderer Ansicht. Längst sind die schnell gesprühten Bilder als eigenständiges Marktsegment akzeptiert. Ein Werk des Sprayers Ben Eine ist inzwischen in der Kunstsammlung des Weißen Hauses vertreten, ein Gastgeschenk des britischen Premierministers David Cameron auf seinem ersten Staatsbesuch bei Barack Obama. Der Markt fragt nicht nach Street cred, spätestens seit die ebenso ironischen wie politisch ambitionierten Arbeiten von Banksy auf Auktionen gehandelt werden wie Picassos.

»Hier, schau dir das mal an«, sagt Charley plötzlich und deutet auf einen Hauseingang. Wir stehen vor dem psychedelisch-bunten Porträt einer jungen Frau. »Stinkfish heißt der Künstler, er kommt aus Bogotá, den muss man im Auge behalten.« In seiner »Pure Evil Gallery«, inzwischen eine feste Größe in Londons zweitem Kunstbetrieb, zeigt Charley seine eigenen Arbeiten und veranstaltet regelmäßig Ausstellungen von »Urban Artists« aus der ganzen Welt, die Szene ist gut vernetzt. »In letzter Zeit kommen viele interessante junge Leute aus Lateinamerika und arbeiten hier für eine Weile«, erklärt Charley. Er bewundert besonders deren ungenierte Farbenfreude: »Farbe kann London gut gebrauchen.«

Als wir uns nach unserem Rundgang vor seiner Galerie verabschieden, gibt Charley mir noch einen Gedanken mit auf den weg. »Bei allem Hype im Kunstmarkt: Street Art erfüllt vor allem eine wichtige soziale Funktion. Aber sie gibt nicht nur den Kids eine Form, sich Gehör zu verschaffen. Sie verändert unsere Sicht auf die Stadt, in der wir leben.« Und dann fügt er noch schnell hinzu: »Street Art, my friend, helps London to dream!«

GRUND NR. 28

Weil es auch in der zweiten Reihe viel zu sehen gibt

Die Auswahl an Museen in London ist so vielfältig wie die Stadt selbst. Da sind die weltberühmten Kunstgalerien wie Tate oder National Gallery, die kulturhistorischen Sammlungen des British Museum oder des Museum of London. Es gibt herrlich skurrile Privatsammlungen wie das Sir John Soane's Museum oder das Leighton House zu entdecken, und auch obskuren Spezialgebieten werden hier Sammlungen gewidmet: Ob Briefpapier, Clowns, Eisenbahnen oder Tee, es gibt kaum ein Thema, das in London nicht hinter Glas abgehandelt würde. Kurzbesucher zieht es vor allem in die großen, berühmten Häuser, und mehr als zwei davon sind eigentlich in einem Tag nur schwer zu schaffen.

Ich will jetzt mal ein Lanze brechen für die weniger bekannten Museen und Sammlungen. Oft ist dort nur wenig Betrieb, es herrscht eine einzigartige Stimmung und man bekommt die eine oder andere Überraschung geboten. Zu diesen Kleinoden gehören die Sammlungen des University College London. Wer an einem einzigen Nachmittag ein weites Spektrum an Themen abdecken will, der sollte nachmittags dem Bloomsbury Campus einen Besuch abstatten. In der ägyptologischen Sammlung des Petrie Museum of Egyptian Archaeology zum Beispiel gibt es das vermutlich älteste Kleidungsstück der Welt zu bewundern, eine Leinentunika aus dem Jahre 5000 vor Christus. Sie ist nur eines von knapp 80.000 Exponaten, das dieses Museum zu einer der größten Sammlungen ihrer Art in der Welt macht. Sie umfasst unter anderem zahllose Statuen, Mosaike und Papyrusdokumente – viel Besseres hat das British Museum auf diesem Sektor auch nicht in den Vitrinen.

Gleich um die Ecke im Südflügel kommen Kunstliebhaber auf ihre Kosten. Das UCL Art Museum beheimatet nicht nur Werke der Absolventen der Slade School of Art seit 1800, sondern auch Gemälde, Zeichnungen, Drucke und Skulpturen alter Meister wie William Turner oder Joseph Wright. Leider ist nur ein Bruchteil der Sammlung dauerhaft ausgestellt, aber viele Bilder sind über Flure und Säle des gesamten Campus verstreut, man sollte hier ruhig ein wenig durch die Gänge flanieren.

Gegenüber, im Rockefeller Building, lohnt die zoologische Sammlung des Grant Museum einen Besuch. Neben Skeletten längst ausgestorbener Tierarten gibt es in diesem leicht gruseligen Kabinett eine ganz besondere Attraktion zu bewundern: äußerst seltene Nachbildungen von Quallen, Seeanemonen und anderem Weichgetier aus hauchdünnem Glas, mundgeblasen und kunstvoll bemalt von Leopold und Rudolf Blaschka, Vater und Sohn einer tschechisch-deutschen Glasbläser-Familie. Dazu gesellen sich 14.000 aufgespießte Insekten, darunter viele ausgestorbene Arten, sowie Hunderte von präparierten Tieren aus aller Herren Länder. Wer dann immer noch nicht genug gesehen hat: Die feine Sammlung der archäologischen Fakultät der Universität hält Keramik aus dem alten Rom und Griechenland bereit, sowie prähistorische Artefakte aus dem arabischen Raum.

Kein Besuch im UCL wäre aber komplett, ohne einem gewissen Jeremy Bentham die Ehre zu erweisen. Der Sozialreformer und Philosoph, Vordenker von Wohlfahrtsstaat und Feminismus, setzte sich schon im 18. Jahrhundert für Meinungsfreiheit und die Rechte von Homosexuellen ein und forderte ein Verbot der Todesstrafe. Bentham starb 1832, er hatte testamentarisch verfügt, dass sein Körper der medizinischen Forschung zugute kommen sollte. Sein Skelett aber, samt nach Maori-Ritus mumifiziertem Kopf, sollte in der Universität zur Schau gestellt werden. So geschah es, und bis heute sitzt das (echte!) Skelett des eigenwilligen Gelehrten in seinen alten, mit Stroh ausgestopften

Klamotten in einer Vitrine am Ende eines Korridors der Universität. Lediglich der Kopf ist ein Wachsmodell, der echte hatte über die Jahre gelitten, dennoch wurde er bis vor wenigen Jahren in einer separaten Kiste zur Schau gestellt. Aber seit Studenten die gruselige Wissenschafts-Reliquie »entführt« und Lösegeld gefordert hatten, wird der echte Kopf im Archiv aufbewahrt. Bei aller Liebe zur britischen Exzentrik: Vielleicht ist das auch etwas zeitgemäßer so.

GRUND NR. 29

Weil man hier eine echte Zeitreise unternehmen kann

Es riecht nach Zimt, feuchten Decken und dem Holzfeuer, das in dem kleinen Kamin brennt. Die alten Dielen knarren unter den Füßen. Das Bett ist nicht gemacht, der Nachttopf daneben offenbar noch nicht geleert. Die schweren, teuren Brokatvorhänge sind zugezogen, nur drei Kerzen spenden flackerndes Licht. Auf dem Tisch werden jetzt Gegenstände erkennbar, Briefe in altmodischer Handschrift, adressiert an eine Mrs Edward Jervis. Eine Tageszeitung ohne Fotos, ein zur Hälfte geleertes Glas Sherry, eine altmodische Brille, ein Reifrock mit einem angehefteten Zettel, darauf Instruktionen für die Schneiderin: »Hier weiter machen!« – Mrs Jervis hat offenbar zugenommen.

Wie ein Einbrecher, vorsichtig und leise, steige ich die schmale Stiege hinab, stolpere beinahe über Ballen von Seide und Stoff, die hier lagern. Unten am Treppengeländer hängt ein Dreispitz, aus dem Salon dringt leises Gemurmel, an einem Haken hängt ein zweischößiger Gehrock und eine weiße Perücke. Ich schleiche mich an der Tür vorbei, die Küche ist im Keller. Ein großer Tisch voller Süßspeisen, ein »Christmas Pudding«, »Mince Pies«, gerade angeschnitten, dazu Nüsse, Äpfel, Birnen. Es duftet herrlich nach Orangen und Gewürzen, unter dem Fenster liegt frisch aufgeschnittenes Brot. Es ist behaglich warm, in dem gusseisernen Herd glühen Kohlen, das steinerne Spülbecken ist voll mit schmutzigem Geschirr, Töpfen und Tonkrügen. Von oben höre ich jetzt weitere Stimmen, eine überschwängliche Begrüßung, Lachen. Ich begreife: Das sind die Gäste, hier in der Küche bin ich mitten in die Vorbereitungen für ein Weihnachtsessen gestolpert. Die Familie Jervis, französischstämmige Seidenweber, die es in Spitalfields zu einigem Wohlstand gebracht haben, bitten ihre Freunde zum »Christmas Dinner«. Aber wo sind die Gastgeber? Alle zehn Räume des Hauses habe ich abgesucht, man hört sie auch reden und umherlaufen, aber man bekommt sie nicht zu sehen: Immer scheint es, als hätten sie gerade das Zimmer verlassen.

Die Antwort ist: Es gibt sie nicht. Sie sind ein Produkt der Fantasie des exzentrischen Künstlers Dennis Severs, der dieses unvergleichliche Museum erschaffen hat. In den 1970er Jahren kaufte er das baufällige Haus im damals abgewirtschafteten Stadtteil Spitalfields, entfernte Wasserleitungen, Heizungen und Stromkabel, riss das gesamte 20. Jahrhundert heraus und schuf sich seinen Traum vom Leben in der Vergangenheit. Eine fiktive Familie erfand er sich auch, deren Leben, Lieben und Leiden in den verschiedenen Räumen bis ins letzte Detail wiedergegeben sind. Im Haus finden sich Spuren ihrer Leben aus vier Generationen, vom frühen 18. bis zum ausgehenden 19. Jahrhundert.

Bis zu seinem Tod hat der Künstler Severs selbst hier gewohnt, mit seiner fiktiven Familie und einem echten Butler. Er feierte Partys, kochte sein Essen auf Kohlen und – benutzte den Nachttopf. Seit seinem Tod 1999 ist das Haus öffentlich zugänglich, »Multi sensory still-life drama« nennt sich dieses Mosaik aus Tausenden lebensechten Einzelteilen, Geräuschen, Gerüchen, und sogar Temperaturen; man fühlt sich, als beträte man ein Bild von William Hogarth. Es ist eine ebenso magische wie authentische Collage der Londoner Lebensverhältnisse, denen wir in den Romanen von Charles Dickens begegnen. Je nach Saison werden Dekoration, Lebensmittel, Gerüche und Geräusche angepasst. Besucher werden um vollkommene Stille gebeten, um sich wirklich einlassen zu können auf dieses Erlebnis. Schon nach wenigen Minuten, wenn die Augen sich an die Dunkelheit gewöhnt haben, macht es klick.

Kommen Sie auf jeden Fall abends, am besten im Winter, wenn über der Eingangstür das Gaslicht brennt, denn durch das

Spiel von Kerzenlicht und tiefen Schatten entsteht zusätzliche Spannung. Immer wieder kann man durch die Zimmer streifen, neue Einzelheiten entdecken und die Puzzlestücke des Lebens der Jervis zusammensetzen, bis man irgendwann begreift: »Dennis Severs' House« erzählt seine Geschichte, ohne Worte zu brauchen. Einmalig.

GRUND NR. 30

Weil hier die Erinnerung niemals stirbt

Das Haus am Russell Square ist unscheinbar, nichts deutet darauf hin, das sich eines der wichtigsten historischen Archive hinter den gepflegten Mauern verbirgt. Die »Wiener Library« gehört weltweit zu den bedeutendsten Sammlungen und Forschungsstätten zur Geschichte des Holocaust. Benannt ist sie nach dem deutschen Juden Alfred Wiener. Der gebürtige Potsdamer hatte im Ersten Weltkrieg für Deutschland gekämpft und warnte schon Mitte der 1920er Jahre vor der Gefahr, die von den Nationalsozialisten ausging. Bis zur Machtergreifung dokumentierte er im jüdischen »Centralverein« in Berlin das Treiben der Nazis, sammelte Flugblätter, Zeitungsartikel und Augenzeugenberichte. 1933 floh er nach Amsterdam und gründete dort das »Jewish Central Information Office«, wo er seine Arbeit unermüdlich fortsetzte, bis er 1939 wiederum fliehen musste, mitsamt seiner inzwischen umfangreichen Bibliothek. Diesmal nach London, wo sich das JCIO einen festen Sitz schuf. Wieners Frau und Kinder blieben in Amsterdam, wo sie vom Einmarsch der Nazis überrascht wurden. Sie überlebten Jahre im KZ Bergen-Belsen, aber nur wenige Tage nach ihrer Befreiung starb Margarethe Wiener. Alfred Wiener arbeitete in London weiter, beriet die Alliierten und stellte schließlich Dokumente aus seiner Sammlung für die Nürnberger Kriegsverbrecherprozesse zur Verfügung.

Nicht nur Historiker forschen im JCIO, jeder Interessierte kann sich mit den Originaldokumenten der Zeit vertraut machen. Viele nutzen das Archiv, um mehr über ihre Familien herauszufinden, etwa das Schicksal von verstorbenen Verwandten aufzuklären. Außerdem gibt es eine Fülle an Nazi-Propagandamaterial: Historische Liederbücher, Schulfibeln und Bilderbücher machen begreifbar, wie die Nazis ihren Nachwuchs auf Linie brachten; im Erdgeschoss gibt es eine wechselnde Ausstellung von besonders wichtigen Büchern und Dokumenten.

Es ist beeindruckend, einen Blick in diese Originaldokumente zu werfen. Schmerzhaft persönliche Beweise für die Schreckensherrschaft der Nazis und den Völkermord an den Juden sind hier zusammengetragen, die meisten in deutscher Sprache. Aus Familiengeschichten, Tagebüchern und Biografien, Fotos, Briefen und offiziellen Dokumenten ergibt sich ein sehr menschliches Mosaik dieser unmenschlichen Periode. Besonders erschütternd: die bereits 1939 gesammelten ersten Augenzeugenberichte der Pogrome im November 1938, die als »Kristallnacht« in die Geschichte eingingen, und die Listen von Verschwundenen. Weitere Aufzeichnungen kamen in den 1950er Jahren zur Sammlung hinzu, viele noch unter dem direkten Einfluss der Geschehnisse. Berichte über das tägliche Leben in deutschen Städten, die immer rigideren Beschränkungen, die Enteignungen, das Verschwinden von Nachbarn und Freunden, schließlich Berichte über Flucht und sogar Tagebücher über das Leben und Sterben in den Ghettos und KZs. All diese Dokumente sind einzigartig, denn erstens waren die Erinnerungen der Betroffenen in den ersten Jahren nach dem Krieg noch frischer und die Geschichten weniger abgenutzt durch fortwährendes Wiederholen. Zweitens sind diese Berichte völlig unbeeinflusst von modernen Sichtweisen auf den Holocaust – der Begriff selbst wurde damals noch gar nicht benutzt.

Wo sonst können Interessierte einen so unmittelbaren Blick auf die Geschehnisse von damals werfen? Viele Berichte sind noch nicht einmal katalogisiert – die Archivare sind stetig damit beschäftigt, das Material zu sichten und zu sortieren. Man kann die Bibliothek durch eine Spende in ihrer Arbeit unterstützen, ein Buch »adoptieren« oder als Freiwilliger mitarbeiten. Ich gestehe, dies ist vielleicht nicht einer der augenfälligsten Gründe, London zu lieben. Aber sicher einer der wichtigeren.

4. MIND THE GAP!

UNTERWEGS IN LONDON

»A person who is tired of London
is not necessarily tired of life; it might be
that he just can't find a parking place.«
PAUL THEROUX, 1986

GRUND NR. 31

Weil man hier wirklich kein Auto braucht

Ich kenne einen kleinen Jungen, der ist beständig unzufrieden. Immer wieder fängt er an zu jammern und zu meckern, und ich muss dann stundenlang auf Autowebsites rumsurfen, um ihn wieder zu beruhigen. Dieser kleine Junge wohnt in meinem Kopf. Er ist sauer, dass ich kein Auto besitze. Seit fast zehn Jahren. Das ist eine lange Zeit für einen Jungen, so ohne sein Lieblingsspielzeug. Aber im Ernst, ein Auto in London, das ist ungefähr so sinnvoll wie ein Segelboot in der Sahara. Autofahren macht hier wirklich keinen Spaß. Zunächst mal fahren alle auf der falschen Seite. Zwar gewöhnt man sich daran überraschend schnell, aber das eigentliche Problem ist folgendes: Man erreicht im Auto höchstens die Durchschnittsgeschwindigkeit eines Fußgängers. Eines leicht gehbehinderten Fußgängers, um genau zu sein. Die Strecke vom Hyde Park Corner bis zum Piccadilly Circus etwa kann einen im Auto schon mal eine Dreiviertelstunde kosten, wenn man den falschen Zeitpunkt erwischt (was zwischen 8 und 18 Uhr der Fall ist). Zu Fuß geht das in zwanzig Minuten.

Im Auto wird man hier wahnsinnig. Und es gibt wirklich gute Alternativen. Zwar meckert jeder Londoner über die Tube, aber mal ehrlich: Eigentlich funktioniert sie ganz gut. In den Stoßzeiten kommt minütlich eine Bahn, und man überwindet große Distanzen in Windeseile. Eine Milliarde Fahrten machen die Londoner pro Jahr auf dem vierhundert Kilometer langen Netzwerk, und durch den Bahnhof Liverpool Street rauschen jeden Tag mehr Fahrgäste als durch die Flughäfen Heathrow und Gatwick zusammengenommen. Und wo die Tube nicht hinkommt, da gibt es immer noch die Busse. Knapp siebentausend der roten Londoner Wahrzeichen drängeln sich durch die Straßen und bringen jeden Tag sechs Millionen Passagiere ans Ziel. Wer kein Auto besitzt, kann vom gesparten Geld auch eine Menge Taxifahrer glücklich machen, überhaupt gehört Taxifahren zum Londoner Lebensgefühl dazu. Und wem das immer noch nicht genug an Mobilität ist, der schnappt sich eines der sechstausend Mietfahrräder und tut nebenbei was für seine Gesundheit – bis zu einer halben Stunde ist das für Abonnenten kostenlos (doch bitte lesen Sie vorher Grund Nr. 36). Aber, höre ich jetzt einige rufen, was ist mit dem Großeinkauf? Kein Problem, für eine kleine Gebühr bringen alle Supermärkte den Einkauf gern nach Hause, und man muss sich dafür nicht mal eine Woche Urlaub nehmen wie in Deutschland: Die Lieferungen kommen zuverlässig in einem ausgewählten Zeitfenster von einer Stunde, und das an sieben Tagen die Woche, von 6 bis 23 Uhr. How civilized is that?

Dennoch: Zu den Gelegenheiten, bei denen man tatsächlich mal ein Auto braucht, gehört zum Beispiel ein Besuch im schwedischen Möbelhaus seines Vertrauens oder die Visite der Erbtante aus Wuppertal, die mit großem Tamtam am Flughafen empfangen werden muss – und der man den »Stansted Express« besser nicht zumuten sollte. Kein Problem: Mein Carsharing-Club hat rund tausend Autos der Kompaktklasse über ganz London verteilt, ein paar davon stehen keine fünf Gehminuten von meiner Wohnung entfernt. Das Schöne daran: Man kann sie stundenweise mieten. Ein paar Klicks auf der Smartphone-App, und pronto, für knapp fünf Pfund, bin ich temporärer Autobesitzer, dreißig Freikilometer inklusive. Flexibler gehts nun wirklich nicht. Andererseits: Ein Tickerchen stilvoller gehts schon. Gehobenes Carsharing bietet der Classic Car Club, ein Mietwagenerlebnis der Sonderklasse. Mitglieder haben hier Zugriff auf den Jaguar E-Type, den Jaguar XK 150 oder den klassischen Porsche 911 – richtige »Petrolheads« sollten beim Betreten der Garage Riechsalz bereithalten. Nachteil: Tante Uschi passt wahrscheinlich samt Gepäck nicht in den Fond, und der Spaß ist nicht ganz billig, 4500 Pfund kostet die Mitgliedschaft pro Jahr. Und damit kann man schon wieder den eigenen Golf finanzieren.

Seis drum, ich bin seit fast zehn Jahren glücklich autofrei. Das hat eigentlich nur Vorteile. Es entfällt die Parkplatzsucherei, weder Finanzamt noch Versicherung verlangen Dauerzugriff auf mein Girokonto, mein Feierabendbierchen mit den Kollegen ist stets völlig sorgenfrei und ich kann auf Dinnerpartys mit meiner vorbildlichen CO_2-Bilanz angeben. Nur wenn irgendwo an der Straße ein schicker Aston Martin geparkt ist, dann gibts ein Problem. Da bleibt der kleine Junge nämlich plötzlich stehen. Und glotzt. Und fängt ganz leise an zu weinen.

GRUND NR. 32

Weil London die besten Taxis der Welt hat

Verglichen mit den angejahrten Mittelklassewagen, die einem im Rest der Welt so zugemutet werden, ist das klassische Londoner Taxi ein behaglicher kleiner Palast auf Rädern. Eine Taxifahrt gehört zu den besonders angenehmen Alltagserfahrungen in London. Zunächst einmal gibt es genug von ihnen: Rund 21.000 »Black Cabs« sind in London registriert, und ein Taxi zu bekommen ist in Central London, anders als in deutschen Städten, meist eine Sache von Sekunden – wenn es nicht gerade regnet.

Und wenn man dann in die Polster fällt, hat man das Gefühl, in einem Salonwagen zu sitzen. So viel Platz! Der Innenraum erinnert noch heute an die »Hackney Carriages«, einspännige Pferdedroschken, die im 17. Jahrhundert die betuchteren Londoner sicher durch ihre Stadt befördert haben. Die hohe Kabine bietet fünf Passagieren Platz, die sich gegenübersitzen und zivilisiert unterhalten können.

Man merkt sofort, dieses Auto ist nicht für Fahrer konstruiert worden, sondern für Fahrgäste. Ist man zu zweit unterwegs, kann man die Beine bequem ausstrecken und die Tour fast in der Horizontalen genießen, und so ein »Fairway« transportiert auch mühelos Impulskäufe vom Antikmöbelmarkt. Wie in einem Kokon rauscht man durch die Straßen, abgeschirmt von Lärm und Staub kann man sich im Fond eine wunderbare kleine Auszeit nehmen, und das zu zivilen Preisen.

Unterhaltung ist im Preis mit drin: Die meisten »Cabbies« sind ein nie versiegender Quell von lokalen Informationen, persönlichen Anekdoten – in denen unweigerlich »the missus« oder »the good lady wife« eine Rolle spielt –, von Sportergebnissen und profunder politischer Analyse, Letztere oft basierend auf dem täglichen Intensivstudium von »Sun« und »Daily Mail«. Der Mittelwellen-Sender, der da im Radio läuft, heißt übrigens »BBC 5 Live«, ein reines Wortprogramm, in dem es fast ausschließlich um Sport geht, Pflicht für alle Cabbies. Wem das alles zu viel ist, der schaltet diskret die Gegensprechanlage aus.

Wer die Augen offen hält, der entdeckt vielleicht noch eine andere Spezies des Londoner Taxigewerbes. Sie fährt billige Motorroller, und man sieht sie oft an Kreuzungen halten. Ein suchender Blick nach einem Straßenschild, eine kurze Notiz auf dem am Lenker befestigten Klemmbrett, und weiter gehts. Diese Leute sind weder ratlose Pizzaboten noch verwirrte Kurierfahrer, es handelt sich um die sogenannten »Knowledge Boys«. Das sind Taxifahrer in Ausbildung, die sich die Straßennamen, Routen und Abkürzungen einprägen – einige davon führen übrigens durch Tiefgaragen. Diese Ausbildung ist kein Zuckerschlecken. Wer ein Cabbie werden will, braucht – neben einem pathologischen Drang, seine Mitmenschen unaufgefordert an seiner Einschätzung des Zeitgeschehens teilhaben zu lassen – eine Menge Zeit. Drei bis fünf Jahre dauert es, bis man die »Knowledge« draufhat, das Wissen, das ein Taxifahrer braucht, um im Londoner Asphaltdschungel zu überleben. Jeder angehende Cabbie muss ohne Zögern die kürzeste Route zu dem Ziel nennen können, das sein Fahrgast äußert, und zwar ohne Stadtplan oder Navigationssystem. Die »Knowledge« umfasst ein Netz von 25.000 Straßen, dazu kommen Sehenswürdigkeiten, Krankenhäuser, Hotels, Bahnhöfe, ja sogar die Reihenfolge der Theater auf der Shaftesbury Avenue. 320 Standardrouten durch Central London, sogenannte »Runs«, müssen die Bewerber auswendig fahren können – in beiden Richtungen. Kein Wunder, dass ein durchschnittlicher Kandidat zwölf Versuche braucht, um allein die berüchtigte erste von sechs theoretischen Prüfungen zu bestehen. Man kann also getrost sagen, dass niemand die Stadt besser kennt als die Cabbies. Wer die »Knowledge« hat, kann einen

Doktortitel in »Londonologie« für sich in Anspruch nehmen – und abschreiben ist dabei zwecklos.

Noch ein Tipp: Ein Sandwich und eine Tasse Tee bekommt man für kleines Geld an den 13 noch existierenden »Cabman's Shelters«. Diese grünen hölzernen Hütten, oft mehr als hundert Jahre alt, stehen noch an einigen Taxiständen in der Stadt und sind eigentlich für Taxifahrer gedacht, die hier billiges Essen und ein Dach über dem Kopf finden. Sie sind ein Relikt aus der Zeit, als die Droschkenkutscher ihre Gefährte samt Pferden nicht alleinlassen durften. Heute bekommt man hier auch als normaler Besucher eine Kleinigkeit zu essen. Am besten setzt man sich zu den Fahrern an den großen Tisch. Und wenn man Glück hat, weiß man nach zehn Minuten, welcher Verein demnächst die Meisterschaft gewinnt oder wer der nächste Premierminister sein wird. Und dann nimmt man sich am besten schnell ein Taxi zum nächsten Wettbüro.

GRUND NR. 33

Weil die Themse eine gute Adresse ist

Es gibt einen leichten Ruck, als sich »Reiger G« aus dem Schlamm der Themse hebt. Die hereinrollende Flut trägt die alte holländische Barkasse jetzt und wird sie in den nächsten Stunden sanft bis zur Oberkante des Docks heben. »Sechs Meter Tidenhub haben wir hier«, erklärt Lucy, »man gewöhnt sich dran.« Seit zwei Jahren wohnt die Umweltwissenschaftlerin in ihrer höhenverstellbaren Wohnung – und ist damit eine von gut 23.000 Briten, die auf dem Wasser eine preiswerte Alternative zum chronisch überteuerten Wohnungsmarkt gefunden haben, schöne Aussicht inklusive. Vom Vorderdeck aus bietet sich ein herrlicher Blick über die Themse auf die Vauxhall Bridge. Für vierhundert Pfund Monatsmiete teilt sie sich die Barkasse mit zwei Mitbewohnern. Und sie sind in guter Nachbarschaft: Knapp dreißig zu Hausbooten umgebaute Schlepper, Lastkähne und Hafenbarkassen haben hier am Nine Elms Pier festgemacht, einem alten Kohlendock unterhalb der mächtigen Schornsteine der stillgelegten Battersea Power Station. »Wir haben eine tolle Gemeinschaft hier«, erzählt Lucy, als sie mich durch den »Garten« oben auf der Kaimauer führt. In Hochbeeten ziehen die Bewohner hier Salat und Gemüse, eine große Grube, die früher einen Öltank beherbergte, haben sie zum Mini-Swimmingpool umfunktioniert, »Tideway Village« haben sie ihre Siedlung getauft. »Wir sind Architekten, Künstler, Studenten, Wissenschaftler und Banker«, sagt Lucy. »Im Sommer grillen und feiern wir hier oben, und im Winter kochen wir oft auf einem der Boote gemeinsam. Das ist das Schöne am Leben hier: Man ist nie allein.«

Im Wohnzimmer der »Reiger G« bullert ein alter schmiedeeiserner Holzofen, an dem sich wohl schon in den 1930er Jahren die Besatzung gewärmt hat. Es ist ein kühler Novembermorgen, Lucy legt etwas Holz nach. »Im Winter wirds auch mal richtig ungemütlich. Letzten Januar hatten wir im Wohnzimmer plötzlich minus fünf Grad!« Ihr Schlafzimmer ist eine winzige Kajüte in der Bugspitze, schummeriges Licht dringt durch eine mit Klebeband abgedichtete Dachluke und zwei bierdeckelgroße Bullaugen. Eine Heizung hat sie hier nicht, dafür Schafsfelle unter dem Bettlaken, und für obendrüber mehrere Wolldecken sowie zwei Federbetten. Natürlich gibt es Strom und fließend Warmwasser, Lucy könnte den Heizlüfter anwerfen. Aber die engagierte Umweltschützerin will so wenig Energie verbrauchen wie möglich. Und was an Komfort fehlt, wird durch Romantik wieder wettgemacht. »Man ist hier mitten in London, aber gleichzeitig völlig aus der Welt«, schwärmt Lucy, während sie uns Tee aufgießt. »Es ist ein Leben wie in einem Kinderbuch. Manchmal bilde ich mir tatsächlich ein, Teil einer Geschichte von Enid Blyton zu sein!«

Leider aber ist in London nichts von Dauer. Die Stadt frisst permanent ihre kleinen, geheimen Rückzugsorte und Kleinode auf, und auch Nine Elms Pier ist bedroht. Die alten Fabrikschuppen, die dem lange vernachlässigten und von den »Boaters« liebevoll »instandbesetzten« – und inzwischen gekauften – Dock einen vorindustriellen Charme verliehen, sind schon abgerissen. Stattdessen entsteht auf dem Gelände vor den Docks ein riesiger Komplex von 750 Luxuswohnungen. »Uns wurden natürlich alle möglichen Versprechungen gemacht«, sagt Lucy und lacht etwas bitter. »Aber auf den Planungsunterlagen der Architekten sind unsere Boote schon nicht mehr eingezeichnet.«

Wer sich die kleine Wassersiedlung von Nine Elms Pier anschauen möchte: Direkt nebenan hat die »Battersea Barge« festgemacht, ein Partyboot mit voll lizenzierter Bar, wo fast jeden Abend alternative Comedy-, Musical- und Theatervorstellungen stattfinden. Tickets – meist für um die zehn Pfund – sowie Lageplan gibts im Internet.

GRUND NR. 34

Weil die Linie elf London von seiner besten Seite zeigt

Eine Stadtrundfahrt gehört zu den klassischen Wegen, eine unbekannte Stadt zu entdecken. In London harkt man dafür aber leicht 27 Pfundstücke aus dem Portemonnaie – und bekommt dafür per Kopfhörer unwichtige Informationen in schlechtem Deutsch. Das Geld kann man besser im nächsten Pub anlegen, denn eine prima Stadtrundfahrt gibt es schon für gute zwei Pfund, für Besitzer einer Day Travelcard sogar umsonst. Die Linie elf ist eine ganz normale Buslinie, sie verbindet den Stadtteil Fulham im Westen mit der Liverpool Street Station in der City. Die »Elf« hat aber den anderen Buslinien voraus, dass sie an den meisten Top-Sehenswürdigkeiten der Stadt vorbeiführt. Idealerweise fährt man von West nach Ost, der Blick ist so am schönsten. Die Ansagen der Haltestellen helfen bei der Orientierung, man weiß also immer halbwegs, wo man sich gerade befindet.

Die besten Plätze sind natürlich im Oberdeck ganz vorn, und die sind heiß begehrt. Wer sicherstellen will, dass nicht das freundliche ältere Ehepaar aus Deutschland diese Logenplätze vor der Panoramascheibe bekommt, nur um die ganze Zeit mit Ausrufen zu nerven, die alle mit »Guckma!« beginnen, der sollte sich die Mühe machen, mit der District Line nach Fulham Broadway zu fahren und dort, am Startpunkt der Route, als Erster in den Bus einzusteigen. Richtig interessant wirds aber erst nach der King's Road, deshalb ist der Sloane Square der bessere Startpunkt, auch dort kann man noch Glück haben.

Der Bus biegt von hier aus bald links ab, zur Rechten lugt kurz das schlossähnliche Royal Hospital hinter den Bäumen eines großzügigen Parks hervor. Das ist kein Krankenhaus, sondern ein Altersheim für Veteranen der britischen Armee, die man oft in der Umgebung sieht, zu erkennen sind sie an ihren scharlachroten Uniformen. Kurz vor dem Bahnhof Victoria erheben sich rechts Uhrturm und imposante Art-déco-Fassade des Imperial Airways Building, das heute den britischen Rechnungshof beherbergt. Es geht weiter an den Säulen des Collonade Walk entlang, und rechts folgt bald die Victoria Station, Londons zweitgrößter Bahnhof, der übrigens nicht nach der Königin benannt ist, sondern nach der Victoria Street in der Nachbarschaft. Was aber irgendwie aufs Gleiche rauskommt.

Der Bus biegt einmal links ab und sofort wieder rechts, an der Ampel fällt jetzt eine gelbe Ziegelmauer ins Auge, die außergewöhnlich gut mit Stacheldraht abgesichert ist. Es handelt sich um die Gartenmauer des Buckingham Palace. Und hier erleben wir die einzige Enttäuschung der Linie elf: Mehr gibts vom Palast nicht zu sehen. Macht aber nichts, denn ein paar Kurven weiter biegt der Bus in die Victoria Street, und gleich rechts liegt die wunderschöne Westminster Cathedral, die Mutterkirche aller britischen Katholiken, die mit ihrer neobyzantinischen Fassade und dem 87 Meter hohen Campanile eher nach Italien zu gehören scheint.

Den grauen Büroblock, der wenig später auf der linken Seite das Auge beleidigt, könnte man getrost ignorieren, aber er hat es in sich: Er ist das Hauptquartier von »Scotland Yard«, der berühmten Metropolitan Police. Jetzt schnell Augen geradeaus: Hier gibt es die seltene Gelegenheit, drei der berühmtesten Londoner Wahrzeichen in einem Bild einzufangen: rechts Westminster Abbey, daneben »Big Ben«, und aus der Entfernung zwinkert das »London Eye« über die Themse. Die Sehenswürdigkeiten kommen jetzt Schlag auf Schlag, der große Haupteingang der Abbey zur Rechten zum Beispiel: Das ist der Ort, an dem eine gewisse Pippa Middleton sich kurz bückte, um ihrer großen Schwester den Brautschleier zu richten, und so zu einer internationalen Berühmtheit wurde – da weht buchstäblich der Rockzipfel der Geschichte. Geradeaus bekommt man jetzt einen schönen Panoramablick auf den Palace of Westminster, besser bekannt als Houses of Parliament, und den dazugehörigen Uhrturm – der natürlich nicht, wie oben behauptet, »Big Ben« heißt, sondern schlicht »Clocktower« – »Big Ben« heißt die Glocke, die darin hängt. So viel Zeit muss sein.

Der Bus schlägt nun einen Haken um den Parliament Square und fährt Whitehall hinauf, durch das Regierungsviertel. Auf der linken Seite, durch ein großes schwarzes Gitter vor Tour- und Terroristen geschützt, die Downing Street, darin die berühmte Tür mit der Hausnummer 10, Sitz und Wohnhaus des Premierministers, das man aber von der Straße aus nicht sehen kann, aussteigen lohnt also nicht. Der Bus staut sich jetzt auf den Trafalgar Square zu, von Weitem sehen wir schon Admiral Nelson auf seiner Säule frieren. Wo wir gerade beim Militär sind: mal eben links schauen, und nicht lachen über die armen Soldaten, die da in ihren Paradeuniformen vor den Horse Guards auf ihren Gäulen sitzen und sich von Horden kichernder japanischer Touristinnen fotografieren lassen müssen. Mit großer Wahrscheinlichkeit haben sie noch vor wenigen Wochen in Afghanistan gekämpft – und wünschen sich möglicherweise gerade wieder dahin zurück.

Während der Bus im Stau langsam vorrückt, ist noch Zeit, einen kurzen Blick in die nächste Seitenstraße rechts zu werfen: Sie heißt Great Scotland Yard, und das große Gebäude, das man gut erkennen kann, ist die ehemalige Zentrale der Londoner Polizei. Diese Straße gab der Metropolitan Police ihren umgangssprachlichen Namen.

Nach einem kurzen Schlenker um den Trafalgar Square fährt die »Elf« jetzt über den »Strand«, wer aufpasst, entdeckt auf der rechten Seite in einer kleinen Gasse den schönen silberglänzenden Eingang mit dem grünen Schriftzug des Savoy-Hotels. Der Bus biegt bald schräg links in Aldwych ein, lässt West End und das Waldorf Hotel links liegen und umkurvt dabei rechterhand Bush House, die ehemalige Zentrale des World Service der BBC. Nur wenige Hundert Meter weiter links beindrucken die Royal Courts of Justice mit ihrer neugotischen Fassade. Sie beherbergen noch heute Englands höchste Gerichtshöfe. Mitten auf der Fleet Street passiert der Bus jetzt eine große Drachenfigur, den Grenzstein zur City of London – und am Ende der Straße erhebt sich schon die mächtige Kuppel von St Paul's, der wohl berühmtesten Kathedrale der Welt.

Ältere Damen verdrücken jetzt eine kleine Träne für Diana, während die »Elf« ungerührt an der Traukirche der »Prinzessin der Herzen« vorbeirauscht. Wir passieren den Bahnhof Mansion House, und geradeaus kann man schon die riesigen Säulen der Royal Exchange erkennen, der alten Londoner Börse, links daneben die Bank of England, die Hüterin der schönen, schweren Geldstücke in unseren Portemonnaies. Jetzt fädelt sich der Bus durch die Threadneedle Street ins Herz der City, und bevor er London Wall überquert, sei noch ein schneller Blick nach links geworfen: Hinter der elegant geschwungenen gelben Sandsteinfassade verbirgt sich die Londoner Repräsentanz eines nicht unbedeutenden deutschen Kreditinstituts. Zwei Minuten später erreicht die »Elf« dann ihr Ziel, den Bahnhof Liverpool Street.

Eine gute Stunde dauert das Vergnügen, Besitzer einer Travelcard können an beliebigen Punkten aussteigen und die Tour später fortsetzen. Ein Palast, die drei wichtigsten Kirchen, Parlament, Regierungssitz, Zentralbank, Börse – so viel London in so kurzer Zeit, für so wenig Geld, das geht nur mit der Linie elf. Übrigens: Bei starkem Regen kann man sich die Tour schenken, weil dann im Oberdeck die Scheiben vollständig beschlagen. Vielleicht hätte ich das tatsächlich eingangs erwähnen sollen.

GRUND NR. 35

Weil U-Bahn-Fahren hier auch was fürs Auge ist

Zugegeben, wer jeden Morgen mit der Tube zur Arbeit oder zur Uni fährt, der braucht starke Nerven (siehe Grund Nr. 9). Aber wer sich für Design interessiert und einen guten Blick für Details hat, der bekommt von London Underground ganz schön was geboten. Das fängt schon oben an: Stationen wie Arnos Grove, Chiswick Park, Osterley oder Southgate – die tatsächlich aussieht wie ein gerade gelandetes UFO – sind fantastische Arbeiten des Architekten Charles Holden, der in den 1920er und 1930er Jahren ein gelungenes Beispiel modernistischer Architektur nach dem anderen für die Londoner U-Bahn-Gesellschaft schuf. In jeder Bahnhofshalle springt dann ein weiterer Design-Klassiker ins Auge: die berühmte »Tube map«. Die sah früher mal aus wie ein Teller bunte Spaghetti, weil sie sich an der tatsächlichen Geografie der Stadt orientierte, und war dementsprechend unübersichtlich. Aber 1931 erkannte der pfiffige Underground-Mitarbeiter Harry Beck, dass unter der Erde nur die Topografie der U-Bahn wichtig war, und schuf die übersichtliche schematische Karte, die wir heute kennen. Nahverkehrsgesellschaften in der ganzen Welt haben sie kopiert, und jeden Tag weist sie nicht nur Millionen Reisenden den Weg, sie ist auch eine echte Londoner Ikone geworden. Sie ist eines dieser zunehmend seltener werdenden Dinge, die man nicht weiter verbessern kann. In diese Kategorie fällt auch die »Johnston«, die elegante, schon 1913 entworfene Schrifttype der Londoner U-Bahn-Gesellschaft. Erkennbar an ihrem charakteristischen kreisrunden »O«, ist sie an Klarheit und Lesbarkeit kaum zu übertreffen und sie wirkt heute noch so modern wie vor hundert Jahren. Kamen Ihnen die Überschriften der Kapitel und Gründe in diesem Buch nicht schon die ganze Zeit seltsam vertraut vor? Genau: Das ist Johnston.

Designfans sollten auch nicht versäumen, mal mit der Bakerloo Line zu fahren. Sie ist die letzte Strecke, die noch Waggons der Baureihe »1972« benutzt. Die klaren Linien des Innenraums, die geschwungenen Kurven der Trennwände, die gewölbten Lichtleisten und die runden Lampen an den Enden der Waggons versetzen den Reisenden – mit ein wenig Fantasie – in einen Science-Fiction-Film aus den 1960er Jahren. Besonders wenn der Zug nicht so voll ist, kann man dieses extrem coole Designkonzept in seiner Gesamtheit bewundern.

Und dann sind da noch die Bahnsteige. Viele von ihnen sind allein aus ästhetischen Gründen einen Besuch wert. Zu meinen Top drei der U-Bahn-Stationen, in denen man mal genauer hinschauen sollte, gehört die Tottenham Court Road Station mit ihren spacigen Pop-Art-Mosaiken des schottischen Künstlers Eduardo Paolozzi, heute schon ein Klassiker (und möglicherweise durch den Umbau der Station bald verschwunden). Wer in der Warren Street Station auf die Victoria Line wartet, sollte sich die Zeit damit vertreiben, den Weg durch die psychedelischen Labyrinth-Muster an den Wänden auszuknobeln. Diese gekachelten Irrgärten von 1967 bergen ein Wortspiel mit dem Namen der Station – »Warren« ist das englische Wort für Kaninchenbau. Der Designer hat sie so konzipiert, dass der durchschnittliche Reisende vier Minuten braucht, um ans Ziel zu kommen, weil in der Rushhour alle drei Minuten ein Zug kommt – gutes Design kann auch hinterlistig sein. Die Sherlock-Silhouetten auf den Fliesen der Station Baker Street spielen an auf die Adresse des berühmten Detektivs, 221b Baker Street, und überhaupt: Die Schalterhalle sieht immer noch so aus wie zu Sherlocks Zeiten, antike Holzvertäfelungen und Kacheln, das sensationell schöne Durchgangstor zu den Gewölben des Circle-Line-Bahnsteigs und die alten Bänke machen die Station Baker Street zu einer der schönsten im ganzen U-Bahn-Netz. Wer also beim Stichwort »Underground« nur an verspätete Züge und überfüllte Waggons denkt, muss nur mal die Augen aufhalten: In der Tube kann man an jeder Ecke kleine künstlerische Glücksmomente erleben.

GRUND NR. 36

Weil Radeln nicht immer gesund ist

Fahrrad fahren in London – wie soll ich das ausdrücken? – ist eher etwas für Leute, die ihren Organspenderausweis stets bei sich tragen und ihn auch möglichst bald einer sinnstiftenden Verwendung zuführen wollen. Wenn die Opferbereitschaft ihren Mitmenschen gegenüber weniger stark ausgeprägt sein sollte – lassen Sie's. Im Ernst, der Linksverkehr, die engen Straßen und die robusten Manieren anderer Verkehrsteilnehmer machen Radfahren hier zu einer Kampfsportart, daher benutzen Besucher besser Busse und Bahnen. Es gibt allerdings einen Teil der Stadt – er ist gleichzeitig der interessanteste –, den man gefahrlos per Rad erkunden kann: die City of London. Aber auch dies gilt nur an Sonntagen, dann ist die City nämlich so gut wie ausgestorben und man kann sich auf den kleineren Straßen stressfrei abstrampeln, ohne allzu sehr auf den Verkehr achten zu müssen. Im Folgenden ein paar Koordinaten meiner Lieblingsplätze in der City, die eine solche Radtour – am besten mit einem der Mietfahrräder – zu einer unterhaltsamen kleinen Rundreise machen.

Wer sein »Boris Bike« (so heißen die Mieträder im Volksmund) am Devonshire Square nahe dem Bahnhof Liverpool Street besteigt, macht am besten gleich am Heron Tower halt, drückt die Nase gegen die Scheiben und bestaunt Europas größtes Aquarium (1300 Fische, darunter Haie, schwimmen hier in 70.000 Litern Wasser) im Foyer des nagelneuen Wolkenkratzers. Nicht weit entfernt, ein paar Hundert Meter entlang Bishopsgate, den Leadenhall Market nicht versäumen, eine wunderschön erhaltene viktorianische Markthalle, die heute kleine Geschäfte und Restaurants beherbergt. Geradeaus durchfahren, am gegenüberliegenden Ende erreicht man eines der berühmtesten Gebäude der Welt – das Lloyd's Building. Zur Ikone wurde es, weil alle Treppen, Aufzüge und technischen Einrichtungen sich an der Außenseite der Edelstahlfassade befinden. Nicht weit davon, in der Lombard Street, werfen wir einen Blick nach oben und entdecken ein paar der historischen Firmenschilder der Banken – bezeichnenderweise ist auch eine riesige Heuschrecke dabei. Jetzt absteigen. Schieben Sie Ihr Rad besser durch die engen Gassen zwischen hier und Cornhill (Change Alley, Bengal Court, Cowpers Court), die sich seit Jahrhunderten kaum verändert haben. Schlängeln Sie sich dann, wieder aufgesessen, via Bank in Richtung Smithfield Market, Londons sehenswertem viktorianischen Fleischmarkt, der ebenfalls per Rad zu durchqueren ist – der Geruch dort ist allerdings eine Belastungsprobe für Vegetariernasen.

Jetzt scharf links abbiegen, die Charterhouse Street herunterstrampeln, bis rechts eine mit Gittern abgesperrte Straße auftaucht: Ely Place. Gleich um die Ecke, in Hatton Garden, kann man die Mieträder wieder andocken, denn für St Etheldreda's Church, die älteste katholische Kirche der Stadt und eines von nur zwei erhaltenen Bauwerken aus der Zeit von Richard I., sollte man sich etwas Zeit nehmen. Danach vielleicht ein schneller »Liquid lunch« in einem der schönsten und ältesten Pubs der Stadt, »Ye Olde Mitre«, der sich in einer winzigen Seitengasse versteckt – und technisch gesehen nicht mal zu London gehört. Er war Teil des Palastes der Bischöfe von Ely aus der Grafschaft Cambridge und fällt somit eigentlich immer noch unter deren Jurisdiktion. Die Polizei darf den Pub noch heute nur auf Bitten des Wirtes betreten, diese Kneipe ist eine Art Mikro-Vatikan im Herzen Londons. Nach den beiden Pints des vorzüglichen Thatcher Ale lassen Sie das Fahrrad besser in der Docking-Station, der U-Bahnhof Farringdon liegt keine fünf Minuten entfernt.

Es gibt natürlich noch viele weitere interessante Orte in der City zu entdecken, eine auch nur ansatzweise vollständige Aufzählung würde hier den Rahmen sprengen. Radeln Sie einfach mal ohne Plan kreuz und quer durch Londons historischen Kern und lassen Sie den Zufall Reiseführer spielen – in der City gibts an jeder Ecke was zu sehen. Und wie gesagt: am Sonntag. An allen anderen Tagen erschließt sich die City entspannter und ungefährlicher zu Fuß.

GRUND NR. 37

Weil London von Autos Eintrittsgeld verlangt

Autofahren in London kostet Nerven, und zwar deutlich mehr Nerven als anderswo auf der Welt (wie Sie bereits wissen, wenn Sie Grund Nr. 31 gelesen haben). Knapp neunzig Minuten dauert es gewöhnlich, bis man mit dem Auto vom Trafalgar Square aus überhaupt eine der Autobahnen unter den Reifen hat, die die Hauptstadt mit dem Rest des Landes verbinden. Ein Frankfurter Autofahrer ist da schon fast in Köln. London ist einfach nicht für Autos gemacht, die Grundzüge der zentralen Stadtteile hat Sir Christopher Wren am Ende des 17. Jahrhunderts entworfen, und an denen hat sich nur wenig geändert. Für Kutschen und Pferde waren die engen Straßen und Gassen kein Problem, und Otto Normallondoner ging sowieso zu Fuß, wenn er nicht gerade von Pest oder Pocken geschwächt war. Mit der Motorisierung der Massen aber hat der Londoner Stadtplan nicht Schritt halten können, Modernisierungen des Straßennetzes blieben Flickwerk, ein sich ständig änderndes Netz von Einbahnstraßen und die Unzahl von Baustellen tun ein Übriges. Kilometerlang schlängelt sich die Blechkarawane der Pendler jeden Morgen über die viel zu kleinen Einfallstraßen, und die Ringautobahn M25, chronisch baustellengeplagt, wird in der Rushhour zum Parkplatz. Die Durchschnittsgeschwindigkeit von Autos in Central London liegt bei gefühlten sechs km/h. Da kann man ohnehin besser laufen.

Der legendäre Bürgermeister Ken Livingston beschloss also, das Autofahren in der Stadt so unattraktiv wie möglich zu machen, die Pendler in Busse und Bahnen zu zwingen und nebenbei die chronisch klamme Kasse des städtischen Bus- und U-Bahn-Betreibers »Transport for London« etwas aufzubessern. Gegen erhebliche Widerstände boxte er die »Congestion Charge« durch. Seit Anfang 2003 verlangt London also Eintrittsgeld von Autofahrern, und zwar nicht zu knapp. Zehn Pfund kostet es, tagsüber mit dem Auto in die »Congestion Zone« vorzudringen, die einen großen Teil der inneren Stadtteile umfasst, von der City im Osten bis ins belebte West End; Einwohner der Zone zahlen ein Zehntel. Überwacht wird das System von einem Netz aus Kameras und Computern, die Nummernschilder lesen können, und jedem, der nicht spätestens 24 Stunden später bezahlt hat, einen 120-pfündigen Strafzettel ins Haus schickt. Prominentestes Opfer: US-Präsident Barack Obama. Bei seinem Staatsbesuch im Jahr 2011 kutschierte er mit seiner Staatskarosse munter durch die Zone, und der Bürgermeister ließ es sich nicht nehmen, auf der Entrichtung der Mautgebühr zu beharren. Er wartet übrigens noch heute, weder Gebühr noch Strafe wurden je gezahlt.

Das Gezeter bei der Einführung des Systems war natürlich groß, von Raubrittertum war die Rede, vor allem die Einzelhändler fürchteten Umsatzeinbußen und ein Abwandern der Kunden in Einkaufszentren außerhalb der »C-Zone«. Die Kritik hat sich inzwischen weitgehend gelegt, denn die »C-Charge« ist, zumindest zum Teil, ein beeindruckender Erfolg. Um satte 21 Prozent hat sich der Autoverkehr in der gebührenpflichtigen Zone verringert – wenn auch die chronische Verstopfung nicht beseitigt ist – und die Nebeneffekte sind ebenfalls ermutigend. Zehn Prozent weniger Schadstoffemissionen, zwölf Prozent mehr Radfahrer: Das sind Resultate, die jeder Londoner täglich zu spüren bekommt. Alle Gewinne aus der »C-Charge« müssen in das Nahverkehrsnetz investiert werden, so haben die Autofahrer bisher eine komplett neue Buslinie, dreihundert neue Busse sowie weitere Infrastruktur-Verbesserungen bei der U-Bahn finanziert. Und noch ein Aspekt ist bemerkenswert: Die Überlebensrate von Patienten mit Herzstillstand in den Londoner Krankenwagen hat sich seit Einführung der Mautgebühr angeblich verdreifacht.

GRUND NR. 38

Weil London nicht nur London ist

Man hat von London auch mal die Nase voll. »London is a splendid place to live for those who can get out of it«, erkannte schon 1944 Lord Balfour of Burleigh, und jeder Londoner wird das gern bestätigen: Bei aller Pracht, bei allem Nightlife und aller Kultur – gelegentlich muss man einfach mal raus aus der Stadt, was anderes sehen. Kein Problem: Central London allein besitzt 22 Fernbahnhöfe, von denen aus man ratzfatz in alle schönen Ecken des Landes gelangen kann. Das Wetter ist schön und man hat eigentlich keine Lust, auch nur ein weiteres Museum zu betreten? Auf nach Victoria oder London Bridge, von dort fahren viertelstündlich Züge in den sonnigen Süden. Schon eine Stunde später steigt man in Brighton aus und sonnt sich wenige Augenblicke danach am Strand. Das Seebad ist seit viktorianischen Zeiten Londons Strandpromenade, und viel vom Charme der alten Zeit ist hier erhalten geblieben, der Royal Pavilion im sarazenischen Stil ist ein Beispiel dafür. Diese ehemalige königliche Residenz erinnert von außen an einen Palast aus »Tausendundeiner Nacht« und steht Besuchern ganzjährig offen. Aber Brighton ist insgesamt einen Tagestrip wert, nicht nur wegen der zahlosen Cafés und Restaurants, der entspannten Atmosphäre und der bunten, alternativen Subkultur, sondern ganz einfach, weil es am Meer liegt! Also auf zum Pier, Möwen füttern und dann runter zum Strand. Unbedingt probieren: Brighton Rock. Und damit meine ich nicht den Roman von Graham Greene (natürlich eine ideale Strandlektüre), sondern die bunten Lutscherstangen, die man hier überall bekommt. Und sich wundern, warum die Beschriftung immer sichtbar bleibt, während man das Ding herunterschlabbert.

Ihnen ist mehr nach Kultur und Bildung in beschaulicher Umgebung zumute? Großbritanniens berühmteste Universitätsstädte liegen ebenfalls in Schlagdistanz. Besonders in Cambridge sollte man sich trauen, ein »Punt« zu mieten. Diese hölzernen Boote ähneln von Weitem den venezianischen Gondeln, aber von Nahem bemerkt man die stark abweichende Form. Auch ein Punt wird von einem stehenden Fahrer mit einer langen Stange bewegt, aber es gibt einen Unterschied: Die Kollegen in Venedig wenden eine komplizierte Paddeltechnik an, der »Punter« dagegen – normalerweise mit Strohhut und in traditioneller Kleidung – stößt sein Boot mit der Stange vom Flußbett ab. Während er das Boot geschickt über den Cam manövriert und dabei Geschichten über die traditionellen Colleges zum Besten gibt, die rechts und links am Ufer liegen, lehnt man sich entspannt zurück und genießt diese etwas andere Form des sanften Tourismus. Hemdsärmlige Zeitgenossen mit Hang zum Maritimen können übrigens auch selbst fahren – die Technik ist schnell gelernt.

Auch Oxford ist einen Besuch wert, in der »Stadt der träumenden Türme« gibt es neben den altehrwürdigen Colleges der berühmtesten Universität der Welt jede Menge Architektur aus allen Perioden der englischen Geschichte zu bestaunen, angefangen bei den Sachsen. Mitreisende Kinder dürften in der Saurierhalle des Natural History Museum auf ihre Kosten kommen, bevor sie später in Ohnmacht fallen, wenn sie den Speisesaal des Christ Church College betreten – willkommen in Hogwarts, viele Szenen des ersten »Harry Potter«-Films wurden hier gedreht.

Wem all diese Fluchtmöglichkeiten jetzt immer noch nicht reichen – vielleicht, weil sie nicht urban oder elegant genug sind –, der setzt sich am Bahnhof St Pancras in einen der schnittigen blau-gelben Züge, bestellt sich im Speisewagen einen Café au lait und steigt nur zwei Stunden später am Gare du Nord wieder aus. Von dort aus ist es nicht mehr weit bis zum Eiffelturm. Ja, natürlich. Paris. Irgendwie auch nur ein Vorort von London.

GRUND NR. 39

Weil man im Schlamm Geschichte(n) findet

Mein Sonntag beginnt mit einer überraschenden archäologischen Erkenntnis. »Was findet man heute an Abfall auf den Londoner Straßen?«, fragt Andy Hawkins, als er eine kleine Gruppe von Geschichtsinteressierten am Ufersaum der Themse entlangführt. »Fastfood-Verpackungen, Zigarettenkippen und Bierdosen. Und das war vor zweihundert Jahren auch nicht anders.«

Zum Beweis hebt er eine handtellergroße braune Scherbe vom Boden auf. »Die stammt von einem ›Bartmannskrug‹. Wir liebten schon damals deutsches Bier, und in diesen Steingut-Krügen wurde es im 16. Jahrhundert importiert.« Ein Griff fördert weiteres Verpackungsmaterial zutage: Der ganze Strand liegt voller Austernschalen, früher waren Austern ein Armeleute-Essen, das billig von Karren herab verkauft wurde. Und auch die Zigarettenkippen von damals fehlen nicht: Überall finden sich Stiele und Köpfe kleiner, billiger Tabakspfeifen, in denen die Seeleute und Hafenarbeiter früher ihren Tabak rauchten.

Ich bin unter die »Mudlarks« gegangen, jene Schatzsucher und Amateurhistoriker, die im grauen Schlamm der Themse nach Reichtümern und Kuriositäten suchen. Jeden zweiten Sonntag, wenn die gezeitenabhängige Themse auf ihrem niedrigsten Stand ist, führt Andy oder einer seiner Kollegen vom »Thames Explorer Trust« Nachwuchs-Schliemanns zum Strand unterhalb der Millennium Bridge. Hier gibt London freizügig seine Geschichte preis, denn der Fluss ist Londons lebendige Chronik, ein Geschichtsbuch, in dem die Bugwellen der Touristendampfer und der ständige Wechsel der Gezeiten jeden Tag eine neue Seite aufschlagen – man muss sie nur zu lesen wissen.

Besonders die Kinder haben einen Riesenspaß. Emsig füllen sie mitgebrachte Plastiktüten mit Scherben und Steinen, nachdem sie Andy ihre Fundstücke unter die Nase gehalten haben. Auf den ersten Blick weiß er, worum es sich handelt. In Sekundenschnelle identifiziert er eine viktorianische Schüssel, einen Dachziegel aus der Tudor-Zeit oder ein Fragment eines mittelalterlichen Fußbodenbelags. Ich präsentiere ihm eine Scherbe mit einer feinen blauen Linie. »Ah«, ruft Andy mit einem gespielten Ausdruck größten Entzückens. »Sehr interessant! Porzellan, vermutlich um 1970.« Ich Glückspilz. Mein nächster Fund ist interessanter. Der rötliche Rest eines Kruges, den Henkel kann man noch deutlich erkennen. Andy beschreibt mit der Hand die mutmaßliche Form des Gefäßes und lenkt meine Aufmerksamkeit auf die Stelle, wo der Handgriff an den Krug gefügt wurde. Den Daumenabdruck des Töpfers kann man noch gut erkennen. »Ertasten Sie mal den Abdruck«, fordert Andy mich auf. Er ist deutlich kleiner als mein Daumen. »Und, was bedeutet das?« Ich zucke mit den Schultern. »Kinderarbeit«, sagt Andy, »das war in den Londoner Manufakturen des 17. Jahrhunderts nichts Ungewöhnliches.«

Das schnell auflaufende Wasser beendet unsere Tour, vom breiten Strand ist nur noch ein schmaler Streifen übrig geblieben. Als ich mir ein paar letzte Notizen machen will, stelle ich fest, dass ich meinen Kugelschreiber verloren habe. Der Fluss hat ihn wahrscheinlich längst verschluckt. Irgendwann wird ihn die Themse wieder freigeben, vielleicht im Jahr 2212, und irgendjemand wird ihn aufheben, den Schlamm abkratzen und sich fragen: Was zur Hölle ist das denn?

GRUND NR. 40

Weil London eine echte Endstation hat

London hat so ziemlich alles zu bieten, was auf Schienen möglich ist: 22 Fernbahnhöfe, 270 U-Bahn-Stationen (die stillgelegten nicht mitgerechnet), die Royal Mail leistete sich bis vor Kurzem gar ein eigenes zehn Kilometer langes U-Bahn-System unterhalb der Stadt. Auch ein sehenswertes Museum hat die Stadt ihrem Schienenverkehr gewidmet. Von der bizarrsten Eisenbahnlinie Londons aber wissen die wenigsten. Auf ihrem Wappen war eine Schlange abgebildet, die einen Totenschädel umschließt, und ihr Motto lautete: »Ein gutes Leben und ein friedlicher Tod.« Verständlich, dass Reisende um diese Linie einen großen Bogen machten, aber das war kein reines Marketing-Problem. Die Passagiere bestiegen diese Züge nie so richtig freiwillig, und wenn, dann immer zum ersten und zum letzten Mal. Denn die »London Necropolis Railway« war einer ganz bestimmten Sorte von Londonern vorbehalten – sie war die Eisenbahn der Toten.

In der Mitte des 19. Jahrhunderts starben die Londoner buchstäblich wie die Fliegen – Epidemien verkürzten die ohnehin begrenzte Lebenserwartung der Menschen in der rasch gewachsenen Millionenstadt weiter. Die Cholera allein forderte 1848 Zehntausende Todesopfer, und das machte sich vor allem in der Überfüllung der Friedhöfe bemerkbar. Spa Fields in Clerkenwell zum Beispiel war für tausend Gräber konzipiert, beerdigt waren dort 80.000 Menschen. Pro Jahr starben in ganz London rund 50.000 Erwachsene und Kinder, für sie stand nur ein knapper Quadratkilometer ohnehin überfüllter Friedhofsfläche zur Verfügung, verteilt auf zweihundert kleine Kirchhöfe. Selbst relativ frische Gräber wurden also routinemäßig geöffnet und überbeerdigt, oft wurden die Neuankömmlinge auch »verkleinert«, um in bestehende Grabstätten eingepflegt werden zu können – frei nach dem Heimwerker-Motto »Was nicht passt, wird passend gemacht«. Die meisten toten Londoner warteten tagelang auf Wegen und Plätzen auf ihre letzte Ruhe (siehe auch Grund Nr. 108). So konnte es nicht weitergehen, ein Friedhof musste her, am besten ein großer, ASAP. So entstand Brookwood Necropolis. Knapp sechs Millionen Gräber sollten hier gebuddelt werden – eine angemessene Totenstadt für Londons Verblichene. Doch es gab ein Problem: Brookwood lag knapp vierzig Kilometer außerhalb der Stadt. Flugs gründete man also die London Necropolis Railway, und die makaberste ÖPNV-Strecke der Weltgeschichte war geboren.

Vom treffend benannten »London Terminus« fuhren nun täglich Züge nach Brookwood, streng getrennt in erste bis dritte Klasse, versteht sich, und nach Konfession – Anglikanisch und Sonstige. Und das galt nicht nur für die Trauergäste, auch die Toten wurden, je nach Status und Konfession, auf Waggons verteilt. Man wollte den Leichen erster Klasse schließlich nicht zumuten, zusammen mit Hinz und Kunz die letzte Reise anzutreten. Am Friedhof ging die Segregation weiter, hier wurden zwei separate Bahnhöfe an verschiedenen Enden des Mega-Gottesackers errichtet. Gelegentlich war hier ganz schön Betrieb: Immer wieder mussten Sonderzüge für Prominentenbeerdigungen eingesetzt werden. Die Beisetzung eines populären Parlamentsabgeordneten zog 1891 mehr als fünftausend Trauergäste an, darunter den 21-jährigen Gandhi, der auf dem Bahnsteig Zeuge einer lautstarken Auseinandersetzung zwischen einem Atheisten und einem Pfarrer wurde – die Trennung hatte also gute Gründe.

Nach einem schweren Bombentreffer auf das Londoner Bahnhofsgebäude wurde der Betrieb der Leichenbahn 1941 eingestellt – ein kommerzieller Erfolg war sie ohnehin nie gewesen. Ganze 200.000 Tote hat sie in ihrer immerhin 87-jährigen Geschichte nach Brookwood transportiert, das lag weit unter den Schätzungen ihrer Gründer – und den Erwartungen der Investoren.

Aber wie immer verschwindet in London nichts vollständig, und so ist ein winziges Echo der alten Geisterbahn erhalten geblieben: Der vordere Teil des Terminus steht noch – das heute mit einem Gitter versperrte große Tor war der Eingang für die Trauergäste und Leichenwagen der First Class. 121 Westminster Bridge Road ist die Adresse von Londons wahrer Endstation.

5. PREPARE TO BE AMAZED!

LONDON ZUM STAUNEN

»I don't know what London's coming to –
the higher the buildings the lower the morals.«
NOËL COWARD, 1928

GRUND NR. 41

Weil London die schönsten Wolkenkratzer hat

London besitzt eine unverwechselbare Skyline, was wenige europäische Städte von sich behaupten können, abgesehen vielleicht von Paris oder Frankfurt. Aber immer wieder erregen Planungen für neue Hochhäuser die Gemüter, es folgen Schlammschlachten in den Zeitungen und nicht selten auch vor Gericht. Traditionalisten wie der Thronfolger Prince Charles wollen die Stadt nicht verschandelt sehen, als Abklatsch von New York, Ökonomen warnen vor einem Überangebot an Büroräumen, und die unmittelbaren Nachbarn protestieren verständlicherweise auch immer, wenn ihnen ein Koloss aus Beton und Glas dauerhaft Sicht und Sonne zu rauben droht. Und dennoch: Die Bürotürme der City, Centre Point im West End, der futuristisch-ökologische Strata Tower mit seinen eingebauten Windturbinen, die Geldspeicher in Canary Wharf – sie alle zusammen prägen den architektonischen Fingerabdruck einer Stadt, die nicht nur beständig in die Breite wächst, sondern immer auch in die Höhe strebte. Schon 1098 überragte der White Tower mit 27 Metern alle anderen Bauwerke des mittelalterlichen London, erst zweihundert Jahre später stellte ihn die alte St Paul's Cathedral mit 150 Metern vorläufig in den Schatten.

Über das Jahr 2011 wurde ich Zeuge eines eigenartigen Phänomens: Der Kirchturm der Christ Church, den ich von meinem Balkon aus über die Dächer von Spitalfields hinweg gut sehen kann, bekam einen Hintergrund. Erst konnte ich mir keinen Reim darauf machen, doch irgendwann begriff ich: Am anderen Ufer der Themse, genau entlang meiner Sichtachse auf die Kirchturmspitze, wuchs Woche für Woche der »Shard« empor, Londons – und Europas – höchstes Gebäude. Londons neues

Wahrzeichen, dessen Name schon andeutet, dass es sich wie eine Scherbe spitz vor den Wolken abzeichnet, bildet ein perfektes Passepartout für Nicholas Hawksmoors gotischen Kirchturm, allerdings wohl nur von meinem Balkon aus. Viele haben geschimpft über den radikalen Entwurf des italienischen Star-Architekten Renzo Piano, für mich fügen sich diese beiden Bauwerke zufällig und ganz wunderbar zusammen – das alte London und das neue verschmelzen.

Die Wolkenkratzer gehören nicht nur zu London, sie passen auch zu dieser mächtigen Stadt. Sie betonieren ihren Weltstadtanspruch. Und die Londoner spüren das instinktiv, sie arrangieren sich nach kurzer Eingewöhnungszeit mit jedem von ihnen, so wie man sich mit neuen, etwas großkotzigen Nachbarn arrangiert. Schnell geben sie den Türmen Spitznamen und nehmen sie in die Familie auf: Wenn sie am Bahnhof Liverpool Street nach »30 St Mary Axe« fragen, ernten sie nur ein Schulterzucken, die »Gherkin« aber, die »Gurke«, ist jedem ein Begriff. Einige Hochhäuser werden sogar vor ihrer Geburt getauft, »The Cheesegrater«, »The Walkie Talkie« oder »Helter Skelter« gehören zu den sechs geplanten Wokenkratzern, die allein in der City in den nächsten Jahren emporwachsen sollen.

Und viele von ihnen lohnen einen Besuch: Im Tower 42 wird einem in der Bar Vertigo ganz ohne Cocktail schwindlig, und auch im Heron Tower kann man einen Drink mit unvergleichlichem Ausblick genießen. Die »Gurke« ist, von Nahem betrachtet, genauso imposant wie aus der Ferne. Leider dürfen nur ausgewählte Gäste in das fantastische Restaurant in der gläsernen Kuppel, das man allerdings für Hochzeiten und Empfänge mieten kann.

Die beste Sicht auf die Skyline genießt man natürlich von weiter weg, hier empfiehlt sich das Restaurant der Tate Modern, der Hügel im Greenwich Park oder der Primrose Hill. Den schönsten Blick aber hat man, wenn man beim Flug nach Heathrow folgende Regel beachtet: immer einen Fensterplatz auf der rechten Seite des Fliegers reservieren. Wenn man Glück hat und bei Westwind in der richtigen Warteschleife landet, kurvt das Flugzeug in geringer Höhe über der Stadt in den Endanflug ein, und bei klarem Wetter bietet sich ein prima Ausblick über die gesamte Skyline. Und erst dann, wenn sich im Vorbeifliegen die Perspektiven verschieben, erkennt man die eigentliche Funktion dieser spiegelnden Türme: Sie sind die Ausrufezeichen in der architektonischen Geschichte der spannendsten Stadt der Welt.

GRUND NR. 42

Weil das hässlichste Gebäude der Stadt unter Denkmalschutz steht

Wer in den 1960er und 1970er Jahren aufgewachsen ist, erinnert sich sicher noch an die bunten Bilder der Städte der Zukunft, die in Illustrierten und Sachbüchern einen Ausblick auf die schöne neue Wohnwelt der Jahrtausendwende versprachen. Die Menschen darin sahen allesamt aus wie das Ensemble der Serie »Mad Men« und flogen ihre futuristischen Raketenautos in Garagen, die auf Stelzen in blauen Seen standen. Alles war irgendwie verschachtelt und hatte zentrale Müllschlucker, der Strom kam aus kleinen Atomreaktoren im Keller. Auf die fliegenden Autos warte ich immer noch, das mit den Familien-AKW scheint sich auch erledigt zu haben, aber diese Häuser, die gibt es. Zumindest eines. Das »Barbican« ist der betongewordene feuchte Traum der Stadtplaner und Architekten von damals: So, dachten sie sich, wollen die Menschen der Zukunft wohnen – und jetzt bauen wir das einfach mal.

Ein im Krieg wüst zerbombtes Areal am Nordrand der City bot sich an, um diesen Traum zu verwirklichen. Mehr als zweitausend Wohnungen für die Angestellten der Banken in dem wieder erwachenden Finanzzentrum sollten hier entstehen. Die Planungen begannen 1954, aber es dauerte gute 15 Jahre, bis der erste der Wohnkomplexe seiner Bestimmung übergeben werden konnte, und erst 1982 weihte die Queen das Barbican endgültig ein. Was Schlüsse zulässt über die Arbeitsgeschwindigkeit auf britischen Baustellen – oder die schiere Größe und architektonische Ambition des Projekts. Beides ist wohl nicht ganz falsch. Trotzdem, in rund dreißigjähriger Bauzeit stampften Architekten und Bauarbeiter eine faszinierende Stadt-in-der-Stadt aus dem

Boden, einen kafkaesken Irrgarten von Türmen und Anbauten, verbunden durch Tunnel, Stege, Flure und Brücken, die auf verschiedenen Ebenen durch das Gelände mäandern.

Besucher machen meist einen weiten Bogen um das Areal, zu Unrecht. Zugegeben, von außen sieht das Barbican nicht besonders einladend aus, besonders an trüben Tagen: Die gezackten Umrisse der drei Wohntürme scheinen wie riesige Sägeblätter den Himmel zu zerschneiden, rauer, fast schwarzer Beton ruft ein Gefühl von Abweisung und Feindseligkeit hervor; es ist, als nähere man sich einer futuristischen Festung. Wie ein Reibeisen fühlt es sich an, wenn man mit den Händen über die Außenmauern des Barbican fährt. Schon die Oberfläche ist bewusstes Stilmittel, Tausende Arbeiter hämmerten diese Struktur in jahrelanger Arbeit in den ursprünglich glatten Beton, erklärt mir Richard, der mich durch die zweimal zum »hässlichsten Gebäude Großbritanniens« gekürte Anlage führt. Man muss auf die Kleinigkeiten achten, sagt Richard, wenn man das Barbican verstehen will: die abgerundeten Balkone, die auf Le Corbusier zurückgehen, die Brücken über den See, die nicht zufällig wie alte Zugbrücken aussehen und ebenso wie die Schießscharten-ähnlichen Schlitze in den Begrenzungsmauern auf das mittelalterliche Erbe des Komplexes verweisen. Die »Barbakane« war schließlich mal eine Wehranlage in der Londoner Stadtmauer. Reste der alten Wehrtürme sind hinter der ins Gelände integrierten St Giles Church bis heute erhalten und bilden einen spannenden Kontrast zur brutalistischen Bauweise, einige der alten Grabsteine des Friedhofs sind in die Umfassung des Sees eingelassen. In keinem anderen Bauwerk sind jüngste und älteste Geschichte der Stadt so eng miteinander verwoben wie im Barbican.

Eine Tour macht man am besten sonntags, nur dann ist das fantastische Conservatory für Besucher geöffnet. Richard begrüßt mich am Eingang in der Silk Street, der direkt in das Arts Centre führt. Es beherbergt zwei Theater, eine Konzerthalle, drei

Kinos, eine Galerie und eine Bibliothek sowie einen gut sortierten Buch-und-CD-Shop. Durch das großzügige Atrium – schon hier fühlt man sich wie in einem Kubrick-Film – gelangt man auf den Vorplatz am See, von dem aus man sich am besten rechts hält, die erste Treppe erklimmt und über den vollkommen skulpturenlosen Sculpture Court der Ausschilderung zum Conservatory folgt. Dieses Gewächshaus, das sich über drei Stockwerke erstreckt, wirkt wie die Biosphäre einer Raumstation: Palmen, Volieren und Teiche schaffen einen unwirklichen, verglasten Raum umbauter Natur, der gern für Film- und Fotoproduktionen genutzt wird. Tipp: Im Garden Room des schicken Restaurants Searcys im zweiten Stock genießt man ein dreigängiges Mittagsmenü (New Brit/Eurofusion) ab zwanzig Pfund pro Person – sowie einen prima Blick in diesen postmodernen Zaubergarten.

Es lohnt sich, mutig zu sein und sich nicht abschrecken zu lassen von den Scheinriesen des Barbican, sich dem Gewirr von Aufgängen, ruhigen Plätzen und Gassen hinzugeben, einzudringen in den spannenden Kern, der sich unter der rauen Schale verbirgt. Richard führt mich in verborgene Gärten und zeigt mir fantastische Blicke auf die City, auf Seen und Wasserspiele. Und wenn man Glück hat und freundlich fragt, zeigt einem ja vielleicht einer der Bewohner seine Wohnung – 140 verschiedene Typen gibt es davon. Die begehrtesten sind natürlich, allein der Aussicht wegen, die jeweils dreistöckigen Penthouses auf den drei Türmen – aber die kommen nur alle Jubeljahre mal auf den Markt, und ein paar Millionen muss man da schon springen lassen. Trotzdem komme ich immer wieder gern hierher, setze mich auf eine der zahlreichen Bänke am See, wo das Rauschen der Springbrunnen den Lärm der Stadt übertönt, und träume davon, wie das wohl wäre: in der Zukunft zu wohnen.

GRUND NR. 43

Weil es hier überall spukt

Dass in London an allen Ecken und Enden Gespenster umgehen, ist hinreichend bekannt. Hier haben über die Jahrhunderte so viele Menschen unter dramatischen Umständen ihr Leben gelassen, dass es einen schon fast wundert, dass man nicht täglich mit rachelüsternen Geistern zu tun hat. Generell halten die sich aber brav zurück, nur an bestimmten Orten muss man mal damit rechnen, eine kalte Hand im Nacken zu spüren oder gruselige Schreie zu hören. Wer an Okkultem interessiert ist, der sollte mal im »The Flask« in Highgate ein Bier trinken gehen. Dort stehen die Chancen ziemlich gut, nähere Bekanntschaft mit einem weiblichen Geist zu machen. Niemand weiß es ganz genau, aber angeblich handelt es sich um die geschundene Seele einer ehemaligen spanischen Kellnerin, die sich aus Gram über eine tragische Liebesgeschichte das Leben nahm. Andere behaupten, die Erscheinung habe mit dem Einschussloch in der Wand (rechts neben der Bar) zu tun. Keiner kann heute sagen, wer den Schuss abgegeben hat und wer bei der Schießerei ums Leben kam und wann das alles passiert ist – der Pub steht hier schon seit dem 17. Jahrhundert. Wenn Sie dort sind und plötzlich die Temperatur rapide sinkt, die Lampen anfangen zu schaukeln und Ihr Bierglas sich langsam über den Tisch bewegt, dann mischt sich wahrscheinlich gerade der Geist unter die Gäste – das ist Ihre Gelegenheit, ihn selbst zu fragen, damit die Spekulationen mal ein Ende haben.

Eine weitere gute Adresse in dieser Hinsicht: »The Grenadier« in der Wilton Mews im schicken Stadtteil Belgravia. Wie der Name schon andeutet, gehörten die Grenadiere des Duke of Wellington, die in der Nähe stationiert waren, zu den Stammgästen. Eines düsteren Septemberabends erwischten die Soldaten, die im Keller dem Glücksspiel frönten, einen ihrer Kameraden beim Betrug. Zur Strafe wurde ihm eine ordentliche Abreibung verpasst, die der gute Mann leider nicht überlebte. Seitdem hört man dort – besonders im September nehmen die Erscheinungen rapide zu – oft schwere Schritte aus eigentlich leeren Räumen. Dinge verschwinden über Nacht, Mobiliar erscheint verschoben und auch hier weht plötzlich ein eisiger Lufthauch an der Theke entlang, wenn Cedric – so der Name des Geistes – in der Kneipe sein Unwesen treibt. Übrigens: Beide Pubs sind auch ganz ohne Geister eine gute Adresse für ein gemütliches Bier.

Aber nicht nur in Pubs haben es sich Gespenster gemütlich gemacht. Das wunderbare Sutton House in der Homerton High Street ist zwar allein schon wegen seiner prächtigen Tudor-Architektur sehenswert, aber wer Glück hat, begegnet in dem 1535 von einem Höfling Heinrich des VIII. gebauten Haus einem der zahlreichen Gespenster, die durch die Flure und Treppenhäuser geistern. Da sind zunächst die Hunde, die im Wappen über einem der Kamine in der Little Chamber zu sehen sind – und nachts angeblich vor Einsamkeit heulen wie Wölfe. (Es gibt Berichte über Hunde, die sich geweigert haben sollen, auch nur eine Pfote in dieses Haus zu setzen!) Die »Frau im blauen Kleid«, deren Erscheinung schon verschiedenen vertrauenswürdigen Zeugen Angst einjagte, wurde zuletzt in den 1990er Jahren gesehen. Aber vielleicht treffen Sie ja auf die »White Lady«. Bei dieser Erscheinung handelt es sich vermutlich um die im Jahre 1574 bei der Geburt von Zwillingen verstorbene Frances Machell, die heutzutage angeblich schlafende Bewohner des Hauses wachrüttelt, die an Gespenster glauben.

GRUND NR. 44

Weil hier ein Hafen zur Stadt geworden ist

Die Glasfassaden der Banken, Anwaltskanzleien und Wirtschaftsprüfungsgesellschaften spiegeln sich im Wasser der alten Docks. Sie heißen immer noch so wie damals, als hier Tausende Arbeiter die Dampfer und Clipper entluden, Gewürze und Tee in Säcken und Fässern aus den Laderäumen der Schiffe in die Lagerhäuser trugen. Am West India Dock wurden früher Tropenhölzer, exotische Früchte und Zucker gelöscht, heute steht hier ein Fünf-Sterne-Hotel. Auch die Kühlhäuser der Royal Albert Docks sind verschwunden; dort wo einst Rinderhälften aus Australien und Bananen aus Afrika zwischengelagert wurden, starten heute die Jets, mit denen die Banker zu ihren Meetings in alle Welt fliegen – der City Airport belegt die Südseite der ehemaligen Kais. Noch 1964 wurden hier sechzig Millionen Tonnen Waren umgeschlagen, erst die Erfindung des Containers gab dem Londoner Hafen den Todesstoß. Aber noch immer stehen die Docklands für den wirtschaftlichen Erfolg der Stadt. Wer durch das Gewirr der Straßen und Plätze spaziert, bekommt einen guten Eindruck davon, womit London heute sein Geld verdient. Die Kittel und Schürzen der Dockarbeiter sind verschwunden, die dunklen Anzüge der Banker dominieren das Bild. Die City, Londons Finanzzentrum, nur zwei Meilen die Themse hinauf, hat sich hier ihr zweites Standbein geschaffen, Finanzdienstleistungen sind die wichtigste Exportware, die dem Land geblieben sind.

Besonders Canary Wharf steht stellvertretend für die Regeneration des riesigen alten Hafengeländes. Früher wurde hier der Handel mit den Kanarischen Inseln abgewickelt (daher der Name), heute stehen an den Türschildern Namen wie HSBC, Thomson Reuters, Citigroup oder KPMG. Wer im internationalen Konzert der Hochfinanz mitspielt, hat hier seine Welt- oder Europazentrale – 90.000 Menschen arbeiten hier, viermal so viel wie früher im Hafen.

Am bequemsten kommt man mit der Jubilee Line hierher, aber man sollte sich das Vergnügen gönnen, in »Bank« die Docklands Light Railway (DLR) in Richtung Lewisham oder Beckton zu besteigen – am besten den ersten Waggon. Dort kann man, mit etwas Glück, in der fahrerlosen Bahn ganz vorn sitzen, wo man die beste Aussicht hat. Wenn der Zug aus dem Tunnel kommt, bemerkt man, wie die kleinen Häuser der Dockarbeiter in Shadwell und Limehouse allmählich den modernen Appartementkomplexen und Wolkenkratzern der in den 1980er Jahren aus dem Boden gestampften Trabantenstadt Platz machen. Es ist eine kleine Zeitreise, nur nicht in die Vergangenheit, sondern auch in eine Stadt der Zukunft. Es geht durch gläserne Schluchten und futuristische Bahnhöfe, man schwebt über den alten Hafenbecken und bekommt Teile der Docks zu sehen, die von der Straße aus nicht zugänglich sind. Es lohnt sich, ein paar Mal hin und her zu fahren, bis man in Canary Wharf aussteigt, um über die großzügigen Plätze zu flanieren und an den ehemaligen Kais einen Kaffee zu trinken, wo Restaurants und Pubs auf die Broker und Anwälte der nahen Bankentürme warten. Unbedingt empfehlenswert: das Museum of London Docklands, eine hervorragende Sammlung zur Geschichte des Londoner Hafens. Für alle, die mit Architektur oder Geschichte nichts am Hut haben, noch ein Gar-nicht-so-Geheimtipp: Unter der Woche ist Canary Wharf ein perfektes Ziel für Shopaholics – in der Mall am Canada Square gibt es über zweihundert Geschäfte unter einem Dach, von Aquascutum bis Zara. Wir wollen schließlich nicht vergessen, dass gerade an diesem Ort der Handel eine besondere Tradition hat. Und wie könnte man die besser würdigen als mit einer ausgiebigen Shoppingtour.

GRUND NR. 45

Weil man hier richtig teuer wohnen kann

Was zieht die Reichen dieser Welt, also die richtig Reichen dieser Welt, eigentlich nach London? Venedig ist sicher romantischer, auf Barbados ist das Meer nicht weit, Saint-Tropez ist entspannter, L.A. hat mehr Filmstars, und das Wetter kann es nun wirklich nicht sein. Und trotzdem. Wer etwas auf sich hält im internationalen Jetset, der lebt, zumindest zeitweise, in London. Einer der Gründe für die anhaltende Popularität der Stadt: Es gibt hier eine kritische Masse von Superreichen. Wenn genug Milliardäre auf einem Fleck zusammenkommen, dann scheinen sie ein Gravitationsfeld zu entwickeln, das andere Superreiche anzieht wie ein schwarzes Loch. Gleich und Gleich gesellt sich gern. Und wenn sie herkommen, dann gibt es eigentlich nur sehr, sehr wenige Adressen, die auf der Visitenkarte als hinreichender Beweis biblischen Reichtums gelten, und die befinden sich weder in Chelsea noch in St James's.

The Bishops Avenue ist eine davon, eine unscheinbare Durchgangsstraße in East Finchley – doch das ist die wahrscheinlich exklusivste Adresse der Welt, besser bekannt als »Billionaire's Row«. Wer jetzt denkt, ach, hier wohnen die also, die Bonusbanker der City, der irrt gewaltig. Das hier ist die Siedlung der richtig Reichen, der Ölscheichs und Oligarchen, der Erben und Geschäftsleute – und der Möchtegerns. Die bei Volk und Klatschpresse gleichermaßen beliebte Heather Mills zum Beispiel musste nach ihrer Scheidung von Ex-Beatle Sir Paul McCartney natürlich unbedingt hier eine Wohnung kaufen, 4ZKB, keine Haustiere, 2,5 Millionen Pfund. Ob ihre neuen Nachbarn sie schon mal zum Grillen eingeladen haben, ist nicht bekannt, aber fest steht: Mit denen kann sie, trotz ihres vorteilhaften Scheidungsarrangements, niemals mithalten. Die saudische Herrscherfamilie zum Beispiel besitzt allein zehn Häuser hier – vielleicht muss man demnächst mit der ganzen Sippe ins Exil? Da will man vorbereitet sein und nicht neben Krethi und Plethi in Fulham wohnen müssen. Die Nachbarn der Ölprinzen haben ihr Geld mit russischen Bodenschätzen »verdient«, sind Industrielle, Oligarchen oder Pressebarone. Sie alle fühlen sich wohl in diesem Biotop, das zwischen zwei Golfplätzen gelegen ist und wie für sie geschaffen scheint. Auf Luftaufnahmen erkennt man ein halbes Dutzend Tennisplätze und diverse Swimmingpools, das meiste aber bleibt dem Betrachter verborgen – viele der Villen haben unterirdische Vergnügungszentren, sogar künstliche Strände. »Iceberg houses« nennen das die Londoner, wie groß sie wirklich sind, sieht man ihnen nicht an. Erwarten Sie aber nicht, dass ich Ihnen einen Spaziergang empfehle, um die Schönheit der Straße würdigen zu können und die Pracht der Häuser zu bewundern. Es sei denn, Sie mögen Zäune. Zwar sind viele der 66 Häuser von der Straße aus gut zu sehen, aber echte architektonische Perlen sind nicht dabei. Es befinden sich sogar viele ausgesprochen unattraktive Neubauten darunter, was den Rückschluss zulässt, dass Reichtum und Geschmack nicht unbedingt in einem proportionalen Verhältnis stehen.

Einen Blick werfen sollten Sie aber in die Kensington Palace Gardens. Mit dieser Straße konkurriert The Bishops Avenue um den Titel »Billionaire's Row« – wenig überraschend, dass London gleich zwei solcher Straßen hat. Die meisten der Anwesen hier sind von Botschaften belegt, nur wenige können sich ein Haus hier leisten, bis zu fünftausend Pfund kostet ein vergoldeter Quadratmeter Wohnfläche. Trotzdem, Gaddafi-Sohn Saif soll hier ein Anwesen besessen haben, und der indische Stahlmagnat Lakshmi Mittal kaufte hier das Haus von Bernie Ecclestone, für einen Freundschaftspreis von knapp sechzig Millionen Pfund. Die Gattin des Formel-1-Impresarios habe sich in dem 5100-Quadratmeter-Palast nie so richtig wohl gefühlt, heißt es.

Warum nun ausgerechnet die Milliardäre ein Grund sein sollen, London zu lieben? Ganz einfach: Die Superreichen bilden den anderen Pol des Spannungsfeldes, das London so ungeheuer interessant macht. Die Geschichten um die oft zweifelhafte Herkunft ihres märchenhaften Reichtums, ihre Villen und Limousinen, ihre diamantenbesetzten Uhren und Ehefrauen (die mit den Bockwurst-Lippen) und die extravaganten Partys gehören zur unendlichen Vielfalt der Stadt. London ist sich nämlich für nichts zu schade. Und für niemanden.

GRUND NR. 46

Weil Kriege hier nicht kalt werden

Beim Eintreten begrüßt mich ein Hitlerjunge. Er hat akkurat gescheiteltes blondes Haar, trägt ein braunes Hemd, und eine große Trommel hängt vor seinem Bauch. Gegenüber steht Neville Chamberlain vor Mikrofonen, komplett mit Hut und Brief von »Herrn Hitler«, man hört, wie er seine »Peace for our time«-Rede hält. Zwar sind das nur Wachsfiguren, der Effekt ist trotzdem verblüffend.

Die Briten haben eine besondere Art, mit bewaffneten Konflikten, ihren Protagonisten und der dazu benötigten Hardware umzugehen. Das ist uns Deutschen, aus guten Gründen, fremd. Und kommt uns bisweilen seltsam vor. In London befassen sich gleich drei ausgewachsene Museen mit der Erinnerung an Kriege, mit militärischen Erfolgen und Niederlagen sowie der dazugehörigen Technologie.

Das eindrucksvollste unter ihnen ist sicher das Museum der Royal Air Force (RAF) in Colindale. Hier wird der »Battle of Britain« in allen Details zelebriert, der Erfolg der britischen Jagdflieger gegen die Bomber der deutschen Luftwaffe, der die geplante Invasion in Großbritannien vereitelte – und Hitler damit die erste echte militärische Niederlage einbrachte. Darauf sind sie hier bis heute stolz, und deshalb ist eine von drei riesigen Hallen dieser »Luftschlacht um England« vorbehalten. Sie strotzt geradezu von echten Flugzeugen der Periode – deutsche Bomber von Heinkel und Junkers stehen neben den Legenden der britischen Fliegerasse, den Jagdflugzeugen »Hurricane« und »Spitfire«, Symbole für den Triumph der englischen Piloten über die Attacke der Nazis. Mehr als fünfhundert Jagdflieger der RAF kehrten nicht zu ihren Basen zurück, auf einer großen Tafel sind hier ihre Namen verewigt. Ihrem Einsatz ist es zu verdanken, dass nicht wesentlich mehr als 20.000 Londoner im deutschen Bombenhagel ums Leben kamen: London weiß, was es seinen Helden schuldet.

Aber nicht nur um den Zweiten Weltkrieg geht es hier. Nebenan, in der »Bomber Hall«, gibt es Exponate eines weit weniger lange zurückliegenden Konflikts zu bestaunen. Leser unter dreißig werden sich daran kaum noch erinnern, aber der Kalte Krieg ist noch gar nicht so lange vorbei. Großbritannien trug mit eigenen Nuklearwaffen dazu bei, die Angst vor einem Atomkrieg fest in den Köpfen in Ost und West zu verankern. In den 1960er Jahren, vor dem Aufkommen von präzisen Langstreckenraketen, war es die Aufgabe der sogenannten »V-Bomber«, die nukleare Abschreckung »made in Britain« zu gewährleisten. Einen dieser Riesenflieger, eine »Avro Vulcan« aus dem Jahre 1961, kann man hier in Augenschein nehmen. Luftfahrt-Aficionados bewundern sicher ihre eleganten Linien, aber nur so lange, bis sie an ihren Zweck erinnert werden. Denn unter der rechten Tragfläche des riesigen Bombers liegt – auf einem in fröhlichem Gelb lackierten Gestell – ein Exemplar der furchtbaren Fracht der Vulcan: eine »Blue Steel«-Lenkwaffe, bis 1969 die bevorzugte Atombombe der britischen Streitkräfte. In ihrer Spitze verbarg sich im Ernstfall ein Sprengkopf mit der siebzigfachen Energie der Hiroshima-Bombe. Wenn man unter dem gähnenden Bombenschacht der Vulcan steht, bekommt man ein gutes Gefühl dafür, was es für Mechaniker und Piloten bedeutet hat, als auf den britischen Luftwaffenstützpunkten im Oktober 1962 plötzlich die Alarmsirenen losheulten und der Ernstfall eintrat. Während der Kubakrise standen diese strategischen Nuklearbomber mit laufenden Motoren und scharfen Atomwaffen im Bauch auf Startbahnen in ganz Großbritannien, bereit, ihre tödliche Fracht zu ihren vorbestimmten Zielen zu fliegen.

Ist das alles nun sinnvolle Erinnerungsarbeit oder Glorifizierung von Kriegsgerät? Lebendige Geschichte oder Militärpornografie? Man mag von dieser Art der Vergangenheitsbewältigung halten, was man will, aber das Museum der Royal Air Force erfüllt noch einen anderen Zweck: An wenigen Orten wird so greifbar, welche gigantischen Anstrengungen hier und anderswo unternommen wurden, um diese riesigen Kriegsmaschinen in die Luft zu bringen, und wie viel Geld, Forschergeist, Kreativität und harte Arbeit diesseits und jenseits des Eisernen Vorhangs verschwendet wurde, um einen Krieg zu gewinnen, der keiner war.

GRUND NR. 47

Weil es hier noch richtige Royalisten gibt

Jeder, der nach London zieht, hat ja so seine eigenen Gründe dafür. Die eine will ein paar Semester hier studieren, der andere findet seinen Traumjob und wieder andere haben sich in einen Londoner verliebt und folgen dem Ruf des Herzens. Margaret Tyler gehört zur denen, die der Liebe wegen nach London zogen, nur: Ihre Liebe ist keine ganz alltägliche. Margaret hat ihr Herz an das Königshaus verloren. »Ich habe die königliche Familie schon als Mädchen verehrt, und irgendwann wollte ich ihnen einfach näher sein und kam her«, sagt Margaret. Das war vor knapp fünfzig Jahren, und wenn man heute ihr Haus in Wembley betritt, bekommt man eine Ahnung davon, wie ernst es ihr ist, mit der Liebe zu »Queen and Country«. Ihre Privatsammlung royaler Memorabilia lässt nicht mehr viel Platz für private Dinge. Das gesamte Erdgeschoss gleicht einem Museum, nur eine Kochecke ist frei geblieben und ein kleines Sofa, zum Fernsehen. Der Rest ist ihrer Sammlung vorbehalten, mehr als 10.000 Stücke müssen es inzwischen sein, genau weiß sie es selbst nicht. Tausende Tassen, Teller, Krüge, Schalen, Aschenbecher und Vasen stehen auf Regalen, Tischen und Schränken. Sie alle zieren Bilder der Königsfamilie: von Victoria und Albert über George, Queen Mum, Elizabeth, Charles, Anne bis zu William und Catherine – Hochadel en gros. Auf einem Schrank stehen kostbare Porzellanpuppen der weiblichen Mitglieder des Königshauses in ihren Hochzeitskleidern, mitten im Raum ein Thronsessel und eine Büste von Prinz Charles, die Wände hängen voller Fotos und Gemälde, Bilder der jungen Prinzen und ein Jugendbild der Queen – ein volkstümliches Kitschfest, das seinesgleichen sucht.

Und dann ist da natürlich Diana. Die »Prinzessin der Herzen« hat Margaret besonders in ihr Herz geschlossen. Eine kurze Begegnung mit ihr, sechs Wochen vor deren Unfall, gehört zu den schönsten Erinnerungen in Margarets Leben. An Dianas Todestag erinnert sie sich kopfschüttelnd, als könne sie es immer noch nicht fassen: »Mein Sohn rief mich aus Amerika an, morgens um fünf. Ich glaubte ihm nicht, als er mir sagte, dass Diana einen schweren Unfall gehabt hätte. Ich machte den Fernseher an und war wie gelähmt. Es war, als wäre ein Familienmitglied gestorben.« Natürlich pilgerte sie zum Kensington Palace, legte ihre Blumen zu den Tausenden Sträußen und weinte mit anderen Trauernden. »Dianas Tod hat unser Land verändert«, ist sich Margaret sicher. »Wir Briten haben damals erst gelernt zu trauern.« Ein eigener Raum ist der Prinzessin der Herzen vorbehalten. Die Buntglasfenster zeigen die drei Paläste, in denen Diana gewohnt hat, und sogar an die Decke hat Margaret ein Porträt der Prinzessin malen lassen. Aber auch bizarre Souvenirs finden sich in ihrer Sammlung, etwa ein Glas mit Brotaufstrich, das ein Haar von Diana enthalten soll, und zwei Kerzen, hergestellt aus dem Wachs der ersten Diana-Figur aus dem Wachsfigurenkabinett »Madame Tussauds«.

Margaret freut sich übrigens über interessierte Besucher, rufen Sie einfach an. Und Royal-Fans, die eine preiswerte Unterkunft mit besonderem Flair suchen, können eines ihrer drei Bed-and Breakfast-Zimmer buchen. Diese Zusatzeinkünfte braucht die Exzentrikerin dringend, denn ihr Hobby ist ein teurer Spaß. »Sogar meine Kinder halten mich manchmal für verrückt«, erklärt die Diplom-Royalistin. »Aber ich rauche nicht, trinke nicht, verreise nie und lebe sehr bescheiden. Die Royals sind mein einziges Laster.« Und für dieses Laster ist sie inzwischen weltberühmt. Unzählige Reporter und Fernsehteams aus aller Welt haben schon mit Margaret Tee getrunken, und immer, wenn königliche Hochzeitsglocken läuten oder sonst ein royales Großereignis ansteht, ist ihr Kommentar gefragt. Mit dem Ergebnis, dass Royalisten aus fernen Ländern ihr inzwischen Tassen und Teller schicken. »Manchmal kommen Pakete ohne Absender, adressiert an Margaret Tyler, Heritage House, London. Die Post weiß offenbar Bescheid«, sagt sie und lächelt verschmitzt. »Eigentlich brauche ich ja nicht noch mehr, aber ich kann einfach nichts wegwerfen, das bringe ich nicht übers Herz.« Wunschlos glücklich sei sie, nur eines wäre noch ein Traum: ein Treffen mit William und Catherine (sie würde niemals Kate sagen), das fehlte ihr noch zum perfekten Royalisten-Glück. »Und Regale«, fügt sie hinzu. »Was mir wirklich fehlt, sind ein paar Regale.«

GRUND NR. 48

Weil man hier richtig billig wohnen kann

Die Mietpreise sind definitiv kein Grund, London zu lieben. Schon für ein kleines WG-Zimmer in der U-Bahn-Zone eins zahlt man hier schnell tausend Pfund kalt. Man kann dem Mietenwahnsinn aber auch ein Schnippchen schlagen. Amy zum Beispiel hat das getan. Der Weg von ihrem Schlafzimmer zur Küche ihrer WG ist ungefähr zweihundert Meter lang. Das Echo unserer Schritte hallt etwas unheimlich durch die riesige ehemalige Lagerhalle. »Manchmal benutzen wir Tretroller, weil die Wege sonst einfach zu lang sind«, sagt sie und führt mich in die Küche, die ungefähr so groß ist wie eine durchschnittliche Zweizimmerwohnung und neben diversen Tischen und Stühlen über eine gemütliche Sitzecke verfügt. Ihr Schlafzimmer, das sie mit ihrem Freund Richard bewohnt, hat rund vierzig Quadratmeter. »Platz«, sagt Amy lachend, »Platz haben wir hier wirklich genug.« In einem leerstehenden Nebenraum hat die freiberufliche Illustratorin sich ein großes Atelier eingerichtet. Das alles kostet sie unglaubliche zweihundert Pfund. Pro Monat. Nebenkosten inklusive. Denn Amy ist keine gewöhnliche Mieterin und auch keine Hausbesetzerin. Sie ist ein »Guardian«, eine Wächterin; sie lebt, zusammen mit zwölf WG-Genossen, in einer ehemaligen Lagerhalle der British Library, genau in der Mitte zwischen dem pulsierenden Nightlife-Viertel Shoreditch und der pittoresken Highstreet von Islington. Die »Guardians« der Agentur Camelot bewohnen vorübergehend leerstehende Immobilien, deren Eigentümer Vandalismus oder Hausbesetzungen verhindern wollen.

»Das ist perfekt für Leute wie mich«, erklärt Amy, während sie Geschirr in die Spülmaschine räumt, »als Freiberuflerin habe ich kein regelmäßiges Einkommen und müsste irgendwelche

Jobs annehmen, um die Miete für ein schäbiges WG-Zimmer in einem Außenbezirk zusammenzukratzen. So wohne ich mitten in der Stadt, kann mich auf meine Arbeit konzentrieren, habe Unmengen von Platz und muss mir keine Sorgen um unbezahlte Rechnungen machen.« Ihr helles Zimmer liegt in einem der Bürotrakte, die an die Halle anschließen. Zu sechst teilen sie sich eine Dusche, die in die ehemalige Herrentoilette eingebaut ist. »Na ja, daran gewöhnt man sich«, sagt Amy. »Auch nicht viel anders als in einer normalen WG.«

Das Lagerhaus ist schon ihre zweite Wächter-Wohnung. Vorher lebte sie für ein halbes Jahr in einer ehemaligen Pigmentfabrik in Bow. »Die hatten den Keller nicht ausgeräumt, und wir haben etwas herumgestöbert. Irgendwann fand ich einen Karton mit alten Fotos aus der Zeit, als in der Fabrik noch gearbeitet wurde. Da waren Bilder aus den Siebzigern, von fröhlichen Mitarbeitern, die um einen Konferenztisch saßen. In meinem Schlafzimmer!«, sagt Amy und lacht. Überraschungen dieser Art sind im Mietpreis inbegriffen. Die große Halle zwischen der Wohnküche und den Schlafzimmern zum Beispiel wird zwischendurch immer wieder kurzfristig vermietet. Einen Werbespot haben sie neulich dort gedreht, über eine Woche lang. »Und manchmal«, sagt sie, »geht man morgens zum Frühstück, und die ganze Bude steht voller Skulpturen und Gemälde, für ein paar Tage zwischengelagert von einer Galerie. In einer normalen Wohnung erlebt man so was nicht!«

Das abwechslungsreiche Leben als Guardian ist demzufolge beliebt. Bis zu dreihundert Interessenten bewerben sich auf einen freien Platz, wollen in stillgelegten Industrieanlagen wohnen oder in zum Verkauf stehenden Herrenhäusern, in leerstehenden Feuerwachen, Kirchen, Schulen oder Pubs. Flexibilität ist Pflicht: Oft kann man nur für ein paar Monate bleiben, und die Kündigungsfrist beträgt nur zwei Wochen. Amy muss in acht Wochen ihr Zimmer räumen. Aber Camelot hat schon einen neuen Platz für sie, in einer alten Fabrik in Paddington. Das Zimmer hat sie sich schon ausgesucht. Die 25-Jährige liebt die Abwechslung und das Zusammenleben mit immer neuen Menschen. »Neulich hatten ein paar Leute am gleichen Abend Freunde zum Essen eingeladen. In einer normalen WG gäbs da ein Problem, aber wir haben einfach ein paar Tische zusammengestellt und hatten plötzlich eine improvisierte Dinnerparty mit zwanzig Leuten.« Wer einmal dabei ist, ist oft fürs normale Mieter-Leben verdorben. Viele ziehen auch gemeinsam von Objekt zu Objekt. »Die Agentur gibt sich Mühe, vertrauenswürdige Mieter zu halten«, erklärt Fiona, Mieter-Betreuerin bei Camelot, und fügt hinzu (man beachte die Wortwahl): »Einige Guardians leben schon seit fast zehn Jahren für uns.«

Kein Wunder, eigentlich.

GRUND NR. 49

Weil London die schönste Toilettenspülung der Welt besitzt

Das Gebäude sieht aus wie eine Kirche, man könnte es auch für eine altehrwürdige Universität halten. Eine vergoldete Wetterfahne krönt den Turm, der über den vier Seitenflügeln thront und an die Spitze eines orthodoxen Kirchturms erinnert. Die Außenmauern sind reich mit Ornamenten und fein gemeißelten Blumenmotiven verziert, für die bunten »Minton-Kacheln« zahlen Sammler heute pro Stück gut tausend Pfund. Die Fallrohre der Dachrinnen winden sich im venezianischen Stil spiralförmig an den Mauern herab, und die Haupteingangstür zieren kunstvolle Beschläge aus Bronze und Kupfer, als ob sich dahinter eine Schatzkammer verbergen würde. Aber dieses neo-byzantinische Meisterwerk mit dem kreuzförmigen Grundriss ist weder ein Palast noch eine Kirche. Abbey Mills ist, vereinfacht ausgedrückt, Londons Toilettenspülung.

Oft ist London als lebender Organismus beschrieben worden. Ein Riese, der gierig Menschen und Tiere verschlingt und sich die Dörfer der Umgebung einverleibt hat. Und natürlich hat London auch ein Verdauungssystem: die Abwasserkanäle im Unterbauch der Stadt, die sich über eine Gesamtlänge von unglaublichen 67.000 Kilometern erstrecken. Aber das Lebewesen London hat einen Geburtsfehler, der sich mit seinem Wachstum stetig verschlimmert hat: London liegt in einer Senke, und das führt zu – Verdauungsproblemen. Noch heute sind die nicht vollständig behoben: Jahr für Jahr muss der Londoner Wasserversorger Thames Water knapp vierzig Millionen Tonnen ungeklärter Abwässer in die Themse pumpen, weil bei Regen das Kanalsystem überläuft. Täten sie das nicht, würden die Londoner in ihren Kellern und

Straßen das wiederfinden, was sie kurz zuvor der Toilette anvertraut haben. Shocking! Um dem vorzubeugen, wurde schon 1868 Abbey Mills erbaut, jene wunderschöne Pumpstation, die Londons Abwässer nach Beckton am Unterlauf der Themse befördert, zur größten Kläranlage Europas.

Im Inneren ist man förmlich überwältigt von der Schönheit dieser viktorianischen Industrieanlage. Zwar sind die riesigen Dampfmaschinen verschwunden, sie wurden 1933 durch acht haushohe Elektromotoren ersetzt. Trotzdem bekommt man das Gefühl, den Maschinenraum der »Nautilus« zu betreten, des fantastischen U-Boots von Kapitän Nemo. Stumm wie antike Roboter stehen die Motoren in der großen Halle, ihre Spindeln verschwinden unter Gittern in der Tiefe, kunstvoll verzierte Schalttafeln und die stillen Zeiger der alten Anzeigeinstrumente lassen den Zweck erahnen, dem diese unheimlich-schöne Apparatur gewidmet ist. Wer sich über die gusseisernen Geländer beugt, erblickt im Dämmerlicht zwei Stockwerke tiefer die mächtigen schwarzen Abflussrohre, durch die Londons Ausscheidungen die Stadt verlassen.

Wie vieles, was sich zu sehen lohnt, ist auch Abbey Mills nur schwer zugänglich. Nur einmal im Jahr, zu den »Open Sewer Days« im Mai, öffnen sich ihre Pforten für (angemeldete) Besucher. Und das hat einen handfesten Grund: Die »Kathedrale des Abwassers« ist kein Denkmal. Alle paar Monate, wenn ergiebige Gewitter auf die Stadt niedergehen, verschluckt sich das alte Abwassersystem, und eine gigantische braune Flutwelle rauscht durch die Kanäle Richtung Osten. Die moderne Pumpstation in der Nachbarschaft kann diese Mengen allein nicht bewältigen. Und wenn das passiert, dann werden in Abbey Mills die alten Bakelit-Schalter umgelegt, und die achtzigjährigen Pumpenveteranen erwachen mit widerwilligem Brummen aus ihrem Dornröschenschlaf, um kurzfristig zu ihrem alten Job zurückzukehren: Londons ewiger Verstopfung auf die Sprünge zu helfen.

GRUND NR. 50

Weil man über London nie genug wissen kann

Was viele Leute gar nicht wissen: Der Schauspieler Michael Caine ist in England vor allem für einen Satz berühmt. Mit »Not a lot of people know that!« pflegt der zweifache Oscar-Gewinner Geschichten einzuleiten, die überraschende oder kuriose Fakten enthalten. Nach Angaben von Schauspielkollegen und Journalisten sprudeln solche Anekdoten bei jeder Gelegenheit aus ihm hervor. Kein Wunder, der Mann ist schließlich waschechter Londoner. Es gibt eine Unmenge von hochinteressanten und wichtigen Fakten über London, die viele Leute nicht kennen. Achtung, im Folgenden jetzt erhöhte Lerngefahr.

Wussten Sie zum Beispiel, dass es per Gesetz verboten ist, die Houses of Parliament in einer Rüstung zu betreten? Oder dass Londoner Taxifahrer nach wie vor verpflichtet sind, den Transport von Leichen abzulehnen – und jeden lebenden Fahrgast nach einer eventuell bestehenden Pocken- oder Pesterkrankung zu befragen? Falls Ihnen beim nächsten Besuch danach ist, eine Herde Ziegen über die London Bridge zu treiben oder einen Schwarm Gänse entlang Cheapside: keine gute Idee. Das dürfen nur die »Freemen« der City. Es ist hier weiterhin gesetzlich untersagt, Teppiche auf der Straße auszuklopfen (Ausnahme: Fußmatten. Allerdings nur vor acht Uhr morgens). Gut, dass wir das mal geklärt haben.

Aber wahrscheinlich wussten Sie auch nicht, dass sich in der Londoner U-Bahn eine eigene Spezies von Mücken entwickelt hat, die es nirgendwo sonst auf der Welt gibt, nicht mal an Londons Oberfläche. Und die kleinste Polizeistation der Welt ist Ihnen ebenfalls noch nicht aufgefallen. (Sie befindet sich in der Südostecke des Trafalgar Square, im steinernen Fuß einer Laterne. Zwei schlanke Polizisten fanden darin früher aufrecht stehend Platz, und noch heute gibt es darin ein Telefon zur Polizeizentrale.) Die Statue von George Washington ganz in der Nähe haben Sie gesehen? Prima, aber wussten Sie, dass die eigentlich nicht in England steht? Der erste Präsident Amerikas hatte nämlich nach dem Unabhängigkeitskrieg geschworen, niemals einen Fuß auf englischen Boden zu setzen, deshalb steht das Fundament des Denkmals auf extra herbeigeschaffter Erde aus dem US-Bundesstaat Virginia. Und wahrscheinlich haben Sie auch nie von »Giro« gehört. Das war der Hund des deutschen Botschafters Leopold von Hoesch, welcher bis 1936 hier seinen Dienst verrichtete und seinem treuen Schäferhund im Vorgarten der Botschaft eine würdige Grabstätte errichtete. Auch während des Krieges ist Giros Grab niemals verwüstet worden. Wahrscheinlich, weil Hoesch bei den Briten beliebt und ein Gegner der Nazis war. Der verwitterte Grabstein von Giro mit der Inschrift »Ein treuer Begleiter« steht bis heute an der Carlton House Terrace, rechts neben dem großen Denkmal für den Duke of York. Er ist, versteckt hinter einem schwarzen Gitter, eine bizarre Fußnote der deutsch-britischen Beziehungen.

Dass mehrstöckige Hochzeitstorten auf der ganzen Welt bis heute aussehen wie der Turm der St Bride's Church in der City, war Ihnen vermutlich genauso wenig bekannt. Wussten Sie wenigstens, dass ausgerechnet auf der Baustelle des ersten Gebäudes von Scotland Yard im Jahr 1888 eine enthauptete Frauenleiche gefunden wurde? Bis heute ist nicht geklärt, wer die Frau war, der Fall ist als »Whitehall Mystery« in die Kriminalgeschichte eingegangen, und Spötter finden es ganz amüsant, dass die Londoner Polizei auf den Fundamenten eines ungelösten Mordfalls aufgebaut ist. Und ich frage mich weiterhin, wie man die allgemeine Hochschulreife erlangen kann, ohne zu wissen, dass St John's

Wood die einzige U-Bahn-Station in London ist, in deren Name kein Buchstabe vorkommt, der auch in dem Wort »Makrele« enthalten ist.

Moment – das wussten Sie? Respekt.

Not a lot of people know that.

6. FORM AN ORDERLY QUEUE!

UNTER LEUTEN

»London is a university with ten million graduates qualified to live and let live.«
OLIVER ST JOHN GOGARTY, 1937

GRUND NR. 51

Weil man sich hier unter die Schönen und Reichen mischen kann

Wer gekrönte Häupter interessanter findet als Urwald-Promis und echte Royals mal in freier Wildbahn sehen will, dem sei ein Besuch beim »Cartier Polo« ans Herz gelegt. Beim »wichtigsten Poloturnier der Welt« (was auch immer das heißen mag ...), das im Sommer im Windsor Park stattfindet, kann man nicht nur fasziniert betrachten, was Schönheitchirurgen so alles anrichten. Hier besteht eine ganz realistische Möglichkeit, der Queen mal leibhaftig zu begegnen. Sie ist nämlich Patronin des »Guards Polo Club«, der diese Reiterspielchen ausrichtet (Aufnahmegebühr: 17.000 Pfund). Die pferdeverrückte Monarchin lässt es sich oft nicht nehmen, dem Siegerteam den »Coronation Cup« persönlich zu überreichen, denn manchmal gehört schließlich einer ihrer beiden Lieblingsenkel dazu. Die kann man tagsüber hoch zu Ross auf dem Spielfeld beobachten, echte Thronfolger in ihrer natürlichen Lebensumgebung sieht man auch nicht jeden Tag (Fernglas nicht vergessen!).

Bei allem Naserümpfen über die elitäre Natur dieses Spiels ist eine beachtliche Geschicklichkeit und Athletik erforderlich, um, vom Rücken eines wild galoppierenden Polo-Ponys aus, den nur faustgroßen Ball überhaupt zu treffen, geschweige denn ins gegnerische Tor zu befördern. Und dabei geht es gern auch mal robust zur Sache, Verletzungen und haarsträubende Stürze sind keine Seltenheit. Wer Tribünenkarten hat, kann sogar mitmachen. Na ja, fast. Das Publikum wird zur Hälfte des Spiels zum »Divot stamping« gebeten: Die Zuschauer helfen dabei, die von den Hufen der Ponys aufgeworfenen Rasenstücke wieder festzutreten. Und das hat nicht nur technische Gründe, diese berühmte Polo-Sitte dient zuallererst dazu, der traditionell kontaktgehemmten Upperclass das Kennenlernen zu erleichtern. Die Damen knicken auf ihren hohen Absätzen schließlich gerne mal um und müssen galant aufgefangen werden – so kommen sich Duchess So-and-so und Count Something-or-other ganz ungezwungen näher.

Das eigentliche Vergnügen aber beginnt schon am Vormittag, lange bevor der »Umpire« das erste Match anpfeift. Viele Besucher haben dem Fahrer freigegeben und chauffieren den Bentley selbst, der auf einer fein manikürten Rasenfläche am Ende des Spielfeldes abgestellt wird. Unter dem leisen Surren sich automatisch öffnender Kofferraumklappen kommen nun karierte Decken, Markisen und bunte Schirme, allerlei Campingmobiliar und reihenweise »Hampers« von Fortnum & Mason zum Vorschein – jene mit dem Begriff »Picknickkorb« nur unzureichend beschriebenen Delikatessenpakete des berühmten Feinkosthändlers vom Piccadilly. Direkt im Schatten ihrer Karossen flegelt sich die versammelte Hautevolee sodann auf den Rasen. Das Kindermädchen reicht Pastetchen und Waldorfsalat, Mutti drapiert die Falten ihres Diane-von-Fürstenberg-Kleides, Vati mixt die Gin Tonics, und nur das Geschrei der schlecht erzogenen, aber erlesen gekleideten Blagen, die das Nachbarcamp mit ihren Wasserpistolen besprenkeln, übertönt das sanfte Ploppen der Champagnerkorken – wir lernen: Reichtum kann auch schöne Seiten haben.

Wo wir gerade vom Geld reden – der ganze Spaß ist gar nicht so teuer. Ein »Picnic Parking-Ticket« kostet 170 Pfund, damit kommen zwei Autos mit insgesamt acht Insassen auf das Gelände. Man bekommt zwar ohne Tribünenkarten wenig vom Polo mit, aber das ist, wie Sie bestimmt längst gemerkt haben, hier eher nebensächlich. Wer kein Auto hat, besorgt sich im Vorverkauf Tribünentickets für vierzig Pfund, packt Fernglas, Sonnencreme, eine Flasche »Bubbly« und Sandwiches ein und fährt mit der

Bahn von Waterloo bis Egham oder Sunningdale. Von dort geht es mit dem Taxi weiter, das man sich unweigerlich mit anderen Anreisenden teilen muss. Noch ein Tipp für diejenigen, die sich per Eheschließung langfristigen Zugang in polospielende Kreise verschaffen wollen: Die abendliche Party im »Chinawhite«-Zelt bietet ein ergiebiges Reservoir von Nachwuchsmillionären und Debütantinnen des Geld- und Echtadels. Gut hundert Pfund kosten die Karten, dafür tummelt sich aber garantiert jede Menge Royalty auf der Tanzfläche und unter den Tischen, und am Mischpult stehen gern mal Leute wie Mark Ronson.

Ob nun aus Gründen der Eheanbahnung, als soziale Feldstudie oder einfach nur, um ein ganz ungeniertes Neidfest zu genießen: Ein Sommertag beim Poloturnier der Queen gehört zu den erleseneren Vergnügen, die London so zu bieten hat.

GRUND NR. 52

Weil man in London zum Spenden auf die Straße geht

Was mache ich hier eigentlich? Meine Füße brennen, mein linkes Knie meldet sich immer eindringlicher und bittet mit einem stechenden Schmerz um Gnade. Ich habe kein Wasser mehr, und bis zur nächsten Station sind es noch gute zwei Kilometer. Es ist kurz nach ein Uhr morgens, das Feld hat sich weit auseinandergezogen, drei meiner Mitstreiter sehe ich nur gelegentlich in großer Entfernung, ungefähr eine halbe Meile voraus. Welcher Teufel reitet mich und rund 1500 andere einmal im Jahr, 32 Kilometer durch London zu rennen? Mitten in der Nacht?

»Maggie's London Night Hike« nennt sich die Veranstaltung, und es geht um einen guten Zweck. »Maggie's« ist eine Organisation, die im ganzen Land Anlaufstellen für Krebskranke und ihre Familien betreibt. Dort gibt es psychologische Betreuung, Hilfe bei Behördengängen, Unterstützung bei der Kommunikation mit Ärzten oder einfach nur eine Tasse Tee und eine Schulter, an die man sich anlehnen kann. Viele, die heute hier mitlaufen, haben bei Freunden, Kollegen und der Familie mindestens dreihundert Pfund an Spenden aufgetrieben, um ihre Teilnahme zu sponsern, einige erheblich mehr.

Um halb acht geht es los, ein Tross von rund tausend Leuten macht sich auf den Weg, quer durch die dunkle City, über die Tower Bridge, zur ersten Pausenstation City Hall, dem berühmten Gebäude im Schatten der Tower Bridge, das aussieht wie ein Motorradhelm. Wir alle tragen T-Shirts, sie sind unsere Eintrittskarten in die Stationen am Wegesrand. Für den Night Hike haben die ganze Nacht Gebäude geöffnet, in die man sonst nicht hineinkommt. Ich brauche noch keine Pause und gehe weiter, die Themse entlang, bis zum Southbank Centre. Dort werden wir am Eingang mit Applaus begrüßt und drinnen gibts Tee und Wasser und die größte Ansammlung von Müsliriegeln, die ich je gesehen habe. Nach fünfeinhalb Kilometern gönne ich mir eine Pause und schaue mich etwas um im größten Kulturzentrum Europas. Am Eingang läuft eine Tanzperformance, und im Foyer gibts Livemusik. Und schon gehts weiter. Die nächste Station ist die altehrwürdige Royal Geographical Society, und als ich dort ankomme, merke ich, wie meine untrainierten Beine langsam schlappmachen. Ich falle in einen der Sessel, die in der großen Eingangshalle aufgestellt sind, und freue mich über die Tasse Tee, die mir einer der vielen freiwilligen Helfer reicht. Ich denke ans Aufgeben. Doch die vielen anderen Läufer, die nach und nach eintrudeln und sich dann wieder auf den Weg machen, motivieren mich mit ihrer ansteckend guten Laune. Nach ein paar Minuten stemme ich mich hoch und marschiere weiter. Wär doch gelacht!

Die gute Laune trägt mich bis auf die Fulham Road. Am Stadion des Chelsea FC fühle ich mich bereits, als hätte ich gerade drei Champions-League-Spiele absolviert, aber ich schleppe mich noch mit letzter Kraft bis Fulham Broadway. Dort lasse ich mich ermattet auf eine Bank sinken. Endlich sitzen! Hier warte ich jetzt auf den Nachtbus oder das nächste Taxi. Doch meine Ruhe währt nicht lange. Eine Gruppe von Maggie's-Läufern gesellt sich zu mir, die fünf älteren Damen aus Yorkshire plaudern sofort fröhlich drauflos. Dass die bis hierher durchgehalten haben! Jede von ihnen hat mit Sicherheitsnadeln einen Zettel auf der Schulter befestigt. Namen stehen darauf. »Albert war mein Mann«, erklärt mir Mary, »für ihn mache ich das, und damit noch viele andere Hilfe von Maggie's bekommen können.« Albert ist letztes Jahr an Krebs gestorben, und die Leute von Maggie's haben ihn und seine Frau während der gesamten Zeit, in der er krank war, unterstützt. Es fällt Mary nicht leicht, mir das zu erzählen, und sie schluckt ein paar Mal schwer. Jetzt fällt mir ein: Jeder Zweite scheint so einen Zettel mit einem Namen darauf auf seiner Schulter zu tragen. Jeder Name steht für einen Kranken oder Toten, für eine Familie in Angst oder Trauer. »Come on, girls!«, ruft Mary nun, und die fünf marschieren eisern weiter. Als ich aufstehe, protestiert mein Rücken lauthals, und mein Knie macht komische Geräusche. Aber ich folge den Frauen aus dem Norden, in respektvollem Abstand.

GRUND NR. 53

Weil hier Geburtstage im Gleichschritt gefeiert werden

Wenn Kanonendonner aus dem Hyde Park hallt und Marschmusik die Passanten auf der Mall in Gleichschritt fallen lässt, dann ist es mal wieder so weit: Lisbeth hat Geburtstag, und London feiert mit. Einmal im Jahr verwandelt sich die Stadt, oder zumindest der Stadtteil St James's, in einen riesigen Truppenübungsplatz. Am zweiten Samstag im Juni steigt hier eine Party, die weltweit ihresgleichen sucht. Zwar hat die Queen eigentlich am 21. April Geburtstag, doch die Parade dazu hat schon Charles VIII. in den Juni verlegt – die Unwägbarkeiten des Londoner Wetters sollten dem Fest nicht im Wege stehen.

»Trooping the Colour« heißt das Spektakel, das sich seltsamerweise höchster Beliebtheit beim deutschen Fernsehpublikum erfreut – »Das Erste« überträgt die Pauken-und-Pferde-Show seit über dreißig Jahren live. Die Militär-Party hat einen durchaus ernsten Hintergrund: In alten Zeiten war die »Colour«, die Regimentsfahne, ein wichtiger Orientierungspunkt für die Fußsoldaten auf dem Schlachtfeld. Deshalb wurde sie vor Beginn einer Schlacht den »Troops« noch mal gezeigt, damit sie sich die Farben einprägen konnten – »Trooping the Colour« war geboren.

Heutzutage wird nur noch die Königin damit geehrt, eine Tradition, die 1745 eingeführt wurde. An Tagen wie diesem zeigt sich London stolz in imperialem Glanz. Bis vor einigen Jahren kam die Queen noch hoch zu Ross auf den Paradeplatz geritten – heute benutzt die alte Dame den »Phaeton«, die Kutsche ihrer Urgroßmutter Victoria, um die paar Hundert Meter vom Buckingham Palace über die prächtig beflaggte Mall bis zum Paradeplatz der »Horse Guards« zu gelangen.

In Empfang genommen wird sie dort von 1400 Soldaten (darunter vierhundert Musiker aus den Marschkapellen der teilnehmenden Regimenter) und zweihundert Pferden der »Household Division«. Das sind nicht etwa die Putztruppen des Palastes, sondern die traditionsreichsten Regimenter der britischen Armee, die bataillonsweise den Stahlhelm gegen die Bärenfellmütze eintauschen und für ein paar Monate Repräsentationsaufgaben für die Monarchie übernehmen. Viele davon sind echte Kampftruppen und kommen wahrscheinlich gerade aus dem Kriegseinsatz.

Dann folgt ein rund zweistündiges Militärballett der Extraklasse, dessen Faszination sich auch eingefleischte Pazifisten nicht entziehen können. Zu den beliebtesten Melodien aus der Hitparade der Marschmusik vollführen die Soldaten komplizierteste Manöver, die Schrittfolgen haben sie in wochenlangem Training eingeübt wie beim Tanzkurs. Wer nicht marschiert, steht stramm, und das kann weitaus unangenehmere Folgen haben: Unter der Bärenfellmütze (die übrigens nur ein halbes Kilo wiegt) kommt es schnell zum Hitzestau, und meist geht einem der Soldaten der Kreislauf flöten, er fällt schlicht um – oft in bemerkenswert kerzengerader Haltung, Hut ab. Aber das gehört zur Folklore dazu. Irgendwann ist dann auch die Queen erschöpft und lässt sich in den Palast zurückfahren. Dort gilt es dann noch, sich samt Familie auf dem Balkon dem Volk zu zeigen, diverse Salutschüsse ohne Zucken auszuhalten und den Überflug der Ehrenformation der Air Force abzuwarten, bevor dann endlich die eigentliche Geburtstagsparty beginnen kann. Wahrscheinlich ist ihr das ganze Theater auch inzwischen unangenehm und sie macht einfach gute Miene zu den Soldatenspielen ihrer Militärs. Trotzdem, Glanz und Gloria des alten Empire kehren für einen Tag zurück nach London, wenn sich die Stadt für ihre Königin in die Paradeuniform wirft.

GRUND NR. 54

Weil die Kunst der Welt hier zu Besuch kommt

Sie tragen dicke schwarze Brillengestelle und Rollkragenpullover und viele von ihnen sehen aus, als seien sie auf dem Weg zu einer Pyjama-Party (die Frauen), oder machen ein Gesicht, als hätten sie eine akute Magen-Darm-Infektion (die Männer). Einmal im Jahr kommen Tausende Menschen dieser besonderen Sorte nach London. Sie schlendern gelangweilt durchs West End oder sitzen in kleinen Gruppen in Cafés. Sie lachen selten, und wenn, dann zu laut, sie trinken schwarzen Kaffee und stilles Mineralwasser. Die Rede ist von Galeristen, Kuratoren, Sammlern, Kritikern und sonstigen kunstsinnigen Zeitgenossen, die hierzulande etwas abschätzig, aber irgendwie treffend unter dem Schlagwort »artsy-fartsy crowd« zusammengefasst werden. Was sie jeden Oktober magisch nach London zieht, ist die »Frieze Art Fair«, die zweitgrößte Kunstmesse der Welt – und einer der Kulturhöhepunkte des Jahres. Der Regent's Park verwandelt sich für ein Wochenende unter einem riesenhaften weißen Zelt in eine Kunstausstellung der Superlative. Rund 170 Galerien aus aller Welt zeigen und verkaufen hier, was sie so an moderner Kunst im Keller haben. Arbeiten von Künstlern wie Anthony Gormley, Cindy Sherman, Anish Kapoor, Tracey Emin oder Neo Rauch, die normalerweise verstreut in Galerien auf der ganzen Welt hängen, sind nur selten an einem Fleck versammelt und dem interessierten Publikum zugänglich. Versichert ist der ganze Spaß angeblich bis 350 Millionen Dollar, kein Wunder, auch wenn man über Geld nicht gern spricht.

Aber gekauft wird natürlich, als gäbe es kein Morgen, auch wenn das gar nicht so einfach ist. Auf meine Frage – »rein interessehalber!« –, was ich denn für den Gerhard Richter so hinblättern müsste, der an der Rigipswand hinter mir hängt, lässt sich die Frau von der Galerie (schwarzes knielanges Kleid, kein Schmuck, kein Make-up) lediglich zu einem zuckersüßen »We don't do prices, I'm afraid« herab. Da ich so etwas nicht leiden kann (das ist hier schließlich eine *Verkaufsveranstaltung mit Champagnerausschank*), frage ich hartnäckig weiter: Was denn wäre, wenn ich, nur mal angenommen, das Bild, na ja, tatsächlich kaufen wolle? Dann müsste sie mir doch eventuell einen Preis …? Ich habe mir extra ein dunkles Jackett und ein weißes Hemd angezogen, auf eine Rasur verzichtet und trage eine extravagante Sonnenbrille, um hier halbwegs als neureicher Sammler durchzugehen, der sein Millionenerbe durch übertrieben lässiges Auftreten tarnt. »Bedaure«, antwortet Madame, die natürlich einen dieser notorischen semi-kunstinteressierten Habenichtse erkennt, wenn sie ihn sieht, »dann könnte ich Ihnen auch nur sagen, dass es bereits verkauft ist.« Später erfahre ich, dass ein nicht namentlich genanntes Museum sich bereits am Fachbesuchertag das Vorkaufsrecht auf »Strip (CR921-1)«, so der Titel des Richter-Werkes, gesichert hat, für schlappe 1,5 Millionen Pfund. Da muss ich mich wenigstens nicht ärgern. Ohnehin ist das Werk nicht wohnzimmertauglich, mir war beim Betrachten schwindlig geworden.

Auch wenn die große Mehrheit der jährlich rund 60.000 Besucher von der Materie ungefähr so viel versteht wie ich, nämlich erschütternd wenig: Es macht einfach Spaß, in der Atmosphäre zu baden, sich von Stand zu Stand schubsen zu lassen in dem Bewusstsein, dabei einen Überblick zu gewinnen über die aktuellen Strömungen zeitgenössischer Kunst. Diese Messe ist eine der wenigen Veranstaltungen auf der Welt mit Überraschungsgarantie. Hinter jeder Ecke gibt es hier Gemälde, Skulpturen oder Installationen, die überraschen, befremden, erheitern, manchmal Ekel auslösen oder schlicht und einfach schön anzuschauen sind. Es ist diese Mischung, die die »Frieze« so interessant und abwechslungsreich macht – und so anstrengend, denn das Gehirn ist irgendwann überfüttert mit der unglaublichen Vielzahl von Eindrücken. Zur selben Zeit, also Mitte Oktober, finden noch viele weitere Kunstevents statt, die auf das Interesse der zur »Frieze« angereisten Kenner und Sammler setzen. Auf der »Affordable Art Fair«, die meist ein paar Tage nach der »Frieze« im Battersea Park ihre Zelte aufschlägt, kann man wirklich gute Schnäppchen machen – die Tickets kosten nur halb so viel wie beim großen Bruder, kein Kunstwerk ist teurer als viertausend Pfund und die meisten Arbeiten gehen für dreistellige Beträge über die Theken der Galerien. Die AAF ist die Einstiegsdroge für Leute, die auf dem Sprung sind vom Kunstinteressierten zum Sammler. Und wessen Kunstverständnis etwas urbaner angelegt ist, der kommt auf der »Moniker Art Fair« in Shoreditch auf seine Kosten. Hier präsentieren die kleinen Galerien der lebhaften Street- und Urban-Art-Szene die Banksys von morgen. Für verhältnismäßig kleines Geld kann man die oft witzigen, rauen, so poetischen wie politischen Werke talentierter Nachwuchskünstler in Augenschein und auch gleich mit nach Hause nehmen, ohne Omi um einen Vorschuss aufs Erbe bitten zu müssen. Eine ganze Woche zeitgenössischer Kunst für jeden Geschmack, dazu Vorträge, Konzerte, Lesungen, Vernissagen – im Oktober, wenn die ganze Stadt zur Galerie wird, brauchen Kunstfreaks mit oder ohne Hornbrille keinen weiteren Grund, um sich in London zu verlieben.

GRUND NR. 55

Weil man hier nicht einfach ins Kino geht

Warum schreit der Typ mich so an? Aus heiterem Himmel! Seine Nase ist nur eine Handbreit von meinem Gesicht entfernt. Fast hätte mich ein Speicheltropfen erwischt. »Are you the best?!«, brüllt der Mann in der weißen Uniform. Ich zucke mit den Schultern. »Do you WANT to be the best?« Ich nicke zögernd. »Do you want to be the BEST of the best?« – »Yes«, sage ich, »sure.« – »I can't HEAR you!« – »Yes«, sage ich wieder, etwas lauter. Seine Stimme überschlägt sich in einem glaubhaft hysterischen Falsett. »Yes WHAT, son?« Da macht es plötzlich klick: »Sir, yes, sir!«, brülle ich aus vollem Hals, und ein paar der anderen Semi-Uniformierten in der Warteschlange applaudieren zaghaft.

Ich bin nicht etwa beim Rekrutierungsbüro der Royal Marines gelandet, nein, ich stehe auf einer Pontonbrücke im ehemaligen Hafengelände – und will mir eigentlich nur einen Film anschauen. »Top Gun«, um genau zu sein, aber bei Future Cinema muss man mit Überraschungen rechnen. Rund tausend Filmfans sind dem Ruf nach Canary Wharf gefolgt, wo die Macher eine Halbinsel in den West India Docks in die Kulisse des Achtziger-Jahre-Blockbusters verwandelt haben. Die Set-Designer haben sich ins Zeug gelegt, um das San Diego der Achtziger in den Londoner Docklands auferstehen zu lassen – mit einigem Erfolg. Ein Tom-Cruise-Doppelgänger umschwirrt uns auf einem Motorrad, Schauspieler in Navy-Uniformen marschieren kompanieweise im Gleichschritt über die nachgebaute Airbase und singen die bekannten Huh-Haa!-Marschgesänge des amerikanischen Militärs. Die Bar, in der die Piloten im Film feiern, ist halbwegs plausibel nachempfunden, und die passend uniformierten Gäste drängeln sich an der Theke, während Sängerin Linda gefühlvoll »Take my Breath Away« in Mikro haucht. Das Ganze ist eine riesige Party mit Filmvorführung, die aber eigentlich immer nebensächlicher wird.

In einem nachempfundenen Hangar ist der Umkleideraum der Piloten nachgebaut, komplett mit einem sich unter dem Jauchzen weiblicher Rekruten immer wieder entblößenden waschbrettbäuchigen Piloten-Double. Nebenan stehen echte Düsentriebwerke herum, ein zwei Meter langer Modelljet dreht auf dem Vorplatz seine Runden und verströmt charakteristischen Kerosin-Geruch. Beim Kasernenfriseur kann man sich einen echten »Crew cut« verpassen lassen, überall verbreiten Palmen und weißer Sand Kalifornien-Feeling, sogar an das Volleyballfeld aus dem Film wurde gedacht. Die Flugzeuge, die vom nahen City Airport starten, sorgen für den passenden Soundtrack – gefühlsaktives Kino für alle Sinne.

Fabien Riggall, Gründer von Future Cinema, will Filme aus Multiplexen herausholen und zu sozialen Spektakeln machen. In der Reihe »Secret Cinema« zum Beispiel bleibt sogar der Filmtitel geheim. Lediglich das Kostüm-Thema und ein Treffpunkt werden vorab verraten. Die Besucher werden via E-Mail auf ihren »Auftrag« vorbereitet und dann von Schauspielern konspirativ zum Ort der Aufführung gelotst. Diese Art der Schnitzeljagd ist Teil des Programms und viele finden das spannender als den Film selbst. Schon auf dem Weg lernt man Leute kennen, später genießt man gemeinsam ein paar Drinks und dann den Film, und das kann in einem Park sein, in einer alten Fabrikhalle, einem Eisenbahntunnel oder auf dem Dach eines Parkhauses. Bei »Alien« gabs als Bonbon neben der Location in Originalatmosphäre übrigens noch ein paar einführende Worte – von Regisseur Ridley Scott persönlich.

Doch die eigentliche Attraktion beim »Secret Cinema« ist das Publikum: Die Zuschauer sind mehr als nur Teil der Kulisse, sie werden zu echten Nebendarstellern. Fast alle »Top Gun«-Fans haben sich verkleidet. Weiße Navy-Uniformen, Flieger-Overalls, Matrosen-Mützen, Piloten-Helme und die wohl größte Ansammlung von Ray-Ban-Sonnenbrillen diesseits von Kalifornien bestimmen das Bild. Der Effekt ist wirklich verblüffend, ich erliege immer wieder für ein paar Momente der Illusion, wirklich über den Set von »Top Gun« zu schlendern – lediglich die unkalifornische Außentemperatur bringt mich auf den Boden der Tatsachen zurück. Bevor der Film beginnt, singen wir alle noch aus voller Kehle »You lost that lovin' feeling«, den Song, mit dem Tom Cruise seinerzeit Kelly McGillis anschmachtete. Und dann heißt es »Welcome to the Danger Zone« – Katapultstart in ein Kinoerlebnis der intensiveren Sorte.

GRUND NR. 56

Weil man hier prima Promis gucken kann

Du wirst nicht *glauben*, wen ich in London gesehen hab ...« Auch schon mal gehört? Es gibt Menschen, die fühlen sich geradezu magisch angezogen von den Schönen und Berühmten, die jeden Tag meinen Kollegen von der Klatschpresse ein gedeihliches Einkommen verschaffen. Filmpremieren, Konzerte, die Theater im West End – London ist nun mal ein Biotop, das Showgrößen, Filmstars und Musiker stärker anzieht als Bielefeld oder Berlin. Trotzdem: Zum Straßenbild gehören Celebrities der Kategorie A auch in London nicht. Wem es ein Herzensanliegen ist, mal einen echten Star aus der Nähe zu betrachten und vielleicht auch einfach mal anzugrapschen (Nur Mut! Die mögen das!), der muss sich klug in Position bringen. Es gibt in London bestimmte Orte, die von Berühmtheiten häufiger frequentiert werden als andere. Und einmal am richtigen Platz, braucht der Promi-Spotter dann nur noch die drei großen G: Glück, Geduld und – Geld. Denn Restaurants wie Sketch, Nobu oder The Ivy sind nun mal nicht gerade Dönerbuden. Aber hier einen Tisch zu ergattern ist gar nicht so unmöglich, wie immer behauptet wird. Einfach mal anrufen und sein Glück versuchen – je länger der Vorlauf, desto besser, und außerdem lassen Stars wie Daniel Craig gern mal ihre Reservierungen verfallen. Deshalb ruhig mal reinmarschieren und nach kurzfristig freigewordenen Tischen fragen. Besonders am Wochenanfang kann man mit dieser Strategie im Ivy Erfolg haben – und vielleicht schon Minuten später Dave Stewart an der Bar in ein ungezwungenes Gespräch über Zwölftonmusik verwickeln.

Eine weiterer VIP-Hotspot ist der Stadtteil Mayfair. Im Embassy tanzen jungreiche Promitöchter wie Pixie Geldof mit

Diktatorensöhnen aus dem Morgenland, und im »Mahiki« kann man sich prima unter blaues Blut mischen: Unser aller Lieblingsprinz lässt es hier gern mal krachen, und auch seine Cousinen, die Prinzessinen Beatrice und Eugenie samt Höflingen, gehören zu den Stammgästen. Dann noch ein paar Premier-League-Fußballer und Showgrößen wie Leona Lewis darübergesprenkelt: Fertig ist das Festmenü für »Gala«-Leser. Die Chancen, am Türsteher vorbeizukommen, erhöhen sich übrigens drastisch, je weiblicher und zwanzigjähriger man ist.

Die Bars und Lobbys der großen Hotels in Mayfair sind ebenfalls ein gutes Jagdrevier. Im Dorchester und im Claridge's werden meist die sogenannten »Press Junkets« für die großen Filmpremieren abgehalten, also die Sammel-Interviews von Journalisten mit den Stars des jeweiligen Films – Sie kennen das sicher aus dem Film »Notting Hill«. Einfach das nächste Premierendatum herausfinden, bei der Filmfirma frech den Ort des Junkets erfragen, fertig. Noch einfacher: sich zu einer der zahlreichen Filmpremieren (meist auf dem Leicester Square) frühzeitig unter die wartenden Fans am roten Teppich mischen. Das lohnt sich wirklich, man glaubt gar nicht, wie viel Zeit sich selbst Top-Hollywoodstars für ihre Fans nehmen – ich habe dort Tom Cruise schon eine geschlagene Stunde lang Hände schütteln, Fotos machen lassen und Autogramme geben sehen, in strömendem Regen.

Eine weitere Adresse mit allerhöchstem Promifaktor: The Punch Bowl in der Farm Street. Justin Timberlake, Leonardo DiCaprio und Mickey Rourke haben in diesem urigen Pub schon ihr Pint gezischt. Was die in eine ordinäre Kneipe zieht? Der Wirt heißt nun mal Guy Ritchie und ist der ehemalige Mr Madonna. Um die Ecke von der Royal Albert Hall lockt die Bar 190 des Gore Hotels regelmäßig Prominente an und auch im Amüsierviertel Soho lohnt es sich, die Augen offenzuhalten. The New Evaristo, eine unauffällige Kellerbar in der Greek Street, zieht

Insidern zufolge regelmäßig Berühmtheiten an, die sich unters Volk mischen wollen. Auch der Experimental Cocktail Club in der Gerrard Street verspricht hier Erfolg – Reservierung per E-Mail ist ratsam. In Shoreditch sollten Promijäger im McQueens in der Tabernacle Street vorbeischauen, einem der schickeren Clubs der Gegend. Auf der LED-beleuchteten Tanzfläche tummeln sich Modepromis wie Kate Moss oder Jade Jagger. Aber nicht nur nächtens können Groupies Erfolg haben, denn: Auch Promis müssen mal einkaufen. Wer in Westbourne Grove durch die Boutiquen schlendert, hat gute Chancen, Leute wie Stella McCartney, Robbie Williams oder Claudia Schiffer zu Gesicht zu bekommen, die alle um die Ecke wohnen. Auch Primrose Hill ist ein gutes Jagdrevier, einfach in eines der kleinen Cafés setzen und nach einer Horde unrasierter Männer mit kurzen Haaren, aber um so längeren Teleobjektiven Ausschau halten. Denn wo die Londoner Paparazzi auftauchen, ist der nächste Prominente garantiert nicht weit.

GRUND NR. 57

Weil man hier das Leben lernen kann

Gewisse Fragen stellt sich wohl jeder mal: Welcher Beruf kann mich glücklich machen? Wie werde ich mit dem Tod eines geliebten Menschen fertig? Oder: Wie werde ich so richtig cool? Antworten auf diese Fragen sind nicht weniger wichtig als zum Beispiel das Lösen einer quadratischen Gleichung oder die Analyse eines Sonetts von Shakespeare. Vielleicht sagt sogar der eine oder andere, sie sind viel wichtiger. Und in dieser Hinsicht lässt das Angebot von Gymnasien, Realschulen oder Universitäten doch sehr zu wünschen übrig. Das dachte sich auch Schriftsteller Alain de Botton (»Wie Proust Ihr Leben verändern kann«), als er zusammen mit Philosophen, Soziologen und Psychologen 2008 die »School of Life« gründete. Warum, fragte er sich, habe ich in Cambridge so viel über Literatur gelernt, aber so wenig über das Leben? Warum haben wir »Anna Karenina« und »Madame Bovary« gelesen, aber nicht die wichtigen Fragen geklärt, wie: Warum sind viele Menschen in Beziehungen so unglücklich? Warum ruiniert Untreue eine Ehe?

Mit der Schule des Lebens wollen de Botton und seine Mitstreiter diese Lücke im Bildungssystem schließen. Hier gibt es Kurse zu allen wichtigen Lebensthemen: Wie kann ich meine Kreativität nutzen? Wie kann ich meine Dinner-Konversationen verbessern? Wie bleibt die Liebe prickelnd? Von skurril bis philosophisch: Die Lebensschule hat für jeden etwas im Programm. Und London ist natürlich der perfekte Ort für diese Art von Erwachsenenbildung, das wusste auch der Schriftsteller Samuel Johnson. Der stellte bereits 1777 fest: »When a man is tired of London, he is tired of life; for there is in London all that life can afford.« Mit anderen Worten: Wer das Leben meistern will, muss nur London meistern.

Die Schule des Lebens betreibt einen kleinen Laden in Bloomsbury, nicht weit vom Russell Square. Dort werden die kleineren Seminare abgehalten, man kann Bücher kaufen oder – originelle Geschenkidee für die ältere Schwester oder den Chef! – Gutscheine für eine Psychotherapie. Besonders clever: eine Sitzung »Bibliotherapie«. Dabei bespricht man mit einem erfahrenen und belesenen Autor oder Literaturwissenschaftler, welche Bücher es zu lesen lohnen würde und wie man sein Lesen in eine neue Richtung lenken könnte – ein schönes Geschenk für passionierte Vielleser.

Ich bin heute Abend zum Vortrag über Treue gekommen – dabei geht es aber eigentlich um das Gegenteil. Der Referent heißt Chris und hat mehr als dreißig Jahre Erfahrung in Paartherapie. Er spricht mit leiser Stimme über Vertrauensverlust, Sexsucht und genetische Faktoren, die bei Untreue eine Rolle spielen können. Die Beispiele reichen vom vielbeweibten Heinrich VIII. über Charles und Diana bis zu Silvio Berlusconi. Einfache Rezepte bietet Chris nicht, er versucht, über Beispiele Denkanstöße zu geben, und berichtet von Paaren, die er in seiner Praxis kennengelernt hat. Eine seiner Erfahrungen: Je länger eine Beziehung andauert, desto eher sind Paare in der Lage, über einen Vertrauensbruch hinwegzukommen. Zufriedenes Nicken bei einigen Teilnehmern, viele schreiben eifrig mit. Die Veranstaltung war eigentlich ausverkauft, trotzdem bleiben ein paar Plätze leer. Wahrscheinlich Männer, denke ich, die aus welchen Gründen auch immer von ihren Frauen hierhingeschleppt werden sollten und in letzter Minute gekniffen haben.

Nach der Pause kommen erste Fragen aus dem Publikum; ich versuche zu erkennen, ob es sich beim Fragenden um Opfer oder Täter von Beziehungsbetrug handelt, ohne Ergebnis. Nach dem zweistündigen Vortrag dann beschließt eine Gruppe von Teilnehmern, die vor der Tür beim Rauchen ins Gespräch gekommen sind, im Pub gegenüber weiterzureden. Und dort wird es dann richtig interessant: Fünf Fremde erzählen einander überraschend offen von ihren Erfahrungen mit der Untreue. Investmentbanker Pierre (alle Namen sind im Folgenden geändert) berichtet aus seiner »offenen Beziehung«. Chris, ein Elektriker aus Peckham, erzählt, wie er mit sich ringt, seiner Frau einen One-Night-Stand zu beichten, den er ausgerechnet mit ihrer besten Freundin hatte, gewisse Klischees halten sich offenbar hartnäckig. Und Chiara, eine attraktive italienische Mitdreißigerin, gesteht, dass sie einfach nicht anders kann, als ihre eigentlich glückliche Ehe gelegentlich aufzupeppen, in wilden Nächten mit einem viel älteren Mann, den sie »meinen Don Giovanni« nennt. Jeder hat hier so seine eigenen Gründe, und erstaunlich viele, das merke ich jetzt, wollen eher den Motiven für ihre eigenen Aktivitäten auf die Spur kommen, als sich moralischen Beistand als Opfer zu suchen – ich hatte eher mit dem Gegenteil gerechnet. Als sich die Gruppe weit nach Mitternacht auflöst, ohne Telefonnummern auszutauschen, muss ich an Samuel Johnson denken und feststellen: Die Klassenzimmer der besten Schule des Lebens sind und bleiben eben die Londoner Pubs.

GRUND NR. 58

Weil hier auch dem Gesetz Kathedralen erbaut werden

Als ich leise hereinkomme und mich auf die hinterste der knarzenden Holzbänke setze, schaut mich nur der Gerichtsdiener missbilligend an. Die Stimmung nimmt mich augenblicklich gefangen. Saal acht ist komplett in alter Eiche ausgeschlagen, die Wände gesäumt mit Regalen, in denen alte Gesetzesbücher vergeblich auf Leser warten. Schwere Kronleuchter spenden fahles Licht. Das »Dock«, die Anklagebank, ist leer, aber mit dicken schwarzen Gittern gesichert. Von der hölzernen Kuppeldecke hallen schrill die Worte des Rechtsanwalts zurück, der die standesübliche weiße Perücke trägt. Ich bin der einzige Zuschauer, abgesehen von einem alten Mann, der ein paar Sitze neben mir Platz gefunden hat und zwei schäbige Plastiktüten voller Aktenordner auf dem Schoß hält. Der Anwalt fordert eine Verkürzung der Haftstrafe für seinen Mandanten. Die Richter blättern in dicken Akten. Eine Berufungsverhandlung, so viel weiß ich. Zweieinhalb Jahre hatte der Angeklagte ursprünglich bekommen, keine Ahnung wofür. »All rise!«, ruft der Gerichtsdiener plötzlich und die Richter verschwinden gemessenen Schrittes durch eine vorher nicht sichtbar gewesene Tür hinter der Richterbank. Ich sehe den Mann mit den Plastiktüten fragend an. »Bleiben Sie noch«, sagt er. »In der Urteilsbegründung wird der Fall noch mal aufgerollt, das kann ganz spannend werden.«

Keine fünf Minuten später kommt das Gericht zurück und ich erfahre in viel zu vielen Details, dass es in dem Fall um Kindesmissbrauch geht. Zweieinhalb Jahre, denke ich, der Kerl kann doch froh sein! Was fordert der jetzt Strafminderung! Aber je mehr der Richter erklärt, welche Umstände zu dem Urteil geführt haben, desto mehr begreife ich, dass dieses Strafmaß unter den gegebenen Umständen gerechtfertigt ist. Am Ende wird die Berufung abgewiesen, und ich habe eine interessante Lektion über das britische Rechtssystem gelernt.

Hier, in den 88 Gerichtssälen der Royal Courts of Justice, dem höchsten Gerichtshof des Königreichs, kann sich jeder einen Eindruck davon verschaffen, wie in Großbritannien Recht gesprochen wird. Aber die Royal Courts sind auch einen Besuch wert, wenn man daran kein Interesse hat. Mehr als fünf Kilometer Flure und Gänge ziehen sich durch diesen neugotischen Justizpalast, der 1880 von Königin Victoria seiner Bestimmung übergeben wurde. Auf Schritt und Tritt atmet man hier den Geist aus Charles Dickens' Romanen. Allein die Eingangshalle ist umwerfend schön, hoch wie eine Kathedrale, bricht sich in den alten Bleiglasfenstern das Sonnenlicht und bringt die Mosaike auf dem glattgebohnerten Marmorfußboden zum Leuchten. Auf meinem Weg durch den Irrgarten aus Höfen, Sälen, Gängen und Treppen komme ich an einer Ausstellung zeremonieller Gewänder vorbei, kurze Zeit später finde ich mich im »Bear Garden« wieder, einer kleinen Halle, die traditionell von Anwälten als Besprechungsort genutzt wird. Die Wände sind mit riesigen Ölporträts ehemaliger »Law Lords« behängt. Aus den Korridoren hallen die eiligen Schritte der Richter, Registrare und Protokollführer wider, und an einem der schweren blankpolierten Eichentische sehe ich den Alten mit den Plastiktüten wieder. Er isst ein Sandwich.

Tony heißt er, er ist Rentner und kommt fast jeden Tag hierher. Er besucht die Verfahren, die ihm vielversprechend erscheinen, und belauscht zwischendurch die Gespräche der Anwälte mit ihren Mandanten. Inzwischen ist er selbst schon fast ein Rechtsexperte. Viele Richter und Anwälte, die vorbeigehen, werfen ihm ein Kopfnicken zu oder grüßen ihn mit Namen. Was ihn hierher zieht? »Meine Frau hat seit zwei Jahren kein Wort mehr mit mir geredet«, sagt er ausdruckslos und seine hängenden Schultern zeigen, dass er das wohl ernst meint. »Eine Scheidung kann ich mir nicht leisten. Wo soll ich also hin? Hier ist es trocken und interessant, und die Leute sind netter als meine Frau.« Szenen einer Ehe.

Apropos Scheidung: Ex-Beatle Paul McCartney wurde in diesen Hallen knapp 25 Millionen Pfund ärmer, als er sich unter großer Anteilnahme der internationalen Boulevardpresse von seiner letzten Frau scheiden ließ.

Obwohl Strafsachen hier nur in Berufung gehen – schwere Kriminalfälle werden erstinstanzlich ein paar Straßen weiter verhandelt, im »Old Bailey«, dem höchsten Strafgerichtshof des Landes –, geht es in den Royal Courts nie um Kleinigkeiten. Die meisten Fälle machen Schlagzeilen. »Grad letzte Woche hatten wir einen richtigen Terroristen hier«, erzählt Tony, »letztes Jahr die Berufung des ›Yorkshire Ripper‹ oder den Millionen-Raub von Heathrow.« Es klingt ein bisschen so, als hätte er die Fälle selbst verhandelt. Und es stimmt, Tony ist mehr als ein Zuschauer: »Der Anwalt von Sutcliffe, dem ›Yorkshire Ripper‹, der hat mich in einer Verhandlungspause tatsächlich gefragt, wie ich den Verlauf einschätze. Ob er mit seiner Berufung durchkommt. Aber ich kannte den Richter, das ist ein harter Hund, und deshalb hab ich gesagt: keine Chance! Und recht hab ich behalten!« Tony war selbst schon früh mit dem Gesetz in Konflikt gekommen, gibt er zu. Als Zehnjähriger stahl er im Schwimmbad die Portemonnaies reicher Damen. Acht Jahre wollten sie ihn ins Heim stecken dafür. Nach sechs Monaten haben sie ihn wieder laufen lassen. »Das auch war gut so«, sagt Tony, »denn sonst hätte ich vielleicht später auch mal in einem dieser Gerichtssäle gesessen.« Aber wohl nicht im Zuschauerraum.

GRUND NR. 59

Weil Silvester hier so schön ruhig ist

Das Jahresende ist ein hervorragender Zeitpunkt, um London zu besuchen. In den Tagen »zwischen den Jahren« wird London ganz leise, obwohl der Schlussverkauf tobt und Silvester droht. Die Londoner, die nicht sowieso schon zu Weihnachten die Flucht zur Familie anderswo im Land angetreten haben, hauen spätestens jetzt ab – in den Ski-Urlaub oder auf die Malediven. Der Winter in London ist zwar nicht so schlimm wie in Stockholm, aber spätestens im Februar schlägt einem die 16-Uhr-Dämmerung doch aufs Gemüt. Also leert sich London, ich habe oft den Eindruck, dass rund ein Drittel der Bewohner verschwindet, plötzlich ist überall Platz, im Bus, auf der Straße, in den Restaurants und Bars, überall. Prima Zeiten also, um sich in den gerade angelaufenen »Sale« zu stürzen und an all die Orte zu gehen, die sonst überlaufen sind. Stöbern Sie auf dem Borough Market nach Delikatessen fürs Silvestermenü, selbst die »Food Halls« bei Harrods sind jetzt nicht so voll wie sonst, oder buchen Sie spontan einen Tisch im Ivy (wenn Sie wissen möchten, warum gerade da, lesen Sie Grund Nr. 56).

Selbst in der Silvesternacht ist weniger los, als man denkt, zumindest am Himmel. Viele Leute, die zu Silvester herkommen, erwarten Gott weiß was vom Jahreswechsel in der aufregendsten Stadt der Welt. Aber das Privat-Feuerwerk der Londoner ist eher dünn, da ist man aus jeder deutschen Kleinstadt Besseres gewohnt. Die Briten verfeuern ihre Raketen und Böller nämlich lieber zwei Monate früher, zur »Guy Fawkes Night« am 5. November. Am Silvesterabend geht man deshalb am besten eislaufen, in der prächtigen Kulisse des Somerset House macht das besonders viel Spaß. Aber Vorsicht: Der dort ausgeschenkte

Glühwein kann sich negativ auf das Balancegefühl auswirken. Jetzt zahlt sich aus, dass Sie schon im Oktober die Tickets für die Party auf der Tattershall Castle gebucht haben. Das ist ein Pub auf einem Schiff, und das liegt fest vertäut auf der Themse, direkt gegenüber dem »London Eye«. Vom Deck aus hat man nämlich die unbestreitbar beste Aussicht auf das offizielle Silvester-Feuerwerk. Und das gehört natürlich zum Aufwendigsten, was es auf dem Gebiet feierlicher Pyrotechnik zu sehen gibt.

Wer keine Party-Tickets hat, mischt sich einfach unter die Hunderttausenden, die es jedes Jahr zum Victoria Embankment, zur South Bank und zur Westminster Bridge zieht. Von diesen offiziellen »Viewing areas« aus hat man ebenfalls einen prima Blick auf eines der größten, teuersten und schönsten Feuerwerke der Welt, das rund um das berühmte Riesenrad an der Themse abgefeuert wird. Böller und Raketen, die für gut eine Stunde unterhaltsamer Ballerei reichen würden, werden hier innerhalb von zehn Minuten in die Luft gejagt. Wer sich das live geben möchte, der sollte sich warm anziehen und spätestens gegen 20 Uhr an den genannten Plätzen einfinden. Wer zu spät kommt, muss nicht verzagen: Wenn man das »London Eye« sehen kann, dann sieht man auch das Feuerwerk, das findet schließlich am Himmel statt. Aber auch von weiter entfernten Aussichtspunkten hat man, bei klarer Sicht, einen tollen Blick. Wer nicht gerade in den oberen Stockwerken des Barbican wohnt, dem bietet sich in Hampstead Heath oder Primrose Hill ein schönes Panorama, ganz ohne Gedränge. Das Spektakel wird natürlich auch live im Fernsehen übertragen, aber wer die Massen nicht scheut, sollte sich ruhig in die offiziellen Betrachtungsräume begeben – wenn man schon mal in London ist! Um Mitternacht »Big Ben« schlagen hören, den Nebenmann bei der Hand fassen und mit Hunderttausenden glühweinseligen Mitmenschen »Auld Lang Syne« singen – da kann man ruhig das eine oder andere Tränchen der Rührung verdrücken.

GRUND NR. 60

Weil London den Aufstand liebt

SONNTAG – Anruf aus Deutschland, wie bei den Bombenanschlägen 2005. Mensch, was ist denn da los bei euch? Seid ihr okay? Es wird wohl so schlimm nicht werden, antworte ich. Die meisten Vorfälle haben sich weit weg ereignet, in Tottenham, Enfield und Brixton. In meinem Viertel ist alles ruhig – noch. Und hey, London loves a riot! Bestimmt ist der Spuk morgen vorbei. Immer wieder haben sich in London soziale Missstände, Spannungen zwischen Ethnien oder einfach Ärger über Polizei und Politik in heftigen Krawallen geäußert. London war immer auch Mob. Die großen Krawalle sind in die Geschichte eingegangen: Spitalfields Riots, Gin Riots, The Battle of Cable Street und Brixton Riots sind feste Einträge im Wörterbuch der Stadt. Für das, was gerade hier passiert, haben sie noch keinen Namen. »London Riots« nennen sie es bei der BBC. Die Fernsehnachrichten sind nichts für schwache Nerven.

MONTAG – Morgens in der British Library, nachmittags im Kloster Tyburn, dem Ort, wo früher der berühmte Galgen stand. Recherchen für dieses Buch. Ich bin ganz in der Geschichte der Stadt versunken, von den aktuellen Ereignissen bekomme ich wenig mit. Die werden wohl auch bald Stoff für Historiker sein, denke ich. Mittags dann ein Anruf aus Berlin: ob ich eine »kleine Reportage über die Unruhen« drehen kann, für die Magazinsendung am kommenden Sonntag? Das hieße: rausfahren, nach Clapham oder Croydon, Betroffene finden, my fellow Londoners, die ihr Haus verloren haben oder ihr Geschäft, Verletzte, Ausgeplünderte. Dann diese Menschen überreden, sich und ihr Elend filmen zu lassen. Journalistisches Tagesgeschäft. Das Geld könnte ich gut brauchen, schlechte Zeiten sind lukrativ für Leute wie mich. »Nein«, sage ich, »ich kann nicht, sorry, keine Zeit.« Ich will Zeit für Aktuelles freihalten. Und richtig, kurze Zeit später klingelt das Telefon erneut. Diesmal ist es die Nachrichtenredaktion. Morgen früh ein Schaltgespräch, aus dem Londoner ARD-Studio, und danach mal sehen, wie sich der Tag entwickelt. »Sicher«, sage ich. Wie die Lage im Moment sei? »Ruhig«, antworte ich, zumindest hier, am Marble Arch.

Abends, schlag Viertel nach sieben, kommen drei Anrufe und vier SMS aus Deutschland. Dort ist gerade die »Tagesschau« zu Ende, mit Bildern, die aussehen wie aus einem Kriegsgebiet. Was ich selbst im Fernsehen sehe, verursacht mir ein unangenehmes Kribbeln im Bauch. Straßenschlachten. Brennende Autos. Verkohlte Busse. Vermummte Kinder, die sich in aller Ruhe in verwüsteten Geschäften bedienen, Fernseher, Schuhe, Kleidung heraustragen; junge Mädchen, die lachend Weinflaschen aus einem Laden mit eingeschlagenen Scheiben räumen, in dem sie wahrscheinlich noch gestern für ihre Mütter den Einkauf erledigt haben. Polizisten, mit Helmen und Schilden, stehen wenige Meter entfernt, tatenlos, ratlos. Man sieht ganze Gruppen von Erwachsenen aus Minicabs steigen, wenige Minuten später lassen sie sich mit ihrer Beute nach Hause fahren. Das gibts auch nur in London, denke ich: mit dem Taxi zum Aufstand. Fassungslose Reporter, Kollegen, die selbst immer wieder attackiert werden, bleiben Erklärungen schuldig. Die Kids vor den Kameras können ihr Glück kaum fassen. Sie lachen, reißen triumphierend die Arme hoch, während sie auf Autowracks herumspringen: Seht her, wir sind unantastbar! Wie im Rausch schlagen sie auf alles ein, was ihnen in die Quere kommt, darunter ein Rentner, der eine brennende Mülltonne löschen will. Er wird ein paar Tage später an seinen Verletzungen sterben. Für eine Mülltonne. Feuerwehrleute und Sanitäter können nur unter Polizeischutz arbeiten, werden immer wieder angegriffen. Menschen fliehen geduckt über Hinterhöfe aus ihren brennenden Häusern, die Bilder der Hubschrauberkamera sind beklemmend scharf und ruhig. In der Totalen wirken die Brände wie kleine Vulkane, die durch die aufgeplatzte Kruste der Stadt brechen: Londons Lava, die unter den Straßen stetig brodelt, kommt zum Vorschein. Wo bin ich hier? Von meinem Balkon aus sehe ich den Feuerschein in den Wolken flackern, Hubschrauber wirbeln durch Rauchwolken. Hackney brennt, keine zwei Kilometer entfernt, die Kingsland Road hoch. Von der nahen Hauptstraße jetzt ununterbrochen Sirenen – Polizei, Krankenwagen und Feuerwehr versuchen, überall gleichzeitig zu sein. Was sonst zum gewohnten Soundtrack der Stadt gehört, wirkt plötzlich verdammt bedrohlich. Regen, denke ich. Ergiebiger Regen wäre jetzt gut. Wo ist der Londoner Sommer, wenn man ihn mal braucht?

DIENSTAG – Das Telefon weckt mich früh, Berlin ist dran, die vereinbarte Schalte aus dem Studio klappt nicht, ich soll nach Tottenham fahren, dort stehe ein Satelliten-Ü-Wagen. Das wird knapp, keine Ahnung, welche Bahnen fahren. Als ich aus der Tube wieder nach oben komme, erfahre ich: Der Ü-Wagen musste auf Anweisung der Polizei die Position wechseln, er steht jetzt meilenweit entfernt. Ich schaffe es nicht und berichte per Telefon. Eigentlich wollte ich ein Blatt Papier in die Kamera halten, das mir eine junge Frau in die Hand gedrückt hat. Ich traf sie an der U-Bahn-Station Seven Sisters, wo sie ihre Zettel aufhängte. »Bringt endlich den Frieden zurück auf unsere Straßen!« steht darauf, ein verzweifelter Appell an Politiker und Polizei, die es immer noch nicht geschafft haben, Chaos und Gewalt unter Kontrolle zu bekommen. Aber auf diesen Straßen hat sich heute etwas verändert. Waren gestern noch alle sprachlos angesichts des Ausbruchs von Hass in ihrer Nachbarschaft, spürt man jetzt überall den Unmut der Leute. Die Stadt sagt: Hört auf. Ihr geht zu weit. Und sie sagt auch: Wir stehen zusammen. London erhebt sich.

An Straßenecken, in Pubs und Büros reden die Leute aufgeregt miteinander, es werden Gründe diskutiert, Lösungen gesucht, harte Strafen gefordert. Via Facebook und Twitter finden sich lokale Aufräumkommandos zusammen, schnell wird daraus die »Broom Army«, die Leute wollen die Straße nicht länger dem Mob überlassen. Mit ihren Besen und Kehrschaufeln setzen sie ein unübersehbares Zeichen gegen die Gewalt. In Tottenham haben türkische Ladenbesitzer Angriffe von Randalierern gemeinsam abgewehrt. In Southall bewachen die Sikhs ihren Tempel, einige sind mit Kricket-Schlägern bewaffnet, die auf rührende Weise viel zivilisierter aussehen als ihre amerikanischen Pendants. Das böse Wort von Bürgerwehren macht die Runde, zu sehen sind stattdessen: wehrhafte Bürger. Es bilden sich erste Initiativen, die Geld für die Opfer sammeln, Kleidung und Unterkunft für die ausgebrannten Familien organisieren.

Zurück im Studio. Auf meinem Block stehen die Fragen aus Berlin, die ich den ganzen Tag immer wieder zu beantworten versuche, darunter: Was sind die Gründe für diese Ausschreitungen? »London«, sage ich in die Kamera, »ist heute nicht an Gründen interessiert. London will sich beruhigen. Eine verletzte Stadt muss sich die Wunden lecken.« In der Nacht legen die Gerichte Sonderschichten ein. Die gesellschaftlichen Aufräumarbeiten beginnen. Schnell bestraft die Stadt ihre außer Kontrolle geratenen Söhne und Töchter, unnachgiebig und hart, die Kapuzen haben ihnen nichts genützt, denn die Kameras, Londons tote Augen, sind überall. Als ob sie das nicht gewusst hätten. Gut, denke ich, dass es in Tyburn keinen Galgen mehr gibt. Die Nacht bleibt ruhig.

Aber eine ruhige Nacht ist es nicht.

7. FANCY A CUPPA?

LONDON FÜR GENIESSER

»Yes, London. You know, fish, chips, cup o' tea, bad food, worse weather, Mary-fucking-Poppins ... LONDON!«

COUSIN AVI IN »SNATCH«, 2000

GRUND NR. 61

Weil die britische Küche viel besser ist als ihr Ruf

Der rustikal-schlichte Gastraum ist ganz in Weiß gehalten und man merkt ihm seine industrielle Vergangenheit an. Eine Speckräucherei war das hier früher, und das passt. Vor mir steht ein Teller mit klarer Kalbsbrühe, und mir gegenüber sitzt Fergus Henderson, der Mann, der die britische Küche neu erfunden hat. Er hört das nicht gern, versteht den Wirbel um seine Person nicht und fragt, wie mir die Brühe schmeckt, die besitze nämlich Heilkräfte, die er nicht näher beschreibt. Muss er auch nicht, nach dem ersten Löffel weiß ich, was er meint. Wie er auf sein Konzept gekommen ist, will ich stattdessen wissen, »Nose to Tail Eating« nennt er das. »Ach, das ist doch irgendwie logisch. Saisonales Essen, und möglichst nichts wegwerfen, das haben unsere Mütter doch auch so gemacht. Es ist auch eine Frage der Höflichkeit dem Tier gegenüber«, erklärt Henderson. Für einen Gastronomen ist das heutzutage eine radikale Philosophie.

Im »St. John« werden, bis auf wenige Ausnahmen, nur ganze Tiere eingekauft, die Stück für Stück im Haus zerlegt und verarbeitet werden – von vorn bis hinten. Das Menü wechselt jeden Tag, heute Schweinsfüße, morgen Bäckchen oder gegrillter Schweineschwanz. Irgendwelche Innnereien gibts auch immer, dafür ist das St. John berühmt, ich erinnere mich gerne an ein fantastisches Ochsenherz, in feine Streifen geschnitten, versteht sich, und auf dem Holzkohlegrill nur heiß angehaucht – umwerfend. Nur eine Vorspeise verschwindet nie von der Karte, Spezialität des Hauses und ein Bestseller: geröstetes Knochenmark mit Petersiliensalat, das mit langen Hummerlöffeln zum Auskratzen der vier Kalbsknochen serviert wird.

Schweinekutteln mit Löwenzahn, Hirschleber mit Kohl und Speck, Krickente mit Artischocken oder Braten vom Middlewhite-Schwein mit Fenchel und gefülltem Schweinsfuß – wer Fleisch liebt, ist hier richtig. Andererseits gibts auch immer eine vegetarische Vorspeise und einen ebensolchen Hauptgang, auch frische Austern, Makrele oder Tintenfisch finden sich auf der übersichtlichen Karte. Henderson hat sich inzwischen eine treue Fangemeinde erkocht, darunter sind viele berühmte Kollegen. Einer seiner größten Bewunderer ist der weltreisende Guerilla-Gourmet, Koch und Bestsellerautor Anthony Bourdain (»Geständnisse eines Küchenchefs«), der schlicht feststellte: »Das St. John ist mein Lieblingsrestaurant auf diesem Planeten.« Offizielle Anerkennung folgte 2009 in Form des ersten Michelin-Sterns. Gerade heute fällt die Philosophie des St. John auf fruchtbaren Boden: »Alle reden von Nachhaltigkeit und lokalen Erzeugern – dabei ist das doch nichts als gesunder Menschenverstand, das machen wir seit fast zwanzig Jahren! Ausschließlich saisonal, immer lokal, der liebe Gott schreibt unsere Speisekarte!«, sagt Henderson. Erdbeeren im Januar wird man hier ebenso wenig finden wie Wild im Sommer. Besonders die unbeliebten, früher alltäglichen Gerichte der Armeleuteküche werden hier zelebriert, zubereitet mit absoluter Präzision und Leidenschaft für das kulinarische Erbe des Landes – nur so kann man aus Schweineohr oder Lammzunge eine unvergessliche Delikatesse machen.

Auf dem Tisch steht jetzt die zweite Flasche »Les Rabasses« 2007, und der Hauptgang verlangt meine ungeteilte Aufmerksamkeit: Kaninchenschenkel auf weißen Bohnen, mit einer leicht aufgeflufften Aioli – so schlicht und so perfekt, ich muss den Impuls unterdrücken, vor Henderson niederzuknien. Der gelernte Architekt – er hat sich das Kochen selbst beigebracht – steht nur noch selten selbst in der Küche, das Management des Mutterhauses in der St John Street, eines kleineren Ablegers in Spitalfields und des gerade eröffneten Hotels in Soho lässt ihm wenig Zeit. Seine Henkersmahlzeit? »Rohe Seegurken, danach Pigs trotters, also gefüllte Schweinsfüße.« Ob nun das beste Restaurant der Welt oder nicht: Nach dem Essen im St. John werden Sie beglückt alle Vorurteile über Bord werfen, die Sie gegen die britische Küche hatten.

GRUND NR. 62

Weil London seit Jahrhunderten auf derselben Droge ist

Wenn alkoholische Getränke zum Gegenstand von Gesetzgebungsverfahren werden, dann bedeutet das meist nichts Gutes. Schon zweimal sahen sich britische Regierungen genötigt, »Londons Dämon« zu vertreiben, also den Konsum von Gin zu verbieten. In der Hauptstadt des Königreichs hatte die Trunksucht Mitte des 18. Jahrhunderts die Ausmaße einer Epidemie angenommen. Was heute in schicken Cocktails oder als klassischer Longdrink mit Tonic konsumiert wird, war damals die Droge der Armen.

Gin sei »das Grundnahrungsmittel von Hunderttausenden«, schrieb der zeitgenössische Schriftsteller Henry Fielding 1751, »das einen Großteil der minderwertigen Menschen zerstören wird.« Nicht gerade politisch korrekt, aber scharf beobachtet: Gin war das Crack des Barock, eine Massendroge, billig und an jeder Ecke verfügbar. In Clerkenwell war der Bedarf so groß, dass der Stoff von Straßenkarren verkauft wurde, und in den Slums von St Giles (das Gebiet südlich der Tottenham Court Road Station) war jedes vierte Haus eine Gin-Kneipe. Der Wacholderschnaps war so billig, dass sich die Armen in einen dauerhaften Stupor soffen und auf den Straßen ihren Rausch ausschliefen.

Diese Zustände sind bestens dokumentiert: William Hogarth verewigte sie in seinem berühmtesten Bild, es trägt den Titel »Gin Lane«. Dort sieht man, wie Handwerker ihre Werkzeuge zum Pfandleiher bringen, um Geld für Gin aufzutreiben, die schmutzigen Straßen sind voller wankender Säufer, und im Vordergrund lässt eine halb nackte Betrunkene ihr Baby aus dem Arm fallen, dem sicher'n Tod entgegen. Und das hat sich Hogarth nicht aus den Fingern gesogen: Angeblich holte eine Frau namens Judith

Defour ihre zweijährige Tochter aus dem Armenhaus, in dem sie neue Kleider bekommen hatte. Dann erwürgte Gin-Mami ihr Töchterlein, verkaufte die neuen Kleider des Kindes und setzte den Erlös – ein Shilling, vier Pence – in die nächste Ration Schnaps um. Trotz Verbot florierte der »Gin Craze« weiter und endete erst, als die Getreidepreise stiegen und die Bauern ihr Korn profitabler verwenden konnten, als Schnaps für die Armen daraus zu brennen. Die Landeigentümer bildeten nämlich eine Art Drogenkartell, sie waren es, die durch das Elend der Massen reich wurden.

Doch diese Zeit war auch die Geburtsstunde der Gin-Kultur, viele Produzenten des berühmten »London Dry Gin« wie »Gordon's« oder »Boodles« entstanden damals. Die Herstellungsmethode hat sich kaum verändert, über Wacholderbeeren und einer Vielzahl anderer Früchte und Gewürze wird er bis zu viermal destilliert, wodurch er sein unvergleichliches Aroma erhält. Und damals wie heute ist Gin der Lieblingsschnaps der Londoner, »G&T« ist der bei Weitem populärste Longdrink in den Bars und Pubs der Stadt. Egal ob im klassischen »Martini«, im »Negroni« oder in der »White Lady« – aus London hat der Dry Gin (übrigens eine Kurzform des holländischen »Genever«) seinen Siegszug um die Welt angetreten und ist heute aus den Cocktailkarten der Welt nicht mehr wegzudenken. Wer sich einer tieferen historischen Betrachtung des Phänomens widmen möchte: Das Herstellungsverfahren kann man sich jeden ersten und dritten Mittwoch des Monats in der Destillerie Sipsmith anschauen. Und eine Riesenauswahl an Gin (mehr als sechzig verschiedene Sorten) wird in der Graphic Bar im West End vorgehalten. In der kühl in Beton gehaltenen Kneipe empfehlen die Barkeeper zu jedem Gin gerne das passende Mixgetränk – die hier lobenswerterweise keinen Aufpreis kosten. Ein besonderer Gast wurde hier zwar noch nicht gesehen, würde sich aber bestimmt wohlfühlen: Auch die Queen schätzt einen Gin mit Dubonnet als Aperitif vor dem Mittagessen, sie ist halt ein echtes Londoner Mädchen. Diese Vorliebe hat sie von ihrer Mutter übernommen, auch »Queen Mum« war ein bekennender Gin-Fan. Viele sagen, sie sei der beste Beweis für die segensreiche Wirkung des Londoner Lebenselixiers: Nur ihr täglicher Gin-Konsum hätte sie bis ins hohe Alter fit gehalten. Ausschließen kann man das nicht – die Gute wurde immerhin 101.

GRUND NR. 63

Weil hier Molekularküche nicht die Welt kostet

Wollten Sie sich immer schon mal ein Kaminfeuer auf der Zunge zergehen lassen? Beschleunigt der Gedanke an ein Sorbet, das schmeckt wie ein Waldboden nach einem Regenschauer, Ihren Speichelfluss? Dann sind Sie im Viajante richtig, Londons bester Adresse für neugierige Foodies mit schmalem Geldbeutel. Im ehemaligen Art-déco-Rathaus des Bezirks Bethnal Green, neuerdings umgestaltet zu dem atemberaubend schönen Town Hall Hotel (nur zwei U-Bahn-Stationen vom Olympiagelände), betreibt »elBulli«-Schüler Nuno Mendes seinen Tempel für Freunde übersichtlicher Tellerdekoration.

Hier gibt es Molekularküche auf höchstem Niveau – der erste Michelin-Stern für den gebürtigen Portugiesen kam 2011 –, aber zu halbwegs zivilen Preisen. Schon für 28 Pfund kommt man mittags in den Genuss eines erstklassigen Drei-Gänge-Menüs, das sich durch die vielen Kleinigkeiten, die vorweg und zwischendurch gereicht werden, deutlich größer anfühlt. Tipp: 18 Pfund drauflegen, dafür gibts den passenden Spitzenwein zu jedem Gang dazu. Wer auf den schlichten Sitzmöbeln im skandinavischen Stil der 1960er Jahre Platz genommen hat, merkt sofort: Hier ist das Essen der Star, Dekor und alles andere ist zweitrangig. Für ein Sterne-Restaurant ist die Atmosphäre angenehm lässig, Cameron, unser Kellner, trägt schwarze Jeans und ein offenes Hemd. Er erklärt uns die Philosophie des Hauses: Eine Karte gibt es nicht, wer hier herkommt, begibt sich bewusst und freudig in die Hände des Küchenchefs. Stattdessen werden kurz Unverträglichkeiten abgefragt, das Überraschungsmenü wird daraufhin angepasst. Wir entscheiden uns für die Sechs-Gänge-Option zu fünfzig Pfund – wenn schon, denn schon.

Während wir warten, isst das Auge schon mal vor: Nur eine flache Theke trennt die offene Küche vom Gastraum. Hier kann man vier der 15 Köche beobachten, wie sie mit Pipetten Consommé auf Auberginen träufeln oder mit der Pinzette Petersilie zupfen – kein Scherz. Doch das Ergebnis dieses Aufwands ist schmeckenswert: Egal ob rohe Makrele mit kalten Sauerkirschen auf Kopfsalat-Püree, sekundengenau auf den Punkt gegarte Artischockenherzen in Milchhaut, Langustinen auf Brot-Porridge mit Mais und Pfifferlingen – jeder einzelne Gang ist eine Explosion von oft unerwarteten Aromen. Die kleinen Amuse-Gueules, die zwischendurch gereicht werden – noch etwas von dem Gurken-Minz-Granita gefällig? Oder noch ein Amaranth-Sauerampfer-Plätzchen? –, tun ein Übriges, um die Geschmacksknospen auf eine veritable Achterbahnfahrt zu schicken. Als das erwähnte Rote-Bete-Sorbet mit Krümeln von dunkler Schokolade unseren Luxus-Lunch würdig abrundet, ist uns fast schwindlig.

Beim Espresso, der nach dunkler Schokolade schmeckt – wen wunderts? –, sind wir uns einig: Dieses Food-Abenteuer war jeden Penny wert, für vergleichbare Genüsse zahlt man anderswo das Fünffache. Das Viajante ist eher was für den Hochzeitstag und weniger etwas für die Mittagspause, aber eines ist es ganz sicher: eine Einstiegsdroge in die High-End-Gastronomie mit stark erhöhter Suchtgefahr. Und wer hier keinen Tisch bekommt, versucht im Corner Room im ersten Stock sein Glück. In diesem Bistro gibt es eine reduzierte Version der Viajante-Delikatessen á la carte, ein Hauptgang kostet zwölf Pfund. Viel billiger geht Haute Cuisine nun wirklich nicht.

GRUND NR. 64

Weil man von schmierigen Löffeln prima essen kann

Oben am Haus flattert ein Banner trotzig im Wind: »The Star Café is open!« Es soll den Passanten auf der nahen Oxford Street signalisieren: Hey, Leute, es gibt uns noch! Wirt Mario ist erstaunt, mich zu sehen, er nennt mich »Young sir«, wie früher, als ich noch regelmäßig für ein schnelles Frühstück herkam, vor der Arbeit. Aber wo einst das Haus stand, in dem ich gearbeitet habe, gähnt jetzt ein riesiges Loch. Den ganzen Block haben sie abgerissen, die Leute von Crossrail, dem gigantischen Bahnprojekt, das London eine dringend benötigte Ost-West-Verbindung bescheren soll. Eine riesige Wunde haben sie geschlagen, die frühestens in acht Jahren wieder verheilt sein wird. Und Mario, dem haben sie einen blauen Bauzaun vor sein Star Café gesetzt. Nur ein schmaler Pfad ist übriggeblieben von der Great Chapel Street, mehr nicht, viele Leute laufen hier nicht mehr entlang.

Fast die Hälfte habe er an Umsatz eingebüßt, klagt Mario, als er mir meinen Cappuccino hinstellt (den besten in Soho übrigens), die Laufkundschaft bleibt einfach weg. Wie lange er das durchhalten kann, will ich wissen, und Mario sagt müde: »Ich bin 75 und gehe jetzt an meine Lebensersparnisse.« Aufgeben kommt nicht infrage, das Star, das ist sein Leben. Und es ist eines der ältesten Vertreter einer ganz besonderen Spezies: Die »Caffs«, oder »Greasy Spoons«, wie sie im Volksmund heißen, sind eine Mischung aus Imbissbude und Café, billige Futterstellen der Londoner Arbeiterklasse. Es gibt sie an jeder Ecke, und der Spitzname kommt von ihrer Reputation, es mit der Sauberkeit nicht so eng zu sehen und auch in der Küche die eine oder andere Abkürzung zu nehmen. Dafür ist das Essen billig und nahrhaft und der Tee stark. Marios Star Café ist eines der schönsten seiner

Art, natürlich sauber und und ganz nebenbei ein Fanal gegen die fortschreitende »Starbuckisierung« der Stadt.

Morgens und mittags war früher Hochbetrieb. Bauarbeiter, die sich das »Termin eater«-Frühstück (Speck, zwei Würste, zwei Eier, gegrillte Tomate, Baked Beans, warme Blutwurst, Pommes frites, Fried Toast) auf der Schicht wieder abarbeiten konnten, saßen neben Geschäftsleuten beim Business lunch. Auch Werber und Filmleute, die traditionell in Soho angesiedelt sind, schätzten die einzigartige Atmosphäre des Star. Natürlich hatte er berühmte Stammkunden, aber die Namen will Mario nicht verraten. Von Jo, der Bedienung, weiß ich, dass Paul Newman mal hier war, auch Daniel Craig, der Regisseur Mike Leigh hält Mario immer noch die Treue, auch wenn er jetzt im schicken Chelsea wohnt und Vegetarier ist, was Mario bedauert, das Star Café ist nichts für Pflanzenfresser.

Die Tischdecken sind immer noch aus abwaschbarem Plastik, rotkariert, ein Markenzeichen. Über dem hölzernen Lastenaufzug, der das Essen aus der winzigen Kellerküche nach oben befördert, hängt ein Bild von Marios Vater: stolz, in weißer Schürze, vor seinem frisch eröffneten Café. 1933 war das, und viel hat sich nicht verändert seitdem. Die Holzvertäfelung an den Wänden hat Mario machen lassen, als er den Betrieb 1965 übernahm. Aber von ihr sieht man nicht viel, denn damals hat er auch angefangen, alte Emaille-Schilder zu sammeln, die jetzt den Gastraum dominieren, von »Players Navy Cut« über »Colman's Mustard« bis »Hudsons Soap«: Das Star Café ist eine kleine Zeitreise durch die Geschichte der Außenwerbung. Die Sechziger, das waren die besten Zeiten, findet Mario. Als Soho noch Amüsierbezirk war, mit legendären Restaurants, Strip Bars, Pubs und Puffs, die Touristen abschreckten und die Halbwelt anzog. Mario deutet mit dem Daumen nach oben. »Im ersten Stock arbeitete damals ein Mädchen namens Barbara. Ihre Freier schleppte sie regelmäßig hier ins Café und ließ sie eine Schachtel Pralinen kaufen, die mein

Vater extra dafür bereithielt. Nach getaner Arbeit brachte sie die Schachtel zurück und mein Vater gab ihr das Geld.«

Mario steht ächzend auf, um erneut einen Gast mit Handschlag und dem traurigen Refrain »Long time no see!« zu begrüßen. Ich bestelle bei Jo Leber mit Speck, Kartoffelbrei und brauner Soße, seit Jahrzehnten Marios Lunch-Bestseller, 7,50 Pfund. Anständiges, frisches Essen für kleines Geld, das ist das Erfolgsrezept der »Caffs«. Klassiker wie »Steak and Pie« kann man hier gut essen, und Pasta gibts natürlich auch. Empfehlenswert: die Penne mit Fleischbällchen nach Rezept des Hauses für 6,50 oder schlichte Spaghetti bolognese – seine italienische Herkunft ist Mario wichtig, auch wenn er in London geboren ist.

Seit einigen Jahren ist dem Star Café eine Art zweites Standbein gewachsen. Marios Tochter Julia verwandelt das Café abends in eine schummrige kleine Bar mit starkem Frauenüberschuss – das »Star at Night« ist ein beliebter Treff der Londoner Lesbenszene – vielleicht ist das ja die Zukunft des Familienbetriebs.

Mario begleitet mich zur Tür. Ob ihn das nicht traurig mache, so übrig geblieben zu sein, will ich wissen. Vermisst er die alten Zeiten? »Eigentlich nicht«, sagt Mario und schnippt seinen erkalteten Zigarrenstummel Richtung Bauzaun. »Außer vielleicht, dass es früher mehr interessante Figuren hier gab.« Und er erzählt noch schnell die Geschichte von seinem Freund Jim, der in den prüden Fünfzigern von der Armee eine Lastwagenladung Bibeln kaufte und sie dann mit einer vielsagenden Annonce im »Daily Mirror« verscherbelte: »Ein Buch, das jedes Ehepaar besitzen sollte! Versand erfolgt in neutralem braunen Umschlag!« – »Ein Scheißgeld hat er damit verdient, der Gauner!«, ruft Mario und schlägt mir krachend auf die Schulter. »Komm mal wieder vorbei«, sagt er zum Abschied, und dann, etwas leiser: »Solange wir noch hier sind.«

GRUND NR. 65

Weil hier die besten Cocktails gemixt werden

Es gibt ein paar Dinge, die man im Leben mindestens einmal gemacht haben sollte. Jeder hat da so seine eigene Liste, auf meiner stand lange unter Punkt 3: einen Cocktail in der besten Bar der Welt trinken. Das sollte man nicht nur tun, weil dort die Getränke besonders gut oder das Personal besonders freundlich wären (beides trifft zu), nein, wer – idealerweise um fünf Uhr nachmittags – diese Bar betritt, mischt sich unter Legenden. Nur wenige Hotelbars auf der Welt stellen wohl die Karteikarten ihrer Stammgäste aus. Die American Bar des Savoy Hotels aber präsentiert ein paar davon in dezenten Schaukästen, es scheint, als hätte jemand wahllos in das Fach mit dem »C« gegriffen: Caruso, E.; Chaplin, C.; Callas, M.; Chancl, G. Wer sich an die geschwungene Theke setzt, kann also sicher sein, sich hier in bester Gesellschaft zu befinden. Die Schwarz-Weiß-Fotos an den cremefarbenen Wänden beweisen: Ernest Hemingway, F. Scott Fitzgerald, Fred Astaire, Cary Grant, die Dietrich – sie alle haben sich hier ihre »White Ladies« und »Whiskey Sours« eingepfiffen.

Und noch heute umfängt den leicht verunsicherten Gast sofort der Stil, den diese Herrschaften schon damals geschätzt haben dürften. Die sanfte Klaviermusik (der Pianist spielt ab halb sechs), das unaufdringliche Design – das nicht sich selbst, sondern die Gäste in den Mittelpunkt der Veranstaltung stellt –, dazu die weißen Jacketts der Kellner und Barkeeper, die traditionell goldenen Cocktail-Shaker, das mit einem Pickel frisch vom Block gehackte kristallklare Eis: Dieser Laden hat einfach Klasse. Und die Männer hinter der Bar sorgen dafür, dass dieser Anspruch auch im Glas landet. Nur die besten dürfen hier ans Werk gehen, und für viele von ihnen markiert das den Höhepunkt ihrer

Karriere. Denn wer es als »Head Bartender« ins Savoy geschafft hat, dem wird eine besondere Ehre zuteil: Er oder sie darf einen »Signature Drink« kreieren, der es dann, vielleicht, irgendwann, in das berühmte »Savoy Cocktail Book« schafft, eine Art Kamasutra für Liebhaber alkoholhaltiger Mischgetränke. (Apropos: Wenn ein netter Inder namens Swanand Thekendienst hat, lassen Sie sich von ihm mal erklären, warum er beim Mixen immer wippt und überhaupt eine ziemlich theatralische Nummer aus dem Schütteln Ihres Drinks macht. Sie werden Dinge über Moleküle, Eiweiß, Zucker und die Seele des Drinks erfahren, die selbst Chemiker überraschen werden.)

Mein Lieblingsdrink hier ist ein Klassiker: Ich lasse mir von Swanand, seit zehn Jahren im Savoy, auf seine unvergleichliche Weise einen »Hanky Panky« (Gin, Wermut, Fernet Branca) mixen. Die Basis dieses Martinis reift in einem kleinen Holzfass hinter der Theke und wird nur mit Eis und etwas Orangenschale vollendet.

Und noch andere bekannte Klassiker haben in den letzten hundert Jahren hinter dieser Theke das schummrige Licht der Welt erblickt: Die »White Lady« (Gin, Cointreau, Zitronensaft) zum Beispiel war der Lieblingsdrink von Laurel & Hardy, und der »Moonwalk« (Gin, Cointreau, Rosenwasser, Champagner), 1969 von Barkeeper-Legende Joe Gilmore anlässlich der Mondlandung erfunden, ist wohl der einzige Cocktail der Gastronomie-Geschichte, über den es nachweislich einen Funk-Dialog zwischen Astronaut Neil Armstrong auf dem Mond und der Kontrollstation in Houston gab. »Blushing Monarch« (Gin, Campari, Blutorange und Passionsfrucht) ist eine Hommage an die leicht errötende Prinzessin Diana, besser hätte man es mixologisch wohl nicht treffen können. Die letzte Kreation heißt »Carte Blanche«, benannt nach dem neuesten James-Bond-Roman. Der Trinker mit der Doppel-Null hat seine Trinkgewohnheiten im Dienste Ihrer Majestät offenbar endgültig dem Ausguss der Geschichte anvertraut, er instruiert in seinem letzten Abenteuer einen Barmann, Crown Royal Whiskey, Triple Sec und Angostura Bitter zu mixen und das Ganze bitte »Carte Blanche« zu nennen – in der American Bar gibt es sogar fiktive Getränke.

Kein Wunder eigentlich, bei all den Schriftstellern und sonstigen Show-Größen, die hier gesoffen haben. Das Publikum heutzutage lässt zwar den alten Glamour vermissen, aber auch jetzt noch mischen sich Hotelgäste, Waffenhändler und Finanzheinis (reich) ganz locker mit Schauspielern aus dem nahen West End und Schriftstellern in abgewetzten Lederjacken (arm). Am Eingang bildet sich gern mal eine kleine Warteschlange. Wovon man sich genauso wenig abschrecken lassen sollte wie von den illustren Namen der Vergangenheit: Ich bin mir nämlich sicher, dass auch Hemingway und Caruso die American Bar irgendwann abhaken wollten – auf ihrer eigenen Liste von Dingen, die man im Leben mal gemacht haben sollte.

GRUND NR. 66

Weil hier niemand »Fish and Chips« isst

Eines der hartnäckigsten kulinarischen Stereotype über London ist, dass die Londoner nichts anderes zu sich nehmen als »Fish and Chips«, die sie mit lauwarmem Bier hinunterspülen. Das ist, wie so viele Klischees, zum Glück falsch. Fish and Chips haben mit London ungefähr so viel zu tun wie Rollmöpse mit Regensburg. Fish and Chips kommen aus dem Norden, den ersten Chip-Shop gab es zwar schon 1860, aber in Manchester. In London, und vor allem im East End, waren damals längst zwei andere Gerichte populär, die die Mägen der Hafen- und Lagerarbeiter zuverlässig und energiereich füllten, und zwar für einen Penny pro Portion. Noch heute kann man dieser fast verschwundenen Fastfood-Kultur in den wenigen noch verbliebenen »Pie and Mash«-Shops nachschmecken.

»Pie and Mash« und »Jellied eels« – das sind die Ur-Snacks der Londoner: eine simple Hackfleischpastete mit Kartoffelbrei, dazu eine kräftige Petersiliensoße. Und vorweg oder hinterher ein paar Stücke Aal in Aspik – wem das jetzt den Mund wässrig macht, der sollte mal in der Hoxton Street im Stadtteil Islington vorbeischauen. Dort widersteht nämlich Joe Cooke seit vielen Jahren der Dönerisierung seines Viertels. Den Familienbetrieb »F Cooke's Pie & Mash Shop« führt er in der vierten Generation. Zu Queen Victorias Zeiten von seinem Urgroßvater eröffnet, werden die Speisen bis heute nach unveränderter Rezeptur zubereitet.

»Wir machen alles selbst, verwenden keine Fertigprodukte oder chemische Hilfsmittel«, erklärt Joe nicht ohne Stolz. »Bei uns kommt hundert Prozent britisches Rindfleisch in die Pies, wie früher, und sonst gar nichts.«

Alles, was hier über den Tresen geht, wird jeden Tag frisch zubereitet – abgesehen von den Aalen, die kocht Joe nur alle paar Tage. Denn die Nachfrage nach dem berühmten »Jellied eel« ist kontinuierlich gesunken. »Schade eigentlich«, sagt Joe, während er mit einem langen Messer einem der glitschigen Fische, die lebend in einem Becken gehalten werden, den Garaus macht, »dieser hier zum Beispiel ist gestern drüben an der Tower Bridge ins Netz gegangen. Frischer gehts nicht.« Lokale Aale – Nachhaltigkeit praktizierte Joes Familie schon, als es das Wort noch gar nicht gab. Und nichts wird vergeudet: Das Kochwasser der Aale findet Verwendung als Grundlage für den »Liquor«. Das ist die tiefgrüne Petersiliensoße, die traditionell großzügig über Pie and Mash verteilt wird und dabei überraschenderweise überhaupt nicht fischig schmeckt. Viele der jüngeren Gäste peppen das Gericht noch mit Joes eigenem Chili-Essig auf, der auf jedem Tisch steht. So entsteht ein Pie and Mash aus einer überschaubaren Anzahl von Zutaten: Rindfleisch, Wasser, Mehl, Schmalz, Fisch, frische Petersilie und Kartoffeln. Joe behauptet übrigens, dass sein Urgroßvater der Erste war, der diese Kombination auf Londoner Teller brachte und somit das Traditionsgericht des East End erfunden hat – man ist geneigt, ihm zu glauben, auch ohne Beweis.

Joes Gäste kommen heute aus den Büros und von den Baustellen der Umgebung, Londoner aus allen Schichten sitzen hier auf den traditionellen engen Holzbänken an langen Tischen aus Marmor. Der Fußboden ist wie zu Urgroßvaters Zeiten mit Sägemehl bestreut. »Das erleichtert das Aufwischen«, erklärt mir Joe, »viele Gäste spucken wie in alten Zeiten die Aalgräten einfach auf den Boden.« Londons Osten hat eben seinen eigenen Knigge. Und noch etwas fällt auf: In Pie-Shops gibt es nur Löffel und Gabeln – Messer sucht man im Besteckkasten vergeblich. Ein Grund: Früher haben sich die Gäste gern mal damit attackiert. Heute geht es friedlicher zu, viele Gäste kommen auch nicht ausschließlich zum Essen her. Cooke's ist eine Sozialstation, Joe kennt viele seiner Stammgäste seit Jahrzehnten und betreibt nebenbei seine ganz eigene Form von Nachbarschaftshilfe: Rentner bezahlen nur den halben Preis. »Man muss sich halt umeinander kümmern«, sagt Joe, »das hat bei uns auch Tradition.«

Also, wer sich traut, lässt die Fish-and-Chips-Buden links liegen und probiert mal eingelegten Aal. Aber auch wer bei Pie and Mash bleibt, kann sich bei Cooke's oder einem anderen der verbliebenen Pie-Shops – es gibt nur noch eine Handvoll – das wahre kulinarische Erbe der Stadt auf der Zunge zergehen lassen – historisches Londoner Fastfood.

GRUND NR. 67

Weil die besten Kneipen sich verstecken

Rund siebentausend Pubs gibt es in London – das allein sind schon siebentausend Gründe, London zu lieben. Denn der Pub ist in London so viel mehr als die Eckkneipe in Deutschland. Die »Locals«, also die kleinen Pubs in den Wohnvierteln, sind verlängertes Wohnzimmer der Anwohner, Kommunikationszentrale und Kantine. Hierhin geht man mit Kollegen nach der Arbeit, um über den Boss zu lästern, und sonntags mit der Familie, um nach einem herzhaften Mittagessen bei Bier und Wein mit dem »Observer« oder der »Sunday Times« den Nachmittag zu vertrödeln. Aber Pub ist nicht gleich Pub: Es gilt, die Filialen der großen Ketten zu meiden und die kleinen, eigentümergeführten »Freehouses« zu finden, die Perlen der Pubkultur, die sich oft in Seitenstraßen verstecken. Hier finden Bierkenner die beste Auswahl internationaler und lokaler Spezialitäten, es gehört zur Berufsehre vieler Wirte, saisonal wechselnde »Ales« aus kleinen Brauereien auszuschenken, die von Kennern wie teure Weine verkostet werden.

Eine dieser Perlen ist das »Nags Head« in Belgravia, das sich für einen Besuch nach einer Einkaufstour bei Harrods anbietet – falls dann noch Geld übrig ist. Die Außenfassade lässt einen an Dickens denken, der gemütliche Barraum hat einen abgewetzten Holzboden und ist vollgestopft mit Krimskrams vom Flohmarkt, uralten Spielautomaten und einem Ofen von 1820. Die Theke ist abgesenkt, sodass man an der Bar bequem auf Stuhlhöhe sitzen und zuschauen kann, wie Landlord Kevin die wunderschönen alten Bierpumpen bedient. Kevin ist einer dieser unabhängigen, exzentrischen Landlords, seit mehr als einem Vierteljahrhundert führt er das Nags Head und macht seine eigenen Regeln: Mobiltelefone zum Beispiel sind hier verboten.

Zwar nicht unabhängig, aber trotzdem der wohl schönste viktorianische Pub der Stadt: das »Princess Louise« nahe der Tube-Station Holborn. Wer hier durch die Tür tritt, begibt sich auf eine echte Zeitreise ins London des ausgehenden 19. Jahrhunderts. Das Zentrum bildet eine großzügige ovale Bar, deren Mahagoni-Schrank einen Durchgang hat und von einer Art Turmuhr gekrönt wird. Entlang der Theke stehen die Gäste in kleinen Abteilen, die noch mit den Original-Trennwänden aus reich verziertem Glas abgetrennt sind. So bilden sich intime Trinksalons für kleine Gruppen von Zechern. Die ornamentierte Decke, die Spiegel, Säulen und Fliesen, die Feuerstellen im hinteren Salon – man kann sich gar nicht sattsehen an diesem prachtvollen Gesamtbild eines echten viktorianischen »Boozers«. Sogar die Herrentoiletten sind hier denkmalgeschützt – und nichts für Gäste mit niedriger Hygienetoleranz. Das Princess Louise gehört übrigens zur Brauerei Samuel Smith, nach den allgegenwärtigen Importbieren wie Stella und San Miguel sucht man hier vergebens. Stattdessen laufen hier astreine Eigenproduktionen aus den Zapfhähnen, allesamt aus der Familien-Brauerei in Tadcaster: das Guinness-ähnliche schwarze »Extra Stout« mit sämiger Schaumkrome; »Old Brewery«, ein klassisches, nicht zu strenges Bitter, und »Pure Brew«, ein nach deutschem Reinheitsgebot gebrautes Lager. Weiterer Pluspunkt aller Sam-Smith-Pubs: Ein Pint kostet hier ein knappes Pfund weniger als anderswo, und es läuft keine Musik. What's not to like?

»Up and down the City Road / In and out the Eagle / That's the way the money goes / Pop! Goes the weasel!« – Der »Eagle« ist wohl die einzige Kneipe der Welt, die in einem Kinderlied besungen wird. Seit 1825 gibt es den Pub am Shepherdess Walk. An Wochenenden wirds auch mal laut, wenn die Whizz-Kids der Internet-Start-ups vom nahen Silicon Roundabout sich hier die Kante geben. Die Atmosphäre ist entspannt und das Publikum gut gemischt. Im großen Biergarten isst man im Sommer unter alten Bäumen saftige Burger und gehobene britische Pubküche – in 1-a-Qualität zu zivilen Preisen.

Nicht weit vom Victoria Park, in der Approach Road, einer der schöneren Seitenstraßen des East End, liegt die Approach Tavern. Sie ist eine der cooleren Kneipen der Gegend. Vor der Tür gibts eine große Terrasse, drinnen tschechisches Pils, belgisches Klosterbier sowie eine wechselnde Auswahl perfekt temperierter Ales. In der gemütlichen, etwas abgewetzten Atmosphäre mischen sich Ureinwohner der Gegend zwanglos mit Studenten, Künstlern und anderen Vertretern der Ostlondoner Kreativ-Szene. Im ersten Stock befindet sich eine Galerie für moderne Kunst, aus der Küche kommt zuverlässig klassisches Pub-Food. Ein cooler »Local« mit Lieblingskneipenpotenzial.

Last but not least mein Soho-Favorit: das »Coach and Horses« in der Greek Street. Berühmt für seine Verbindung zur linken Londoner Intelligenzia der 1970er Jahre, gehört heute noch die Redaktion der Satirezeitschrift »Private Eye« zur Stammbesatzung. An den niedrigen Tischen sitzen auf Bänken und Hockern pensionierte Journalisten, gereifte Schauspieler und obskure Schriftsteller, die in ihre Biere weinen und deklamieren, dass früher, als hier der berüchtigte »unhöflichste Wirt der Stadt« sein Zepter schwang, wirklich alles besser war. Die Atmosphäre ist sehr Seventies; in hellem Holz getäfelte Theke und Wände, denen man die Jahre ansieht, erinnern an die damalige skandinavisch geprägte Möbelmode. Auf vielen Fotos und Karikaturen, die an der Wand nahe der Toilette hängen, kann man sich anschauen, welche Promis damals hier verkehrten, Soho-Legenden wie der Schauspieler Peter O'Toole, die Maler Francis Bacon oder Lucian Freud oder der legendäre Trinker (und »Spectator«-Kolumnist) Jeffrey Bernard, über den sogar ein Theaterstück geschrieben wurde. Allein dafür muss man London und besonders Soho einfach lieben: Hier kann man allein durch kontinuierlichen, gesteigerten Alkoholkonsum berühmt werden. Wenn ich mit

Freunden an einem der Tische draußen sitze und mir der vielstimmige, chaotische Soundtrack von Soho um die Ohren weht, überkommt mich manchmal ein leises Bedauern, dass ich diese Zeiten verpasst habe – und dass Karrieren wie die von Jeffrey Bernard heute fast unvorstellbar sind.

GRUND NR. 68

Weil man hier die absurdesten Abendessen bekommt

Ob ich sicher sei, dass wir wirklich hier aussteigen wollen, fragt der Taxifahrer besorgt. Ich nicke, nach einem kurzen Blick auf das Straßenschild. Es ist ein trüber Novemberabend, und als das Taxi weg ist, stehe ich mit meiner Begleitung allein und leicht verunsichert in einer der trostloseren Sozialsiedlungen von Stoke Newington. Ich bin zum »Secret Dinner« verabredet, aber hier? Zum Glück hält gerade ein weiteres Taxi, die Insassen haben das gleiche Ziel und gemeinsam tasten wir uns über einen langen, schlecht beleuchteten Gartenweg, stolpern über Kinderspielzeug, Gartengerät und leere Flaschen, bis wir schließlich ein winziges Reihenhaus erreichen, aus dessen Fenstern schon Dampfschwaden in die kalte Winternacht entweichen. Es riecht appetitlich, als Horton, unser Gastgeber, uns begrüßt und uns rasch in das improvisierte Esszimmer führt (normalerweise sein Wohnraum). Dort ist ein Tisch für zwölf Personen gedeckt.

Seit drei Jahren lädt Horton einmal pro Woche ein Dutzend wildfremder Menschen in sein Wohnzimmer ein, um für sie zu kochen. Er gehört zu den Pionieren der »Supper Club«-Szene, die das Londoner Nachtleben um eine spannende Nuance bereichert hat. Sterneköche, Avantgardekünstler oder ambitionierte Foodies wie Horton – eigentlich ist er DJ und Musiker – laden zu diesen semi-legalen kulinarischen Happenings, die so vielfältig sind wie ihre Gastgeber. Bei dem unter Insidern begehrten Pop-up-Restaurant Pale Blue Door verwandelt Bühnenbildner Tony Hornecker sein Haus in eine Mischung aus Theaterfundus und Schreinerwerkstatt, und zwischen den verschiedenen Gängen singen grotesk kostümierte Transvestiten traurige Lieder, während

»Funthyme« sich an Singles mit Kontaktwunsch richtet – Abendessen mit doppelt erhöhtem Risikofaktor.

Das Essen ist von überraschend (bei Horton heißt das Thema heute »Japan meets Spain«) bis medioker, bei vielen Veranstaltungen scheint auch das Ambiente wichtiger zu sein als das, was auf dem Teller landet. Bei Horton allerdings geht es ums Essen – und darum, Leute kennenzulernen. Zu Miso-Suppe mit Wachtelei diskutiere ich angeregt mit Amy, einer amerikanischen Drehbuchautorin, und Eduardo, einem Lichtdesigner aus Italien, über die ihrer Ansicht nach überschaubaren Vorzüge der kroatischen Küche. Während Horton eine Vorspeise aus Karottenpüree mit Wasabi, Kohlröllchen mit Seetang und gefüllten Radieschen serviert, berichtet der russische Oligarchenanwalt Sergej, zu Besuch aus Paris, von den exzentrischen Vorlieben seiner Mandanten. Später, wir sind schon beim Hauptgang (lauwarmer Kartoffelsalat mit spanischer Chorizo), sitzt Victoria neben mir und erzählt von ihrem Alltag als Sozialarbeiterin in einer Sozialbausiedlung in Südlondon, nicht unähnlich der, in der wir gerade essen.

Für einen Amateur legt sich Horton an seinem altersschwachen Gasherd ganz schön ins Zeug, keiner der Gänge ist ein Reinfall, besonders die Gemüse-Quiche und die Vanille-Zimt-Zabaione am Schluss hinterlassen nachhaltig Eindruck. Japanisch kochen hat Horton gelernt, so sagt er, um Frauen zu beeindrucken. Dass daraus mal einer der interessantesten Supper Clubs der Stadt werden würde, war nie geplant. Mit dreißig Pfund beteiligt sich jeder an den Kosten, ein fairer Deal, wenn man den Aufwand betrachtet und die Liebe zum Detail, mit der Horton ans Werk geht. Tickets für »Secret Ingredient« gibts via Facebook, die Getränke bringt man selbst mit. Essen wie im Restaurant im Ambiente einer privaten Dinnerparty, neue Freunde inklusive – prima Erfindung.

GRUND NR. 69

Weil es hier richtig gutes Fastfood gibt

Egal, ob man in London lebt und arbeitet oder zu Besuch ist: Oft reicht einfach die Zeit, der Appetit oder das Geld nicht für ein ausgedehntes Mittagessen. Natürlich kann man in eines der vielen »Caffs« gehen und sich dort schnell und preiswert ein Sandwich und einen »Builder's Tea« besorgen. Oft braucht man da aber Magenwände aus Stahlbeton. Zum Glück gibt es in London aber eine Reihe von Fastfood-Ketten, die zuverlässig einen hohen Standard bieten, was Qualität und Frische betrifft. Die größte davon ist »Pret A Manger«. In mehr als 160 Filialen im ganzen Stadtgebiet bekommt man hier Sandwiches, knusprige Baguettes, Salate, frisches Obst, Suppen, Kuchen und tipptopp Kaffee. Zum Frühstück gönne ich mir oft eine Portion heißen Porridge, mit Honig oder einem süß-sauren Beerenkompott. Alles, was man hier zu essen bekommt, wird im Shop tagesfrisch zubereitet, Haltbarkeitsdaten sucht man deshalb auf dem Einwickelpapier vergeblich. Was bis zum Abend nicht verkauft ist, wird an Obdachlose und Suppenküchen verschenkt. Aber die eigentliche Attraktion ist das Personal: Ich frage mich manchmal, ob die »Pretties« morgens irgendeine Droge verabreicht bekommen, um den ganzen Tag über so unglaublich freundlich, hilfsbereit und schnell ihre Kunden zu bedienen. Ich habe hier selten länger als eine Minute auf meinen Kaffee gewartet, einer der besten Gründe, um in der Mittagspause hier einzukehren.

Auch beim Konkurrenten »EAT« gibts tagesfrische Ware, die allerdings zentral zubereitet und per Lkw an die Shops ausgeliefert wird. Die Qualität ist ebenfalls prima, hier bekommt man wunderbaren Earl-Grey-Tee, hervorragenden Porridge und – Sandwiches mit richtigem Vollkornbrot, eine echte Seltenheit in London.

Wem's mittags asiatisch zumute ist, der hat ebenfalls eine große Auswahl.

In einer der 35 Filialen von »Itsu« genehmige ich mir mindestens einmal die Woche eine der wunderbaren Nudelsuppen, mit gegrilltem Hühnchen oder den großartigen Veggie-Dumplings, knackigem Gemüse und niemals verkochten japanischen Nudeln. All diese Zutaten schwimmen in einer köstlichen Brühe, die sie hier großspurig »Dynamite broth« nennen, und das mit Recht, Sie werden schmecken warum. Auch die Sushi-Boxen oder die »Rice Bowls« sind empfehlenswert, für rund fünf Pfund kommt man hier zu einem leckeren Mittagessen. Beim Service gelten die gleichen Grundsätze wie bei »Pret« – kein Wunder, der Gründer ist derselbe.

Wer seinen Frischfisch lieber in japanischem Original-Ambiente verzehrt, der ist bei »YO! Sushi« richtig. In den Restaurants im Stil der japanischen »Kaiten«-Sushi-Bars setzt man sich an die Theke und greift sich einfach die auf einem Fließband vorbeiziehenden Speisen. Die Preise erkennt man an der Farbkodierung der Schälchen.

Dim Sum, die kleinen gedämpften Nudeltaschen aus China, bekommt man nirgendwo so lecker – und in so lässiger Atmosphäre – wie bei »Ping Pong«. Einfach den Bestellzettel ankreuzen, und wenig später werden auf dem Tisch ganze Türme der typischen hölzernen Dämpf-Körbchen aufgebaut, aber das alles gibts auch zum Mitnehmen.

Wenns unbedingt ein Burger sein soll, kann man getrost einen großen Bogen um die bekannten amerikanischen Restaurantketten machen. Bei »Gourmet Burger Kitchen« gibts sehr anständige, handgemachte Burger aus hundert Prozent britischem Rindfleisch. Mein Favorit: »The Wellington« mit Pilzen, Meerrettichsoße, Rucola und Mayo für gut acht Pfund, auf Wunsch auch »naked«, also mit Blattsalat statt Brötchen. Und vier verschiedene vegetarische Optionen gibts auch.

Zum Schluss noch ein Tipp für Sparfüchse: An der Kasse der Mitnahme-Restaurants wird oft gefragt, ob man »take-away« oder »eat-in« wählen möchte. Sagen Sie auf jeden Fall immer »take-away«, selbst wenn Sie im Restaurant essen wollen – denn das wird deutlich billiger. Grund: Kalte Speisen zum Außerhausverzehr (also Sandwiches, Kuchen, Sushi, Obst oder Salate) unterliegen in Großbritannien nicht der happigen Mehrwertsteuer von zwanzig Prozent. Und getreu dem Londoner Motto »many rules, no enforcement«: Kontrollieren tuts keiner.

GRUND NR. 70

Weil beim Tee der Spaß aufhört

Man kann England so einiges zur Last legen. Dass es sich ungefragt ein Viertel der Welt einverleibt hat. Dass hier das Maschinengewehr und Katie Price erfunden wurden. Aber *einen* wichtigen Beitrag zur Geschichte der menschlichen Zivilisation kann man diesem Land niemals absprechen: den Fünf-Uhr-Tee. Er ist eigentlich ein Ritual aus der viktorianischen High Society, das sich schnell in allen Schichten durchgesetzt hat – viel englischer gehts kaum. Wer herausfinden will, was hinter dem ganzen Bohei um ein simples Aufgussgetränk eigentlich steckt, der hat in London natürlich eine Auswahl wie nirgendwo sonst auf der Welt. Berühmt sind vor allem die »Afternoon Teas« im Ritz, im Savoy oder im Claridge's. Dorthin schleppen alle deutschen »Expats« ihren Besuch aus der Heimat. Im prächtigen »Palm Court« des Ritz kann man natürlich prima die Verwandtschaft beeindrucken, aber die ganze Sache kommt einem irgendwann wie eine Massenspeisung vor: Bis zu vierhundert Gedecke werden hier an einem Nachmittag serviert, und der Dresscode lautet »No Blue Jeans!« – sowie Krawatte und Jackett für die Herren.

Etwas weniger formell, aber genauso edel gehts im gerade spektakulär renovierten Savoy zur Sache, hier erweitert ungewöhnlicher Sandwichbelag (Hähnchen mit Mango-Chutney anyone?) den klassischen Gurken-und-Lachs-Kanon des High Tea. Das »Thames Foyer« im Savoy, mit seiner Glaskuppel und der riesigen Voliere, ist auch sehenswert. Genau wie im Ritz kostet der Spaß hier rund vierzig Pfund pro Person, dafür gibt es aber einen Nachschlag der wunderbaren Pastries und Sandwiches sowie Earl Grey, bis sich die Zähne schwärzen. Achtung: Die Vorlaufzeit für Reservierungen beträgt acht Wochen.

Eine schöne Alternative für Nostalgiker: Im »Time for Tea« auf der Shoreditch High Street genießt man seinen Tee im Stil der 1940er Jahre, Originalporzellan und Ambiente inklusive, zu Preisen wie damals – na ja, fast (nur sonntagnachmittags, Reservierung empfohlen unter itstimefortea@gmail.com). Auch der Tee im »Wolseley« schlägt mit 21 Pfund nicht ganz so heftig ins Kontor wie in den schicken Hotels, ohne Abstriche in der Stil-Abteilung – feinstes Silber und Damastservietten, so weit das Auge reicht.

Kommen wir nun aber zur wichtigsten Frage: Welche Benimmregeln gilt es beim »Afternoon Tea« einzuhalten? Man will sich bei so einer Veranstaltung ja nicht blamieren oder gar strafende Blicke von Lady Penelope riskieren, die am Nachbartisch mit ihren Freundinnen schockiert dem Treiben der Teutonen zusieht. Zunächst will ich die Frage aus dem Weg räumen, die Sie wahrscheinlich beschäftigt, seitdem Sie dieses Buch in die Hand genommen haben: Was wird zuerst eingegossen, Tee oder Milch? Oft wird behauptet, das sei eine reine Geschmacksfrage. Das ist natürlich Blödsinn. Der *Tee*, my dear, *der Tee* wird natürlich unter allen Umständen *immer zuerst* eingegossen. Dann folgt die Milch. Früher war das ein Test, um das Porzellan der Gastgeberin zu prüfen – Tassen schlechter Qualität brachen entzwei, wenn man heißen Tee eingoss. Der blamierten Gastgeberin blieb dann nur noch, aufzuwischen, abzuräumen – und sich die Adern zu öffnen. Außerdem macht es die Queen genauso (also das Eingießen), und wenigstens beim Tee sollte man Ihre Majestät als absolute Autorität anerkennen. Die Teekanne wird sodann mit der Tülle *in Richtung Gastgeberin* abgestellt! Mein Gott, was dachten Sie denn? Die Tüllenorientierung sei nebensächlich? Dann wussten Sie wahrscheinlich auch nicht, dass man beim Umrühren den Löffel so handhabt, dass er in der Tasse nicht etwa *Geräusche* macht wie eine kaputte Fahrradklingel! Und – since you asked: Der kleine Finger wird natürlich *nicht abge-*

spreizt, sondern locker an die Handinnenfläche geführt, während man die Tasse mit Daumen, Zeige- und Mittelfinger an ihrem delikaten Henkel greift. Und *niemals*, wirklich unter absolut *gar keinen* Umständen ist es erlaubt, seinen Keks oder Scone in die Tasse zu *tunken*! Das wäre ein Fauxpas, an den Sie noch lange denken würden; die rasch herbeigerufenen staatlichen Vollzugsorgane würden Sie anschließend so robust anfassen, wie es ohne Gerichtsbeschluss gerade noch erlaubt ist.

Diese Regeln – und noch ein paar andere – finden sich übrigens in der »Tea Etiquette« des Langham, eines Fünf-Sterne-Hotels nicht weit vom Oxford Circus. Man kann dieses Dokument getrost als das Alte Testament der englischen Teekultur betrachten – das Langham servierte schließlich im Jahre des Herrn 1865 als erstes Luxus-Hotel den »Afternoon Tea«. Die haben das ganze Theater also erfunden, und noch heute kann man dort seinen Tee genießen, in unvergleichlicher Eleganz und weit weniger überlaufen als an den vorgenannten Adressen. Also, nicht länger abwarten – sondern endlich mal *richtig* Tee trinken!

8. SHOP 'TIL YOU DROP!

DIE BESTE EINKAUFSSTADT DER WELT

»Oh, here in London
›Home of the brash, outrageous and free‹
You are repressed
But you're remarkably dressed.«

MORRISSEY, 1988

GRUND NR. 71

Weil hier selbst schuld ist, wer den vollen Preis bezahlt

London ist ohne Zweifel die Shopping-Hauptstadt Europas. Knapp 15 Milliarden Pfund geben Besucher pro Jahr in Londons Kaufhäusern, Restaurants und Geschäften aus, und nicht wenig davon landet in den Kassen der Modebranche. Darfs auch ein bisschen preiswerter sein? Wer schlau plant, kann eine Menge Geld sparen und trotzdem tolle Textiltrophäen ins Gepäckfach des Billigfliegers quetschen.

Anders als in Deutschland sind die Schlussverkäufe in London nicht gesetzlich geregelt. Viele Geschäfte hängen ein »Sale«-Schild ins Fenster, wann es ihnen passt. Dennoch orientieren sich die meisten Einzelhändler an den Schlussverkäufen der großen Kaufhäuser wie Harrods oder Liberty, die im Juni und Dezember mit der Preisschlacht beginnen. Besonders nach Weihnachten wirds interessant: Während Deutschland noch selig Omas Christstollen mampft, geht in Londons Einkaufsstraßen schon die Post ab. Am »Boxing Day«, dem zweiten Weihnachtstag, beginnt traditionell der Winterschlussverkauf. Die großen Häuser an der Oxford Street wie John Lewis oder Selfridges öffnen schon früh am Morgen ihre Türen, oft spielen sich Szenen ab, die dem Namen des Tages alle Ehre machen. Echte Schlaubergerinnen vermeiden Handgemenge und unproduktive Wartezeiten vor den Umkleidekabinen, sie haben sich bereits Wochen vorher mit Sortiment und Größen vertraut gemacht. Selbst auf der schicken Bond Street wird reduziert, als ginge morgen die Welt unter. Nicht irritieren lassen: Armani, Dolce & Gabbana oder Etro hängen keine Schilder ins Fenster (wie profan wäre das denn!), aber heimlich reduzieren sie alle – einfach reingehen und die nächstbeste Size-Zero-Verkäuferin schütteln, bis sie verrät, wo die reduzierte Ware versteckt ist.

Sie wollen Weihnachten lieber zu Hause verbringen als im üblicherweise regnerisch-grauen London? Kein Problem, zahlreiche Lager- und Kollektionsverkäufe bieten das ganze Jahr über geradezu haarsträubende Rabatte. Es vergeht kaum eine Woche, in der nicht irgendein großes oder kleines Modelabel seine überschüssige Ware aus Modenschauen, Messen und Fotoproduktionen für kleines Geld verbimmelt. »Sample Sales« heißen diese Fabrikverkäufe und dementsprechend ihr Suchbegriff im Internet. Selbst Hermès und Alexander McQueen halten so etwas ab, die Hinweise darauf finden sich dann aber eher in der »Financial Times«.

Ich kenne eine Frau, die eine ultra-exklusive Designerhandtasche (Ladenpreis: obszöne 10.000 Pfund) für vergleichsweise schlappe vierhundert Pfund ergattern konnte. Von dem Schock hat sie sich bis heute nicht richtig erholt. Diese Veteranin der Sample-Szene empfiehlt übrigens eine öffentlichkeitstaugliche Auswahl der Unterwäsche für solche Gelegenheiten, denn meist fehlen Umkleidekabinen. Entsprechend begehrt sind diese Veranstaltungen bei den kräftigen Security-Leuten, die am Ausgang die Taschen durchsuchen. Auch deshalb sollte man sich mit den Konfektionsgrößen der jeweiligen Designer im Vorhinein vertraut machen. Generell gilt: Der richtig frühe Vogel fängt auch hier den Wurm. Zwei Stunden vor Eröffnung dort sein – mindestens. Oft – wenn auch nicht immer – gehen diese Sales über mehrere Tage und das Sortiment wird regelmäßig erneuert. So kann es passieren, dass ein bestimmtes Produkt erst am dritten Tag im Showroom auftaucht – zum Leidwesen mitreisender Ehegatten kann sich mehrmaliger Besuch also lohnen. Um rechtzeitig Wind zu kriegen von anstehenden Schnäppchenorgien, ist es empfehlenswert, sich in den geeigneten sozialen Netzwerken mit den favorisierten Namen der Modewelt zu verknüpfen, dort werden die anstehenden

Sales den Fans verkündet. Noch ein Tipp: In der Truman Brewery in Spitalfields gibt es fast jede Woche einen Sale (auf das unscheinbare Ladenlokal rechts an der Einfahrt Hanbury Street achten oder vor Buchung des Fluges www.trumanbrewery.com konsultieren.

Im Februar und September gibt es dann noch ein ganz besonderes Shopping-Spektakel für Fashionistas mit überschaubaren Vermögensverhältnissen: Direkt im Anschluss an die »London Fashion Week« verkaufen die dort vertretenen Designer ihre Ware auf dem »London Fashion Weekend«. Neben diversen Modenschauen gibts dort aktuelle Kleidung, Schuhe, Accessoires und Kosmetik, das alles mit Abschlägen von bis zu siebzig Prozent – gewissermaßen ofenfrisch von der Messe, im exklusiven Rahmen des herrlichen Somerset House. Meine Expertin rät hier zu Muße und Disziplin. Es gilt zu schlendern, zu schauen – um im richtigen Moment ansatzlos zuschlagen zu können. Vom Mitführen eines männlichen Begleiters wird abgeraten, Spielecken mit Männermagazinen und Motorradzeitschriften gibt es hier nicht, schwere Ehekrisen sind vorprogrammiert. Es empfiehlt sich aber die Mitnahme mindestens einer besten Freundin, deren Rat und Geschmack man schätzt. Man will ja nicht allein an einer der Champagnerbars das Schnäppchen des Jahrhunderts feiern.

GRUND NR. 72

Weil sich alles um die High Street dreht

Düsseldorf hat die Kö, Frankfurt die Zeil, und was den Berlinern der Ku'damm oder die Friedrichstraße, ist den Münchnern der Marienplatz. London hat zwar die – unerträgliche – Oxford Street, bietet zum Glück aber viel mehr und viel spannendere Einkaufsziele, denn in London gibt es die »High Street«. Diese Einkaufsstraßen sind die traditionellen Zentren der heutigen Stadtviertel, die früher eigenständige Gemeinden waren. Sie sind die Achsen, um die sich das urbane Leben ganz dörflich dreht: Die High Street hält das Quartier zusammen und stiftet einen wichtigen Teil seiner Identität. Hier macht man seine täglichen Einkäufe und Besorgungen, oft gibt es eine kleine Poststelle und Bankfilialen, hier wird man erkannt und gegrüßt wie auf dem Dorf. Die High Street ist Werkzeug und Gradmesser für die Integration zugleich, wer hier als Zugezogener nach einigen Monaten zum ersten Mal von einem Händler, Postboten oder Nachbarn gegrüßt wird, darf sich als echter Londoner fühlen.

Eine der schönsten ist die Marylebone High Street, im gleichnamigen Viertel zwischen Oxford Street und Euston Road, das Shoppingrevier der gehobenen Londoner Mittelklasse. Wer in den umliegenden Straßen wohnt, trinkt hier seinen entkoffeinierten Venti-Karamell-Soja-Latte; häufigste Unfallursache für Fußgänger: Kollision mit einem Bugaboo-Kinderwagen. Diese High Street wird bevölkert von modebewussten »Yummy Mummies« und den dazugehörigen Gatten in Loafers und Chinos. Hier erfüllen sich die Shoppingträume der jungen Arrivierten, die es geschafft haben, sich eine der maßlos übertreuerten Wohnungen in der Nachbarschaft zu leisten: Jung-Oligarchen aus Russland, Banker, Werber, Erben, Medienleute und Kulturschaffende zieht es magisch nach Marylebone (sprich: »marliben«) oder ins benachbarte St John's Wood.

Meine weiblichen Freunde unternehmen regelmäßig Expeditionen, sie schätzen die Mischung aus entspannter Atmosphäre und hochklassigen Geschäften für Damenoberbekleidung (darunter der Notting-Hill-Trendsetter »Matches«), die sich abwechseln mit gehobenen Ökoshops und französischen Patisserien, die unzählige Törtchen, Baguettes und Brote bereithalten. Bei Divertimenti stöbere ich gern nach Küchenzubehör, im regelmäßig stattfindenden »Sale« hab ich schon tolle Schnäppchen machen können, neben edlen Kupfertöpfen und Porzellan bekommt man hier aber auch Küchenmaschinen zum Preis eines Gebrauchtwagens der gehobenen Mittelklasse. Gegenüber bei Skandium finden Liebhaber des klassisch skandinavischen Stils Möbel, Geschirr und Wohntextilien. Und direkt nebenan eine meiner absoluten Top-Adressen, ein echtes Juwel der High Street, ein Denkmal der Londoner Shoppingkultur: Daunt Books (83 Marylebone High Street) ist wohl einer der schönsten Buchläden der Welt, mit Sicherheit aber der schönste in London. Wer hier hereinkommt, schwört bereitwillig, nie wieder ein Buch im Internet zu bestellen. Die Eichenregale, die zauberhafte Galerie und die Oberlichter stammen aus der Zeit Edward II., ebenso wie die Spezialisierung auf Reiseliteratur: Damals wurde von London aus schließlich noch ein Empire regiert. In der Orrery Epicery gibts leckere Sandwiches, Kuchen, Suppen und Salate. Wer sich ein richtiges französisches Mittagessen gönnen will, bekommt das auf der eleganten Dachterrasse des Mutterhauses nebenan, wo die ortsansässigen »Ladies who lunch« sich gegenseitig ihre Einkäufe aus dem nahen Designkaufhaus des Star-Architekten Terence Conran präsentieren.

Ein ganz anders gelagertes High-Street-Erlebnis wartet auf der Bethnal Green Road im Osten der Stadt. Sie verbindet Shoreditch, das Trendviertel der Spraykünstler und jungen Avantgarde, mit dem echten East End, dessen Spuren aber hier schon fast vollständig verschwunden sind. An kaum einem Ort in London ist die Schnittstelle von Ost und West so deutlich zu spüren wie auf der Bethnal Green Road, Multikulti wird hier nicht diskutiert, sondern schlicht und einfach gelebt. Die Straße ist geprägt von den Einwanderern aus Bangladesch, die sich in den vergangenen Jahrzehnten in der Umgebung angesiedelt haben. An den meisten Wochentagen sind die Bürgersteige von Marktständen gesäumt, die zumeist billigste Textilien, Modeschmuck und Zubehör für Mobiltelefone verramschen.

Es lohnt sich aber, in Bethnal Green aus der Central Line zu steigen und die Straße westwärts kennenzulernen, allein um die Alltagsatmosphäre eines anderen Kontinents zu erleben. Schon unter der Eisenbahnbrücke empfiehlt sich ein Blick in die zwielichtigen Secondhand-Möbelläden, die sich unter die Bögen der Bahntrasse ducken. Hier gibt es unter viel schrottigem Büromobiliar immer wieder kleine Perlen zu entdecken, Ladendekorationen aus vergangenen Zeiten ebenso wie coole Lampen oder bizarre Küchenmaschinen. Besonders mag ich die vielen Geschäfte für billige Haushaltswaren und die kleinen, unabhängigen Lebensmittelhändler. Wer gern fernöstlich kocht, findet hier alle Zutaten für kulinarische Abenteuer am heimischen Herd: Hausfrauen aus der Nachbarschaft verhandeln in melodiösem Bengali lautstark die Preise für Chilischoten verschiedenster Schärfegrade, melonengroße Jackfrüchte, armlange tiefgefrorene Fische und Gewürze in einer Farbenvielfalt, die jeden Regenbogen blass aussehen lassen. Hier gibt es duftenden Basmatireis in Gebinden bis fünfzig Kilo, fassweise Ghee und – jeden Tag frisch – genau die Gemüse, Gewürze und Kräuter, die wir auf den Zutatenlisten asiatischer Kochbücher kennen- und ignorieren gelernt haben (»... das schmeckt bestimmt auch ohne Taro ..., da nehmen wir einfach Zwiebeln ...«), sowie das entsprechende Werkzeug: prima Woks aus Aluminium ab zehn

Pfund, XXL-Kochlöffel und sonstiges gerade noch handgepäcktaugliches Rührgerät.

Die Londoner High Streets sind so vielfältig und verschieden wie die Stadtviertel, denen sie als Marktplatz, Laufsteg und Informationsbörse dienen. Hier mischen sich nicht nur Einheimische und Zugereiste, sondern hier treffen Kulturen aufeinander; hier wird in Dutzenden von Sprachen gefeilscht, gelacht und geschimpft; wer die High Street kennenlernt, spürt bald: Es sind nicht die berühmten Prachtstraßen, die London seinen Charakter geben, nicht die Regent Street und nicht die Mall, weder Oxford Street noch Piccadilly. Es sind die High Streets, in denen das Blut der Stadt pulsiert: Sie sind Londons wahre Lebensadern.

GRUND NR. 73

Weil es hier alles auch gebraucht gibt

London bietet Shoppingsüchtigen einen großen Vorteil. Bestimmte Branchen haben hier die Tendenz, sich an einem Ort zu knubbeln. Die Edel-Designer findet man auf der Bond Street, die Herrenschneider auf der Savile Row, die Buchhändler an der Charing Cross Road. Die besten Shops aus der zweiten Reihe der Modebranche haben sich im East End angesiedelt, speziell auf und nahe der Brick Lane. Wer den zarten Duft von Mottenkugeln verführerisch findet und Shopping auch als eine Art Schatzsuche betrachtet, sollte seine gut geölte Kreditkarte hier spazierenführen. »Blitz« in der Hanbury Street zum Beispiel ist eine der neueren Errungenschaften der Gegend. In dem großzügigen »Vintage-Kaufhaus« gibt es auf zwei Etagen Oberbekleidung mit Vorbesitzer für Trendsetter beiderlei Geschlechts. Ob knöchellanges Art-déco-Abendkleid, aufwendig gesäumt mit Hunderten von winzigen Blättern aus Bronze, oder ein Vintage-T-Shirt mit Speedy-Gonzalez-Aufdruck aus den Siebzigern, »Blitz« bietet einen guten Rundumschlag für Secondhand-Neulinge. Neben Mode und Accessoires gibt es hier fein restaurierte Altmöbel mit Industrietouch, Bücher, Schallplatten, antike Fahrräder und am Eingang gleich ein kleines Café mit alten Ledersesseln, wo die mitgebrachten Männer abgegeben werden, die nur gelegentlich den Blick von dem schönen Bildband mit erotischen Fotografien auf ihrem Schoß erheben, um die von der aufgekratzten Freundin vorgeführten Fummel mit einem abwesenden Nicken zu würdigen.

Wers etwas extremer mag, wird bei »Beyond Retro« in der Cheshire Street mit Sicherheit fündig. In dieser absurden Mischung aus Kostümverleih und Kuriositätenkabinett gibt es von antiken Zylinderhüten über Uniformen bis Ballettkleidchen wirklich alles, was mit Nadel und Faden herstellbar ist, und das zu echten Apfel-und-Ei-Preisen. Hier verlieren auch Motto-Partys ihren Schrecken, denn egal ob Top-Gun-Lederjacke oder komplettes Hippie-Outfit: Hier ist man für fünfzig Pfund Gesamtbudget passend ausstaffiert – eine befreundete Kostümbildnerin hat hier mal die Ausstattung für eine moderne Opernaufführung zusammengekauft.

Im »House of Vintage«, ebenfalls in der Cheshire Street, wirds schon etwas schicker. Ein schwarzes Maxikleid von Valentino, wie direkt aus dem Kleiderschrank von Tilda Swinton, gibts hier für 150 Pfund, dazu handbestickte Seidenkleider, antike Handtaschen und passende Pelzjacken. Alles von fünfzig Pfund aufwärts und frisch gereinigt – man kann sich seinen Impulskauf also gleich überwerfen.

Schräg gegenüber auf der Brick Lane: »This Shop Rocks«. Der Name ist Programm und ein Tempel für Frauen, die finden, dass Hosen generell eher was für Männer sind. Hier gibts neben Accessoires fast ausschließlich Kleider, Einzelstücke von der Jahrhundertwende bis zu den Swinging Sixties. Die Besitzer, ein charmantes älteres Paar namens Candy und Sandy Sanderson (kein Scherz), können zu wirklich jedem Kleid erklären, wann, wo und vor allem warum sie es gekauft haben. Besonders erfreulich: die echten Secondhand-Preise.

Jetzt schnell auf einen Kaffee ins »Vintage Emporium«, gleich um die Ecke in der Bacon Street. Eine wunderschön abgefahrene Mischung aus Shop und Café, neben selbstgebackenem Kuchen und tipptopp Cappuccino gibts hier Textilien aus den 1920er bis 1960er Jahren, inklusive passender Musik, oft auch live. Das Personal trägt offenbar ausschließlich die Klamotten, die hier verkauft werden, und es plagt sie nur eine einzige Sorge: dass sie bald raus müssen hier, denn in naher Zukunft werden die jungen Unternehmer die in diesem Viertel trendbedingt rasant steigenden Mieten nicht mehr zahlen können – so gräbt sich jeder coole Stadtteil in London über kurz oder lang sein eigens Grab.

Apropos Finanzkrise: »Strut« am Broadway Market ist eine ganz andere Liga. Das frostige Design mit viel Beton und Stahl erinnert eher an die Edel-Schuppen im West End – und dort würde es auch besser hinpassen. Was hier im kalten Hauch der Klimaanlage an den Ständern flattert, haben vormals wohlhabende Damen krisenbedingt zu Geld gemacht, »High-End-Vintage« nennt sich das. Wem Namen wie Chanel, Balenciaga, Missoni, Gucci oder Dior einen wohligen Schauer der Erregung über den Rücken jagen, der ist hier richtig. Die Preise liegen weit jenseits der Taschengeldgrenze, aber ein silbrig glitzerndes Seidenkleid von Jil Sander, vielleicht zweimal getragen, bekommt man hier für ein Fünftel des Ladenpreises. »Future Vintage« auf der Columbia Road hat ein ähnlich gelagertes Sortiment. Wie der Name schon andeutet: Kate Evans, ehemals Fashion-Buyer bei Harrods, verkauft hier die Klassiker von morgen – wenig getragene, hochwertige Designerstücke, selten älter als zwei Jahre, zu angepassten Preisen.

Sie aber sind auf der Suche nach dem *ganz* besonderen Einzelstück? Sie fragen sich schon lange, was wohl aus dem berühmten Kleid geworden ist, das Kate Middleton zu Studienzeiten auf jener Modenschau in St Andrews trug, als Prinz William erstmals sein königliches Auge auf sie warf? Sie *brennen* geradezu für eines der Ballkleider von Prinzessin Diana? Sie brauchen professionelle Hilfe. Am besten schauen Sie rasch auf einer der Auktionen von Kerry Taylor vorbei. Mischen Sie sich bei den Besichtigungsterminen unter die anderen hohlwangigen Modejunkies: Nicht wenige von ihnen sind ebenfalls auf dem Weg in die Geschlossene. Aber hier gibt es ihn, den Stoff, aus dem höchstwahrscheinlich Ihre Träume sind: Gebrauchttextilien von Prominenten. Kerry Taylor ist die ehemalige Modeexpertin von Sotheby's, 2003 hat sie sich selbstständig gemacht. Seitdem wird sie von Sammlerinnen seltener und berühmter Gewänder als eine Art Hohepriesterin verehrt, ein halbes Dutzend Mal pro Jahr versteigert sie die Kleiderschränke von Showgrößen und berühmten Stil-Ikonen, darunter Prinzessin Diana, Audrey Hepburn, Jerry Hall oder Daphne Guinness. Ich kenne Frauen, die Familienurlaube in London clever mit einem der seltenen Auktionstermine abgestimmt haben. Und *das* Kleid von Kate hat Kerry auch versilbert. Für einen guten Zweck, versteht sich. Knapp 80.000 Pfund hat ein mysteriöser Käufer namens Nick aus Jersey dafür bezahlt, so berichtet die BBC. Bleibt zu hoffen, dass es ihm auch passt.

GRUND NR. 74

Weil hier soziale Marktwirtschaft neu definiert wird

Es ist 7.30 Uhr, für Tom hat gerade die Frühschicht begonnen. Regale einräumen, Gemüse anrichten, die Kasse mit Wechselgeld bestücken – ein ganz normaler Studentenjob, so scheint es. Aber: Für all das bekommt der Musikstudent keinen Pfennig. Tom ist eines der mehr als tausend Mitglieder des »People's Supermarket« im Stadtteil Bloomsbury, unweit der Oxford Street. »Ich wohne hier in der Gegend«, sagt Tom, während er »Volksbrote« ins Regal stapelt, »und wie die meisten Mitglieder hier bin ich es einfach leid, dass mein Geld an große Supermarktkonzerne geht, die ihren Managern horrende Gehälter zahlen, aber für die Produzenten meiner Nahrungsmittel bleibt fast nichts übrig.«

Der »Volkssupermarkt« ist eine Art ökonomische Bürgerinitiative. Er funktioniert so: Gegen einen Mitgliedsbeitrag von 25 Pfund im Jahr und vier Stunden Mitarbeit pro Monat bekommt jedes Mitglied zehn Prozent Rabatt auf alle Produkte, die ohnehin schon günstiger sind als dort, wo Profitmaximierung oberste Priorität hat. Einige Grundnahrungsmittel, wie das »Volksbrot« oder die »Volkstomaten«, sind noch mal extra subventioniert und gehen, verglichen mit den großen Supermarktketten, fast zum halben Preis über die Theke.

Am Gemüsestand treffe ich Kate, sie ist Vorstandsmitglied des Vereins und erklärt mir das Geschäftsmodell näher – anhand der »Volkskartoffeln«. Für vergleichbare Knollen zahlt Supermarkt-Gigant Tesco den Bauern ganze vier Pence pro Kilo, verkauft sie aber für 75 Pence. »Das ist doch kriminell!«, ruft Kate, und ihre Empörung ist nicht gespielt. »Wir zahlen demselben Bauern 16 Pence, also das Vierfache, verkaufen das Kilo dann für 55 Pence an unsere Mitglieder und machen trotzdem noch

Gewinn. Die Frage ist: Wohin gehen die siebzig Pence Gewinn von Tesco? Nicht an den Bauern, nicht an die Mitarbeiter im Laden, und sicher nicht an die Kunden.«

Zwanzig Jahre Erfahrung im Einzelhandel hat Kate, doch hier musste sie erst mal umdenken, denn viele Mitglieder nehmen es mit den Arbeitszeiten nicht so genau, heute fehlt mal eben die Hälfte der freiwilligen Helfer. »In einem normalen Unternehmen könnte ich sagen: Hey, du bist nicht zur Arbeit gekommen, du bist deinen Job los, wenn das noch mal vorkommt. Das geht hier nicht, ich muss die Leute motivieren und überzeugen, damit sie zur Arbeit kommen.« Die Geschicke des Gemeinschaftsunternehmens lenken die Mitglieder selbst, sie räumen nicht nur Regale ein, sondern bestimmen demokratisch über Preispolitik, Sortiment und Verwendung der Gewinne. Neue Arbeitsplätze entstehen ganz nebenbei – zwanzig Mitarbeiter haben hier inzwischen eine feste Anstellung gefunden. Bisher schreibt der Verein ganz knapp schwarze Zahlen, dank vieler Sachspenden und einer begeisterten Kundschaft. Auch Nicht-Mitglieder können hier einkaufen, sie bekommen aber keinen Rabatt. Trotzdem kommt der Laden in der Nachbarschaft blendend an, die Kunden lieben vor allem das frische Obst und Gemüse, das möglichst saisonal aus der Umgebung kommt – auch diese Art von Nachhaltigkeit gehört selbstverständlich zum Programm. Außerdem mögen viele auch die soziale Erfahrung, der Volkssupermarkt ist eine Mischung aus Tante-Emma-Laden und Kommune, mit Preisen, die Aldi oftmals alt aussehen lassen.

Trotz vieler Widerstände, knapper Mittel und fehlender Unterstützung der Behörden – so weigert sich die lokale Bezirksregierung, die Gemeinnützigkeit des Unternehmens anzuerkennen und den Volkshändlern eine niedrigere Gewerbesteuer zu gewähren – machen Kate und ihre Mitstreiter unerschrocken weiter. Manche Ideen sind nämlich so gut, dass man sie nicht aufgeben darf.

GRUND NR. 75

Weil London die besten Kaufhäuser hat

Kaufhaus x London = Harrods, so lautet eine beliebte Gleichung für Shoppingtouristen. Und es stimmt, Harrods lohnt einen Besuch. Exakt einen. Sicher, es gibt dort viel zu sehen, vor allen Dingen – viele Menschen. Wirklich, ich rate allen meinen Besuchern ab: Aber bitte, wenn ihr euch unbedingt nach Knightsbridge quälen wollt. Die »Food Halls« sind zwar sehr dekorativ (übrigens gestaltet vom Fernseharchitekten Kevin McCloud) und wer Prinzessin Diana die Ehre erweisen möchte, der kann das an dem Bling-Memorial oder der furchtbar geschmacklosen Bronzefigur im Keller gerne tun. Dort ist sogar das Champagnerglas ausgestellt, aus dem Di und Dodi ihren letzten ... Hilfe! Ansonsten ist Harrods lediglich groß und berühmt, und bietet sich eigentlich nur für eine Feldstudie in Dekadenz an, denn die Preise dort sind zum Davonlaufen. Was aber, wenn Mutti, Oma oder Erbtante Gisela ausdrücklich auf einer Packung Tee mit dem Harrods-Aufdruck bestehen? Kein Problem: Die gibts auch in den Filialen des Traditionskaufhauses an den Flughäfen Heathrow und Gatwick. Also, im Ernst: Man kann sich das schenken.

Wer unbedingt in einem Kaufhaus auf Shoppingtour gehen will, der sollte Selfridges an der Oxford Street in seinen Tagesplan aufnehmen. Das ewige zweite unter den Londoner Großkaufhäusern hat nicht weniger Tradition als der Rivale von der Brompton Road, und es shoppt sich auch viel angenehmer. Menschenmassen wie bei Harrods findet man hier nicht, zumindest nicht unter der Woche, dafür umso mehr hilfsbereites und wirklich qualifiziertes Verkaufspersonal. Und mit den gelben Tüten kann man sich in jedem Café der Umgebung sehen lassen, sie sind inzwischen ein inoffizielles Statussymbol der Mittelklasse-Schickeria geworden. Einziger Minuspunkt: Die neue Food-Abteilung bleibt leider immer noch hinter der von Harrods zurück – dafür zahlt man aber auch den Namen nicht mit. Na ja, zumindest nicht so heftig.

Eine etwas beschränktere Produktauswahl hält Liberty bereit. Die prächtige Tudor-Fassade des Textilkaufhauses an der Great Marlborough Street ist schon fast ein Londoner Markenzeichen geworden – und natürlich ein Fake, das Gebäude wurde erst 1924 gebaut. Teile der Innenarchitektur sind aus dem Holz zweier alter Kriegsschiffe konstruiert und verleihen dem Laden bis heute einen besonderen Charme. Mode, Möbel und Wohntextilien gibts hier, von der edelsten Sorte, versteht sich. Liberty machte sich bereits an der Schwelle zum 20. Jahrhundert einen Namen mit den sogenannten »Liberty Prints«, bedruckten Seidentüchern, die bis heute bei Sammlern begehrt sind und nach wie vor aufgelegt werden.

Apropos edel: Wenn Namen wie Ann Demeulemeester, Azzedine Alaïa oder Yves Saint Laurent in Ihrem Leben eine Rolle spielen, dann sind Sie im Dover Street Market richtig. Der ist nämlich gar kein Markt, sondern eine Art Luxuskaufhaus, das gut zwei Dutzend unabhängige Showrooms unter einem Dach vereint. Empfehlenswert: der Carrot Cake im Rose Café im vierten Stock.

Kaufhäuser gibts in London natürlich auch in cool: Der »Boxpark« am Bahnhof Shoreditch High Street ist die erste »Popup-Mall« der Welt. Hier hat man einfach sechzig ausrangierte Schiffscontainer auf- und nebeneinandergestellt, und zack: Kaufhaus fertig. In jedem Container befindet sich ein Geschäft, besonders Sportartikler und Streetwear-Labels wie Abuze, House of Billiam, One True Saxon oder Palladium wollen sich vom Trendviertel Shoreditch ein bisschen Street cred leihen – und von den Besucherströmen des nahen Brick Lane Market profitieren. Auf dem Dach gibts Terrassen für Kaffee, Sandwiches und Salat.

GRUND NR. 76

Weil es hier Straßen nur für Männer gibt

Sicher, sagen jetzt einige, so was gibt es auf Sankt Pauli auch. Aber die Straße, die ich meine, hat mit der Herbertstraße ungefähr so viel gemeinsam wie ein tiefergelegter Ford Focus mit einem Aston Martin. Wirtschaftskapitäne, Prominente und gekrönte Häupter steigen hier aus ihren Bentleys und huschen in die diskreten Eingänge, um die Dienstleistungen der Etablissements in Anspruch zu nehmen, die sich seit Jahrhunderten in dieser Straße der Bedürfnisse betuchter Herren annehmen. Winston Churchill kam regelmäßig hierher, und glaubt man der Boulevardpresse, gehört auch Prinz Charles zu den Stammkunden, und sogar seine Söhne soll er schon mitgebracht haben. Egal ob jung oder alt, die Männer, die hierherkommen, können es sich leisten, und sie legen äußersten Wert auf Diskretion. Männer wie Star-Dirigent B. zum Beispiel. Er grinst breit, als er aus einer der mit schweren Vorhängen abgetrennten Separees tritt. Er ist noch barfuß, und sein Hemd hängt teilweise über der offenen Hose. Aus den Nachbarkabinen dringen gedämpft die Stimmen anderer Kunden, »Aaah, wunderbar!«, ruft einer, gefolgt von einem zufriedenen Schnaufen. Auch B. wirkt, als sei eine Last von seinen Schultern genommen. Nachdem er sich noch mal meiner Verschwiegenheit versichert hat, erkärt mir der Maestro beglückt, warum er sich – zum ersten Mal! – einen Maßanzug schneidern lässt, auf der berühmten Savile Row, der Straße der besten Herrenschneider der Welt.

»Man verbringt doch sein ganzes Leben in Kleidung, die nicht für einen gemacht ist«, sagt er, während der »Cutter« das Jackett glattstreicht, das noch mit Nadeln gespickt ist. »Erst wenn man mal einen Maßanzug trägt, verstehst man, was richtige Passform überhaupt ist. Alle Probleme, die man mit seinem Aussehen hatte, lösen sich plötzlich in Luft auf!« Noch heute ist ein Anzug von der Savile Row nicht nur als Statussymbol begehrt: Besonders wer wie B. körperlich arbeitet, schätzt die edlen Materialien und den perfekten Sitz.

Stephen Parker, der »Master Tailor« beim Edelschneider Henry Poole, erklärt mir den Unterschied zwischen einem ordinären Maßanzug und einem »Bespoke Suit«: »Die Billigschneider nehmen einfach Ihre Maße und schicken diese in eine Fabrik nach Fernost. Zwei Wochen später bekommen Sie dann einen Anzug, und der muss Ihnen dann passen. Dabei ist die Sache viel schwieriger. Wir machen zwei bis drei Anproben in unterschiedlichen Stadien des Arbeitsprozesses. Denn kein Körper ist gleich, der eine hat hängende Schultern, der andere einen kleinen Bauch.« Er mustert mich kennerhaft von oben bis unten: »Wir könnten Ihnen optisch zehn Kilo Körpergewicht wegschneidern, wenn es notwendig ist.« Ich winke dankend ab, denn so eine Textildiät hat ihren Preis: Mindestens dreitausend Euro kosten Anzüge von Henry Poole, die seit 1806 in einer stickigen Kellerwerkstatt im Haus von erfahrenen Spezialisten gefertigt werden. Bis zu fünfzig Stunden lang schneiden, nähen und bügeln knapp vierzig tapfere Schneiderlein, bis das Einzelstück fertig ist.

Etwas preiswerter geht es in der Jermyn Street im nahen Stadtteil St James's zu, sie ist so etwas wie der kleine Bruder der Savile Row. Dies ist der einzige Ort der Welt, wo sogar bekennende Shopping-Hasser weich werden: Ein gescheites Oberhemd kann man schließlich immer gebrauchen. Und bei Thomas Pink, Turnbull & Asser oder James Tyrwhitt gibt es Hemden für jeden Geldbeutel. Zwar wird auch hier nach Maß gearbeitet, aber man bekommt erstklassige Ware auch von der Stange, jede Kragenweite gibts mit verschiedenen Ärmellängen, dazu Krawatten in allen Farben des Regenbogens sowie eine Unzahl von Manschettenknöpfen und Krawattennadeln, Gürteln und Unterwäsche.

Wirklich fachkundiges Personal hilft bei der Auswahl, und es gibt Mengenrabatt: Bei Richard James oder Hawes & Curtis bekommt man drei erstklassige Business-Hemden für weniger als achtzig Pfund, im Ausverkauf wirds dann noch mal billiger. Und anders als die Betriebe auf der Savile Row – oder in der Herbertstraße – haben sich die Hemdenschneider längst auf die heutige Berufswelt eingestellt: Bei Thomas Pink zum Beispiel finden auch Frauen eine große Auswahl für den Business-Alltag, lässige Tops, klassische Blusen, schicke Kleider und Accessoires gibt es in einer eigenen Abteilung im hinteren Teil des Geschäfts. Traditionalisten sehen diesen Trend mit gemischten Gefühlen, sie wollen, dass wenigstens Jermyn Street und Savile Row bleiben, was sie immer waren – die letzten Reservate für Männer mit gehobenen Ansprüchen.

GRUND NR. 77

Weil die Grenzen zwischen Shop und Museum hier fließend sind

Dem Shop der »Last Tuesday Society« wird der Begriff »Kuriositätenkabinett« nicht annähernd gerecht. Es ist eines der wenigen Geschäfte, die Eintritt verlangen – und das zu Recht. Wer für seine Halloween-Party oder die sonntägliche schwarze Messe noch dringend einen Satz chirurgischer Sägen aus den 1920er Jahren benötigt oder einen echten Schrumpfkopf aus Papua, der sollte die zwei Pfund springen lassen, der Eintritt wird auf den Kaufpreis angerechnet. Aber auch wer sich nur milde gruseln will, sollte das Geld investieren, denn was man zu sehen bekommt, wenn sich die hölzerne Schranke öffnet und man in den Keller hinabsteigen darf, das vergisst man so schnell nicht. (Zartere Gemüter sollten wirklich besser draußen warten.)

Die Luft ist etwas muffig, und die Augen brauchen einen Moment, um sich an das schummrige Licht zu gewöhnen, das aus den alten, mit rotem Samt ausgeschlagenen Schaukästen dringt. Dann aber erfasst einen dieser »Danse macabre« mit voller Wucht: Man betritt eine Welt von süßem Ekel, die Kellerräume sind gekonnt vollgestopft mit Vögeln, Füchsen, Eichhörnchen und Antilopenköpfen. Antike Erotika aus Japan und Indien hängen zwischen Wachsfiguren mit schauderhaften Verletzungen, vor denen sich Generationen von Medizinstudenten gegruselt haben; es gibt Bücher über Okkultismus, afrikanische Masken und medizinische Instrumente, die aus einem »Frankenstein«-Film zu stammen scheinen. Dazwischen Porzellanpuppen, Tierschädel und jede Menge Eingelegtes, aber anders als bei Oma im Keller: Hier schwappen echte Organe, Embryos und menschliche Genitalien in trüben Lösungen, da überläuft dann auch hartgesottene Gothic-Fans mal ein leichter Schauer. Dann lieber doch einer der farbenfrohen aufgespießten Schmetterlinge hinter Glas, zwanzig Pfund kosten kleinere Exemplare.

Meine Top fünf: ein detailgetreues Wachsmodell des männlichen Unterkörpers aus dem 19. Jahrhundert (1400 Pfund), ein ausgestopfter Kopf eines Warzenschweins (sechshundert Pfund), ein erotisches Malbuch für die Kleinen (zwölf Pfund), zweiköpfige siamesische Teddys (zehn Pfund) und ein kuschliges ausgestopftes Löwenbaby (Preis auf Anfrage).

Wer keine Lust auf Gänsehaut hat, auf den wartet ein ebenso interessantes, aber weit weniger morbides Shopping-Erlebnis in der Leonard Street. Bei »Westland« gibt es alles, was der Londoner »Toff« zur stilechten Einrichtung seines Landsitzes in Oxfordshire benötigt. Der atemberaubende Laden in der ehemaligen St Michael's Church hält eine riesige Auswahl an antiken Kaminsimsen, Kronleuchtern, Statuen und Großmöbeln bereit. Wie wäre es mit einem Kamin aus weißem Marmor, palladianischer Stil, aus der alten Bankettshalle der »Worshipful Company of Leatherers«? Ein Mahagoni-Himmelbett aus dem frühen 19. Jahrhundert? Oder die hölzerne Kabine des »Red Lift« aus dem berühmten Savoy Hotel, Baujahr 1920?

Man kann in Ruhe alle 17 Galerien durchstöbern, meist ist hier wenig Publikumsverkehr. Auf zwei Stockwerken präsentiert Westland einen inoffiziellen Überblick über die Wohnkultur der britischen Upperclass der letzten zweihundert Jahre. Man fragt sich gelegentlich, wo das wohl alles herkommt, und die Antwort ist einfach: Viele Erben aus den alten Adelsfamilien können sich schlicht und einfach den Unterhalt der üppigen Landhäuser nicht mehr leisten und verkaufen Stück für Stück das Interieur, das sich dann in den Penthouses der reichen Russen und Araber in Chelsea wiederfindet. Bei Westland werden Antiquitätenträume wahr – wenn auch in erster Linie für Leute mit »abgeschlossener Vermögensbildung«.

Wer sich in dieser Hinsicht noch etwas gedulden muss, prüft lieber das Angebot im »Antique Shop« auf der Bacon Street, wenige Schritte von der Brick Lane entfernt. Dort hat man den Eindruck, jemand hätte den gesamten Inhalt eines mittelgroßen Flohmarkts in die Gewölbe eines baufälligen Lagerhauses geworfen. Das Auge braucht Minuten, um in diesem Gewühl aus Krimskrams Details auszumachen. Nichts ist sortiert, auf Tischen und Regalen stapeln sich Geschirr, Glas, Werbeprospekte, antike und nicht so antike Werkzeuge, Standuhren, Lampen, Kinderspielzeug und Puppen, von der Decke hängen Stühle, alte Straßenschilder und Werbetafeln aus Emaille. Schiefe Regale säumen die wenigen Wände, die nicht zugestellt sind, darin Bücher und alte Schallplatten, Tabakdosen, Hi-Fi-Geräte, Nachttöpfe – es gibt nichts, was es hier nicht gibt. Aber nicht alles steht auch zum Verkauf, Klarheit schafft erst eine Nachfrage beim meist übellaunigen Chef: das alte »Brick Lane«-Straßenschild? »Not for sale, mate.« Was ist mit dem wunderbaren alten Tretauto, das an einer Kette von der Decke baumelt? »Sorry mate, that's decoration.« Wenn er mir nichts verkaufen will, warum nennt er seinen Laden dann »Antique *Shop*«? Er ignoriert meinen genervten Unterton und lässt mich mit folgender Bemerkung stehen: »Wir haben damals auch über ›Supermarkt‹ nachgedacht, fanden aber, dass ›Antique Shop‹ dem Geschäftszweck einfach näherkommt.« Englischer Humor. Wenigstens muss man hier kein schlechtes Gewissen haben, wenn man sich nur umschauen will.

GRUND NR. 78

Weil die Redchurch Street nie langweilig wird

Man kann sie in der Zeitspanne durchschlendern, die man zum Verzehr des von der Brick Lane mitgebrachten »Beigal« braucht, man kann – und sollte – sich aber auch einen halben Tag Zeit nehmen, um sie zu entdecken. Die spannendste Straße der Stadt verbindet das obere Ende der Brick Lane mit der Shoreditch High Street und war bis vor wenigen Jahren so heruntergekommen, dass Touristen gut beraten waren, sie zu meiden. Im Moment macht sie sich daran, der berühmten Portobello Road in Notting Hill den Rang der angesagtesten Straße Londons abzulaufen. Ihren rauen East-End-Charme hat sie dabei behalten. Diese Straße lebt, jeden Tag scheint ein neues Café, eine neue Galerie oder Boutique zu eröffnen, immer wieder versperrt ein Gerüst den Gehweg, wird renoviert, gehämmert und gesägt. Nirgendwo bewegt sich London so schnell wie hier.

Ein Tag in der Redchurch Street beginnt idealerweise nach einer durchfeierten Nacht in einem der Clubs auf der Brick Lane. Wir merken die einladende Bar »The Redchurch« mit ihren roten Plüschsofas also für den Abend vor und steuern direkt einen doppelten Espresso bei »Franzè & Evans« an. Das italienische Deli und Café hält eine schöne Auswahl an frischen Kuchen und Tartes bereit, viele Locals frühstücken hier und kaufen feines Olivenöl, Wein und italienische Spezialitäten.

Ein paar Schritte weiter, bei »Labour and Wait«, trägt das Personal braune Stoffschürzen und auch sonst hat man sich hier der Ära verschrieben, als England ein Empire besaß, Hausfrauen noch Ethel hießen und richtig schuften mussten. Hier gibt es zu kaufen, was Mutti zur Putz- und Flickstunde so braucht: Kochgeschirr aus Emaille, Bürsten und Besen aus Holz, bauchige Teekannen und Gartenwerkzeuge aus Gusseisen und Stahl, damit auch für Papi ein erfülltes Wochenende sichergestellt ist. Nur eines findet man hier nicht: Plastik.

Wer sich für Phonomöbel aus der Epoche der analogen Großgeräte interessiert, kommt an »Speedies« nicht vorbei. Auch Sofas, Küchenschränke, Picknickkörbe und jede Menge kuriosen Kleinkram aus den 1960er bis 1980er Jahren sind hier zu haben, zu zivilen Preisen. Die absurde Mischung von bizarren Plattenspielern und stylishen Vintage-Polstermöbeln lockt jede Menge Touristen an, die staunend durch den schummrigen Laden stolpern, aber leider wenig Geld ausgeben – so ein Sofa kostet im Billigflieger eben selbst als Handgepäck schnell ein Jahresgehalt – sodass Speedie sich bis vor Kurzem genötigt sah, durch einen Zettel an der Tür auf den merkantilen Hintergrund seines Unternehmens aufmerksam zu machen: »This is a shop, not a bloody museum!«

Wen Friseurinnentätowierungen nicht stören, der lässt sich nebenan schnell die Haare richten, »The Painted Lady« ist Londons coolster Friseursalon, und Maniküre können sie da auch. Wie für vieles in dieser Stadt braucht der Kunde etwas Mumm, man muss in Kauf nehmen, mit einem Styling vor die Tür zu treten, das daheim im Bayerischen Wald erst in vier bis fünf Jahren als Frisur durchgehen wird. Aber ernst zu nehmende Trendsetter können so was ab. Zur Beruhigung kann man sich gegenüber bei »Allpress« anschauen, wie Kaffeebohnen geröstet werden, und sich die letzte Ladung gleich mahlen lassen. Frischer gehts nicht, fünf verschiedene Sorten Kaffee gibts hier zu probieren, Kenner nehmen ihn neuerdings wieder gefiltert, hoffnungslosen Provinzlern wird aber auch ein »Latte« nicht verwehrt.

Spätestens jetzt überkommt viele der Drang, ein kleines Straßenkunstwerk zu verfertigen. Wer seine Spraydosen zu Hause gelassen hat, wird gegenüber bei »Spraycan« fündig, dem Kunstbedarfshändler der Wahl für die Sprayer von Shoreditch, Welthauptquartier der Straßenkunstszene. Inspiration gibts allein auf der Redchurch Street reichlich, zwei der wichtigsten Vertreter der Londoner Street Art haben an der Redchurch Street gearbeitet: An der Ecke zur Club Row hat der Belgier ROA, dessen monochrome bedrohlich-mystische Bilder von totem Pelz- und Federvieh über das ganze East End verteilt sind, ein eindrucksvolles Beispiel seines Könnens an die Wand gesprüht. Und ein paar Meter weiter, in der Ebor Street, gibt es an zwei gegenüberliegenden Hauswänden ein Werk des Monumental-Typografen Ben Eine zu bestaunen. Für die Arbeiten beider Künstler verlangen Galeristen von London bis San Francisco inzwischen fünfstellige Pfundpreise (Lesen Sie mehr dazu in Grund Nr. 27).

Apropos Kunst: Nach letzter Zählung gibt es auf der Redchurch Street fünf Galerien, aber das heißt nichts, denn zwei Wochen vorher waren es noch sechs, und eine Woche darauf können es schon acht sein. Sie tragen Namen wie »Idea Generation« oder »Concrete Hermit«, und jede von ihnen lohnt einen Besuch. Hier wechseln fast wöchentlich spannende Ausstellungen von Absolventen der Londoner Kunsthochschulen, nirgendwo in London kann man sich einen besseren Eindruck von der jungen Kunstszene verschaffen. Auf jeden Fall überall reinschauen, denn oft verschwinden die Galerien so schnell, wie sie gekommen sind. Manchmal werden die Räume nur für eine Ausstellung angemietet, hinterher schnell weiß überpudert und schon nach wenigen Wochen verschleudert in denselben Räumen ein angesagtes Modelabel seine jüngste Kollektion zu Taschengeldpreisen.

Guter Zeitpunkt für einen »Quick lunch«: Wer es klassisch britisch mag, kommt im ersten Stock des Pubs »The Owl and Pussycat« (benannt nach einem Gedicht des viktorianischen Nonsens-Poeten Edward Lear) auf seine Kosten: Lammzunge für sieben Pfund, Fasan mit Meerrettich-Brotsoße für 18,50, dazu für vier Pfund in Entenfett kross frittierte Chips, und im Nachgang einen klassischen Apple Crumble für 5,50. Im Erdgeschoss besorgen wir uns an der Theke noch eine Probe der mindestens drei ständig vorgehaltenen »Real Ales«, das die Raucher unserer Reisegruppe im beheizten Hinterhof mit der ersten Selbstgedrehten des Tages aufpeppen können. Hier trifft man mittags die Kreativen der benachbarten Werbeagentur »Mother« beim »Liquid lunch« und ganztags chronisch klamme Künstler. Der Pub ist die Woche über zu jeder Tageszeit angenehm frequentiert, donnerstags bis samstags ab 18 Uhr eher lebhaft, unter erhöhter Anteilnahme der hippen U-30-Fraktion.

Für anspruchsvollere Gaumen empfiehlt sich ein Besuch in einem der drei Restaurants des Hotels Boundary an der Ecke zur gleichnamigen Straße. Im Keller gibts französische Bistro-Küche auf Sterne-Niveau, ein Stockwerk höher preiswertes »British Canteen Food« im Café/Restaurant »Albion«. Dort kann man auch an der Straße sitzen, gelegentlich zeigen sich Gesichter des New British Cinema, die in der Nachbarschaft wohnen und sich im angeschlossenen Shop mit frischem Brot, Fleisch und Gemüse von lokalen Erzeugern eindecken, auch die Künstlerin Tracey Emin kauft hier ein. Die beste Option bei Sonnenschein allerdings: Ribeye Steak und Chips mit anständigem Wein für knappe 25 Pfund auf der eleganten Dachterrasse im fünften Stock. Sollte unten keine Schlange vor der Tür stehen, einfach durch die unscheinbare Glastür forsch geradeaus gehen, den grauhaarigen Portier freundlich grüßen und an der kleinen Rezeption vor den Aufzügen nach einem freien Tisch »upstairs« fragen. Oben angekommen genießt man einen prima Ausblick über die Skyline der City, charmant-schmuddelige Hinterhöfe sowie die Texaco-Tankstelle auf der Shoreditch High Street, während man zu der Überzeugung gelangt, dass man hier eigentlich gern dauerhaft einziehen möchte.

Zu den genannten Etablissements gesellt sich am Abend noch ein weiterer Geheimtipp, der sich tagsüber hinter vollgesprühten

Stahltoren verbirgt: »Walluc« ist eine italienisch-schweizerische Koproduktion und bestens geeignet für ein romantisches Dinner zu zweit. Kerzenlicht dominiert die zwei kleinen Gasträume und schweizerisch-italienisch-französische Spezialitäten die Karte. Aber eigentlich ist hier Käsefondue Pflicht, das in betagten Töpfen auf den wackligen Tischen leise vor sich hin blubbert. Guter Zeitpunkt, der Liebsten die Frage aller Fragen zu stellen. Romantiker mit Hang zum Dramatischen versenken den dazugehörigen Ring in einem unbeobachteten Moment im Topf und warten, bis er dekorativ auf der Gabel der Angebeteten auftaucht (vor dem Aufstecken Käse ablutschen!). Auch für Unterhaltung ist gesorgt, denn die elektrischen Rechauds auf den Tischen werden durch nachlässig im Lokal verlegte Verlängerungskabel mit Strom versorgt, was in dem engen Gastraum mit unebenem Boden gelegentlich für Überraschungen sorgt. Wer sich anschließend auf den ebenfalls abenteuerlichen Toiletten notdürftig gereinigt hat, wird an der Kasse dann angenehm überrascht: Inklusive Wein zahlen zwei Personen hier selten mehr als fünfzig Pfund für ein romantisch-rustikales Dinner. Diamantring nicht eingerechnet.

GRUND NR. 79

Weil London ein einziger Markt ist

Londons Märkte – wo soll man da anfangen? Vielleicht dort, wo die Reiseführer aufhören. Alles quetscht sich die Portobello Road rauf und runter, drängelt sich über den total überfüllten Borough Market oder wundert sich über den Nepp in Camden Lock. Hier kommen ein paar spannende Alternativen zu den etwas ausgelutschten Klassikern. Nach wie vor kann man natürlich auf dem Borough Market wunderbar Delikatessen einkaufen, aber sich am Samstagmorgen unter die Diplom-Foodies und Touristen zu mischen, das hat mit Gemütlich-über-den-Markt-Schlendern wenig zu tun. Außerdem haben sich die Preise dort derartig entwickelt, dass man sich die Petersilie auch gleich per Fleurop schicken lassen kann.

Eine prima Alternative, um am Samstag für das Dinner mit Freunden einzukaufen, ist der Broadway Market. Auf knapp einem halben Kilometer reihen sich hier die Stände aneinander, Obst und Gemüse, Fleisch, Brot und Öko-Eier, Schmuck, Schals und Cupcakes, dazu Imbissstände aus aller Herren Länder – das ist die Vielfalt, die man von einem Londoner Markt erwarten darf. Zusätzlich gibts viele kleine Cafés und Geschäfte rechts und links, man kann dort wunderbar Geschenke kaufen, Antiquitäten bewundern, Wein verkosten und in einem der schönsten Pie-and-Mash-Shops der Stadt eine Stärkung zu sich nehmen. Bester Stand: Highland Game verkauft Wildspezialitäten aus der familieneigenen Jagd in Schottland. Andy und Ruaridh, die beiden Herren im Kilt, erklären auf Nachfrage gern, wann genau, von wem und in welchem Wald das Reh geschossen wurde, dessen Filet abends in der Pfanne brutzeln soll – wahrscheinlich haben sie es selbst erlegt.

Etwas exotischer gehts auf dem Ridley Road Market zu. Bester Tag: Donnerstag oder Freitag morgens. Hier treffen die kulinarischen Einflüsse der Einwanderer der letzten hundert Jahre aufeinander, afrikanische, türkische, karibische und osteuropäische Einflüsse bilden hier einen wilden Mix aus Farben und Gerüchen. Egal ob frische Kokosnüsse, Papayas oder Durian, Schnecken oder frischer Fisch – wer gern exotisch kocht, sollte hier mal vorbeischauen. Und auch wenn die ohnehin günstigen Preise es zu verbieten scheinen – handeln sollte man, einfach weils Spaß macht.

Weil wir gerade von Spaß reden: Der berühmte Camden Market ist leider das U-Bahn-Ticket nicht mehr wert. Seit der Renovierung hat er viel von seinem abgefuckten Charme verloren, inzwischen ist Camden mehr Touristenfalle als origineller Flohmarkt. Also heißt es auch hier: Go East. Der sonntägliche Brick Lane Market, für den man sich wirklich ein paar Stunden Zeit nehmen sollte, ist in seiner Vielfalt und Atmosphäre in London unübertroffen. Eine Expedition beginnt man am besten am Bahnhof Shoreditch High Street und schlendert die Sclater Street herab. Sie ist, vor allem im Sommer, links und rechts gesäumt von bunten Ständen und verwandelt sich in eine Mischung aus Baumarkt, Musikladen und Drogerie. Vor allem billige Haushaltswaren werden hier feilgeboten, von reimportiert bis ramponiert oder irgendwo am anderen Ende Europas vom Laster gefallen – und unschlagbar billig. Schönheitspflege, Rasierklingen und Kosmetikartikel gibts hier, direkt nebenan fachsimpeln Heimwerker über Gartengeräte, Werkzeuge und Fahrradzubehör, das hier auf großen Tischen ausgebreitet liegt. Übrigens: Der Brick Lane Market ist berühmt-berüchtigt als Umschlagplatz für geklaute Fahrräder. Mein Freund Emilio fand sein am Samstag geklautes Mountainbike am Sonntagmorgen bei einem »Händler« auf der Brick Lane – und bekam es zurück, wenn auch nach kurzer »Diskussion«. Dieser semi-legale Charakter des Marktes macht das

Einkaufserlebnis noch spannender. Links kommen jetzt die Stände für Haushaltsbedarf, ich habe seit Jahren kein Spül- oder Waschmittel mehr im Supermarkt gekauft, hier kostet das alles knapp die Hälfte. Besonderes Augenmerk verdient der Parkplatz auf der rechten Seite, hier drängeln sich die Stände der Antikhändler und Schundverkäufer, von schönem alten Porzellan über Uhren und Schmuck bis zu Autoradios und Schallplatten bekommt man hier alles – und was es nicht gibt, wird besorgt. Wer nicht »hagglen« will und den vollen Preis bezahlt, ist übrigens auch hier selbst schuld. Auf dem Parkplatz gegenüber gibts neben Werkzeug und Büromaterial hinten links einen kleinen Stand mit französischem Käse – sehr empfehlenswert. Weiter gehts auf die Brick Lane, hier findet man polnische Spezialitäten neben Obst und Gemüse, mehr Antikes, Schmuck, Backwaren und vor allem einen hervorragend sortierten Stand mit Taschenbüchern, an dem ich selten vorbeikomme, ohne eine alte Penguin-Ausgabe eines Klassikers mitzunehmen.

Oben an der Bethnal Green Road machen wir eine 180-Grad-Wende und marschieren die Brick Lane wieder herunter. An der Kreuzung Cheshire Street (die sich weniger wegen der Marktstände als wegen der kleinen Design- und Modeläden lohnt) beginnen die Imbissbuden: In großen Töpfen und Pfannen brodeln hier bunte Currys, von jamaikanisch bis chinesisch gehts hier kulinarisch munter rund um den Globus. Weiter unten, in Höhe der Truman Brewery, links abbiegen: In einer alten Lagerhalle am Ende der Gasse hat sich der Backyard Market einquartiert, wo überwiegend Textilien, Accessoires und Schmuck verkauft werden. Auf dem Weg dorthin ruhig in eine der kleinen Türen zur Linken stolpern, dahinter verbirgt sich, in den verwinkelten Katakomben der alten Brauerei und unter dem irreführenden Namen »Tea Rooms«, einer der schönsten geschlossenen Antikmärkte der Stadt, dringende Stöberempfehlung für alle, die auf Möbel, Schmuck und allerlei Absurdes aus dem letzten Jahrhundert stehen. Wer jetzt noch Kraft hat, flaniert durch den Dray Walk (hier gibts ein paar coole Shops, darunter mein Lieblings-Jeansladen Son of a Stag) über den Hof der alten Brauerei und ist schon fast am Spitalfields Market, wo weitere Belastungstests auf unsere inzwischen erleichterten Portemonnaies warten.

Man sollte den Brick Lane Market unbedingt erleben, solange es ihn noch in seiner jetzigen Form gibt. Die Gegend wird gerade extrem hip und von Spekulanten und wohlhabenden Yuppies aufgekauft, an der Sclater Street zum Beispiel entsteht ein 24-stöckiges Haus mit Luxusappartements. Der ruppige Charme und die geklauten Fahrräder werden also schon bald der Vergangenheit angehören – ein Schicksal, das viele andere Londoner Märkte schon vor vielen Jahren ereilt hat.

GRUND NR. 80

Weil man hier nicht im Freien einkaufen muss

Jede halbwegs respektable mittelgroße Stadt hat inzwischen ein Einkaufszentrum, meist nennen sich diese seelenlosen Konsumtempel großspurig »Mall«. Auch in London gibts mehrere davon, besonders bekannt sind die riesigen Westfield Shopping Centres in White City und Stratford. Was soll ich sagen: Ich kann diese Dinger nicht ausstehen. Meist beherbergen sie die immer gleichen Filialen von Modeketten, Turnschuhläden, Kaffeehäusern und Imbissbuden, die man hundertfach in der ganzen Stadt findet. »Samefication« nennt man das hier, und diesem Trend will ich nicht mein Geld hinterherwerfen. Aber es geht auch anders. In den Londoner »Shopping Arcades« nämlich kann man ebenfalls trockenen Fußes seine Einkäufe erledigen, und zwar hundertmal stilvoller als in jeder Mall. Besonders um Piccadilly herum finden sich gleich mehrere dieser charmanten Relikte aus einer Zeit, als Shopping noch »running an errand« hieß.

Die Burlington Arcades sind gewissermaßen die Mutter aller Malls. Schon 1819 öffneten sich die schmiedeeisernen Tore dieser schicken Einkaufsstraße und machten den Weg frei für wohlhabende Kunden, die hier in 72 winzigen Läden von Korsettstangen bis Kunstgewerbe alles kaufen konnten, was man fürs tägliche Leben so brauchte. Inzwischen sind mehrere Ladenlokale zusammengelegt, heute sind vierzig Geschäfte übrig geblieben, viele davon in Familienbesitz. Den Einkauf für den täglichen Bedarf allerdings kann man hier nicht mehr tätigen, es sei denn man braucht jeden Tag eine antike Uhr, handgemachte Kolbenfüller oder die wunderbaren Dufterzeugnisse von Penhaligon's, die gleich zwei »Royal Warrants« vorweisen können, also Hoflieferanten sind.

Lord James Cavendish, der nebenan im Burlington House wohnte (jetzt die Royal Academy), hat die Arcades geschaffen, und zwar aus einem ganz profanen Grund: Er hatte es satt, dass der Pöbel leergeschlürfte Austernschalen – Austern waren damals ein Armeleuteessen – und sonstigen Unrat über seine Gartenmauer warf. Ein Dach muss her, dachte der Lord, und gab eine Einkaufspassage in Auftrag, die »zur Erbauung der Öffentlichkeit dienen und arbeitsamen Frauen Beschäftigung bieten« sollten – sehr modern zu einer Zeit, in der seltsamerweise auch die männlichen Hutmacher und Korsettschneider mit »Madame« angesprochen wurden. Und die Legende hält sich, dass in den oberen Stockwerken eine ganz andere Sorte von »Industrious females« ihrem Tagwerk nachgingen und sich um gelangweilte Lords kümmerte, während »Her Ladyship« sich unten in den Geschäften vergnügte – wir kennen das Prinzip in leicht veränderter Form heute als Kinderparadies in Möbelhäusern. Aus dieser Zeit stammen auch die einzigartigen »Beadles«, die man an den langen grauen Mänteln und Zylinderhüten erkennt. Sie sind die kleinste Privatpolizeitruppe der Welt und sorgen dafür, dass die zweihundert Jahre alte Hausordnung eingehalten wird: Singen, summen, rennen sowie das Mitführen von aufgespannten Regenschirmen sind hier verboten. Ebenso haben Frauen ohne Männerbegleitung *eigentlich* keinen Zutritt. Aber wenn die Uniformierten in diesem Fall nicht mal ein Auge zudrücken würden, könnten die Shops, die hier Kaschmir, Schuhe, Perlen und antiken Schmuck verkaufen, sicher bald zumachen. Nicht verpassen: den Vintage Watch Shop. Wer hier keine Omega, Rolex oder IWC aus seinem Geburtsjahr findet, hat offenbar den Schulabschluss noch vor sich, die Nasenabdrücke am Schaufenster sind von mir.

In der nicht weit entfernten und ebenso schönen Princes Arcade findet der Gentleman von Welt Rasierutensilien oder lässt sich den Frack weiter machen, vor allen Dingen nach einem Besuch bei Prestat. Dort gibt es Trüffel und Pralinen vom Allerfeinsten, auch sie sind Hoflieferanten. Zwischen Piccadilly und Jermyn Street verläuft die Piccadilly Arcade, dort stöbere ich gern bei Iconostas herum, die russische Kunstgegenstände aus der Zeit der Zaren verhökern. Ikonen, Eier im Stil von Fabergé, religiöse Ziergegenstände – Fans von »Krieg und Frieden« werden sich hier wohlfühlen. Noch ein Tipp: Wer die Burlington Arcade – eindeutig die schönste Passage von allen – wegen ihrer viktorianischen Pracht und der Vielfalt der einzigartigen kleinen Geschäfte besuchen will, sollte sich beeilen. Eine Investorengruppe hat sie gekauft und plant, neben umfangreichen Renovierungen, die Geschäfte an Filialen großer Luxusketten zu vermieten.

Willkommen im Einkaufszentrum.

GRUND NR. 81

Weil zum Ersten, zum Zweiten und zum Dritten

Wann immer mal wieder ein Picasso, ein van Gogh oder ein Warhol mit Rekordpreisen Schlagzeilen macht, fällt dabei unweigerlich einer dieser Namen: Christie's, Sotheby's oder Bonhams. Die großen Drei der Londoner Auktionshäuser sind die ersten Adressen für Leute, die ein beträchtliches Erbe in Bares umsetzen möchten oder einfach, rezessionsbedingt, lieber Vaters geliebten Matisse verscheuern, bevor sie von Jahrgangs-Champagner auf Prosecco umsteigen müssen. Seit Jahrhunderten helfen die Auktionäre von King und New Bond Street den Millionenerben der Stadt über kleinere und größere Liquiditätsengpässe hinweg. Wer nun denkt, das Mitbieten bei Auktionen sei ein exklusives Vergnügen für reiche Leute, der irrt. Immer wieder gibt es hier Versteigerungen von Sammlungen oder gleich ganzen Haushalten, bei denen auch verhältnismäßig preiswerte Kleinode zum Verkauf stehen – die mangels Sammlerwert bei Spezialisten auf wenig Interesse stoßen. So haben auch Leute wie Sie und ich eine realistische Chance, für kleines Geld ein besonderes Stück zu ergattern. Für Fans zeitgenössischer Kunst, Antiquitätensammler oder Freunde edler Uhren kann sich das lohnen: Eine schöne alte Rolex kann man hier mit Glück zum halben Marktpreis bekommen.

Auch wenn man gar nichts kaufen will, ein Besuch in den Ausstellungsräumen in St James's oder Mayfair kann drei oder vier Museumsbesuche ersetzen. Viele Posten der zukünftigen Auktionen sind hier öffentlich ausgestellt, und je nachdem, welche Versteigerungen so anstehen, kann man hier ganz ungeniert wertvolle Gemälde, kostbare Juwelen oder antike Inneneinrichtungen ganzer Schlösser in Augenschein nehmen. Man macht sich kein Bild, was manche Leute so auf dem Dachboden liegen haben. Und es gibt nichts, was hier nicht verkauft würde: Ob eine Kiste Château Lafite für 15.000 Pfund oder ein paar hölzerne Elefantenfiguren aus dem Indien des 19. Jahrhundert für 250 Pfund – die Auktionshäuser sind ein Flohmarkt der leicht gehobenen Kategorie. Man kann immer zufällig auf einen Schatz stoßen oder ein echtes Schnäppchen machen. Feines Porzellan, persische Teppiche, Möbel von antik bis modern, wertvoller Schmuck, seltene Musikinstrumente, dazu Gemälde, Drucke, alte Bücher – für alles findet sich ein Käufer, wenn nur der Preis stimmt.

Gönnen Sie sich ruhig mal den Spaß, den Sie sicher nur aus Filmen kennen: auf einer Auktion als registrierter Bieter im Zuschauerraum zu sitzen. Auch wer keine echten Kaufabsichten hegt, wird sich der Spannung einer solchen Veranstaltung nicht entziehen können. Das ist nicht nur was für Spezialisten, einfach auf der Webseite die zukünftigen Auktionen anschauen, die interessanteste heraussuchen und online als Bieter registrieren (das ist kostenlos und verpflichtet zu nichts). Und schon sitzt man, das Bieter-Schildchen mit seiner persönlichen Nummer in der schweißnassen Hand, im Auktionsraum an der New Bond Street, der einem auf einmal sehr warm vorkommt. Und ehe man sichs versieht, hört man vom Nebensitz, aber irgendwie ganz weit entfernt, die bessere Hälfte zischen: »Bist du komplett *wahnsinnig* geworden?«

9. GET A MOVE ON!

LONDON FÜR AKTIVBOLZEN

»Forasmuch as there is great noise in the city
caused by hustling over large balls, from which many evils
may arise, which God forbid, we command and forbid, on pain of
imprisonment, such game to be used in the city in future.«

KÖNIG EDWARD II., 1314, ÜBER FUSSBALL

GRUND NR. 82

Weil man nirgendwo so schön baden gehen kann

Vorsichtig atmen, das ist die Hauptsache. Schön das Gleichgewicht halten. Und alles andere vergessen. Über mir nur der strahlend blaue Himmel. Der Lärm der Stadt ist weit, weit weg. Treiben lassen. Diese Pause habe ich mir verdient, denn immerhin habe ich schon zwei Runden absolviert. Im »Men's Pond« in Hampstead Heath schwimmt man keine Bahnen, sondern Runden. Und bekommt dabei keine Chlorvergiftung, sondern was fürs Auge geboten. Die Schwimmteiche in der Heide sind Heimat für Schwäne, Enten, Moorhühner, sogar Kormorane und Eisvögel kann man hier zu sehen bekommen, während man im 19 Grad kühlen Wasser planscht. »Wild swimming« mitten in der Großstadt: Zum Schwimmen gibts einfach keinen schöneren Ort als Hampstead Heath. 18 Teiche gibt es dort, und drei davon sind beschwimmbar: Auf Wunsch kann man sich ohne lästige Blicke nach Geschlechtern getrennt im Lady's Pond oder im Men's Pond ganz dem natürlichen Badevergnügen hingeben, eine wunderbar altmodische Einrichtung. Der Mixed Pond bietet genügend Auslauf für ambitionierte Schwimmer beiderlei Geschlechts, die dem ewigem Hin und Her des Bahnenschwimmens in stinkenden Hallenbädern nichts abgewinnen können. Im 18. Jahrhundert als Trinkwasserreservoir eingerichtet, kann man seit rund 120 Jahren hier schwimmen und bis heute werden die Ponds von Londons unterirdischem Fluss, der Fleet, gespeist. Aber nicht nur Schwimmer kommen hier auf ihre Kosten: Der äußere Rand des Men's Pond ist den Anglern vorbehalten, die hier nach Karpfen und Hechten fischen – in ausreichendem Abstand.

Die Badeteiche werden stets von zwei Rettungsschwimmern bewacht, die die Schwimmer immer im Auge haben, und das ist auch notwendig: Das naturbelassen trübe Wasser ist stellenweise bis zu sieben Meter tief. Wer hier versinkt, ist nicht so einfach zu finden wie im Freibad – Kinder sind deshalb erst ab acht Jahren zugelassen, was übrigens der Ruhe nicht abträglich ist. Freunde der Freikörperkultur sonnen sich im Sommer textilfrei in einem mit Trennwänden abgeteilten Nacktbereich. Die meisten aber schlagen ihr Lager mit Picknickkörben unter den alten Bäumen auf den umliegenden Wiesen der Heide auf. Und nicht nur im Sommer kann man hier was für die Fitness tun: Die Ponds sind ganzjährig geöffnet. Im Winter ziehen sie einen harten Kern von Frost-Schwimmern an, die sich auch von Wassertemperaturen um den Gefrierpunkt nicht abschrecken lassen und sich für ein paar Minuten in die eisigen Fluten stürzen. Für sie wird notfalls sogar eine kleine Fläche eisfrei gehalten. Das soll machen, wer will, für mich wäre das nichts, ich lasse mich am liebsten einfach treiben. Denn das ist bekanntlich die beste Art, um in London ans Ziel zu kommen, auf den Straßen wie im Wasser.

GRUND NR. 83

Weil man hier eine ruhige Kugel schieben kann

Die Briten haben bekanntlich ihre eigenen Definitionen, was als Sport durchgeht. Was der Rest der Welt als Zeitvertreib mit mildem Wettbewerbscharakter betrachtet, wird hier ernsthaft auf den Sportseiten der Zeitungen abgehandelt. Obwohl es bei Disziplinen wie Snooker, Darts oder auch Golf athletisch ja nicht so richtig zur Sache geht. Trotzdem sind diese Beschäftigungen hier enorm populär, bei der BBC zappt der Zuschauer gerne mal in ein Billard-Turnier – im Hauptabendprogramm.

Einer dieser typisch britischen »Sportarten« kann man in London an jeder Ecke nachgehen. In knapp zwanzig Clubs wird hier »Lawn Bowls« gespielt, eine taktisch und technisch dem französischen Boule-Spiel oberflächlich artverwandte Disziplin, nur etwas schicker, denn statt Schlotterhosen und Baskenmütze gibt es hier einen richtigen Dresscode: Bowler, die etwas auf sich halten, tragen stets weiße Oberteile und hellgraue Hosen. Bowls ist so englisch wie Tea time und Gin Tonic – für meine erste Stunde habe ich mir deshalb eines der traditionsreichsten Londoner »Greens« ausgesucht: Auf dem heiligen Rasen des North London Bowling Club, am Rande von Hampstead Heath gelegen, wird schon seit 120 Jahren gebowlt – und trotz Jeanshose werde ich hier freundlich begrüßt.

Die Szenerie erinnert mich sofort an einen James-Ivory-Film: Entspannte, gut gekleidete Menschen rollen glänzend polierte Kugeln über einen perfekt manikürten Rasen, loben fair die Bemühungen der Gegner, ärgern sich lachend über eigene Fehlschüsse, während von der Terrasse des weißen Clubhauses pausierende Spieler, kühle Drinks oder Teetasse in den Händen, amüsante Kommentare in Richtung des Green rufen. How civilized!

Ich bekomme meine vier Kugeln ausgehändigt, und auf gehts zur Bahn Nummer zwei, um mein erstes Spiel zu beginnen – wobei das alles nicht ganz korrekt ist: Die Bahn heißt »Rink«, ein Spiel ist ein »End« und die Kugeln heißen »Woods«, denn sie sind, im geometrischen Sinne, gar keine perfekten Kugeln, sondern auf einer Seite kaum sichtbar abgeflacht. So bekommen sie einen Drall, und das macht die ganze Sache erst interessant, wie mir Cynthia erklärt, pensionierte Mathematiklehrerin und passionierte Bowlerin. Eigentlich ist die Sache ganz einfach: Zunächst wird die weiße Zielkugel, der »Jack«, ans andere Ende der Bahn gerollt. Dann versucht jeder Spieler, seine vier Woods so nahe wie möglich an den Jack heranzurollen. Und das ist weit schwieriger, als es aussieht, denn man zielt nicht einfach auf den Jack, sondern muss die leichte Kurve einkalkulieren, die das unsymmetrische Wood vollführen wird – also quasi um die Ecke spielen. Am Ende jedes Durchgangs wird gezählt: Nur die dem Jack am nächsten liegenden Kugeln *eines* Spielers werden gewertet. Gehören die beiden am nächsten liegenden Woods Spieler A, die drittnächste aber Spieler B, werden A nur zwei »Shots« gutgeschrieben. So geht das weiter, bis der erste Spieler 21 Shots erreicht hat – und das kann schon mal einen halben Nachmittag dauern.

Mein erster Versuch ist sofort ein voller Erfolg: Mit einer riesigen Portion Anfängerglück treffe ich den Jack, was mir eine Runde Applaus vom Clubhaus einbringt, aber punktetechnisch keine großen Konsequenzen hat – wahrscheinlich so etwas wie die B-Note. Von nun an gehts stetig bergab, obwohl Cynthia mich immer wieder korrigiert: in die Knie gehen, einen Zielpunkt suchen, das Wood richtig greifen, nicht zu viel Energie in den Wurf legen – es ist zum Verzweifeln, macht aber trotzdem Spaß. Nach einer Stunde intensiver Schulung gelingen mir schon halbwegs passable Würfe, und ich absolviere ein Doppel mit meinem Partner Nick, dem besten Bowler des Clubs, ohne mich total zu blamieren – trotzdem verlieren wir 18 zu 4. Dafür gebe ich Nick einen Drink aus, während wir auf der Terrasse den Tag in der Abendsonne ausklingen lassen und das Spiel der anderen Bowler auf dem Green verfolgen. Nick gibt mir noch bitter nötige technische Tipps – und Cynthia lädt mich ein, doch Mitglied zu werden im N.L.B.C., denn es fehlt an Nachwuchs. Bowls hat nämlich, nicht völlig zu Unrecht, ein Image als Rentnersport, Minderjährige wie ich werden da dringend gebraucht. Und ich denke, es gibt tatsächlich schlechtere Freizeitbeschäftigungen an einem Samstagnachmittag, als auf dem idyllischen Grün eine ruhige Kugel zu schieben – wer sagt denn, dass man beim Sport immer schwitzen muss?

GRUND NR. 84

Weil man sich nirgendwo besser die Kugel geben kann

Du?«, fragt Uwe. »*Du* willst über Fußball in London schreiben?« In seinem Tonfall liegt die übliche Geringschätzung. Denn ich verstehe nichts von Fußball. Uwe weiß das. Es hat immer zwischen uns gestanden, irgendwie. Fünf Jahre lang hat mein Freund und Kollege aus London berichtet, aber ich weiß, dass er nicht aus beruflichen Gründen hier war. Er ist wegen des Fußballs gekommen. Sein Job störte da eigentlich nur.

»Und was willst du jetzt von mir? Soll ich dir die Abseitsregel erklären?« Häme färbt seine Stimme grünlich.

»Nein«, erwidere ich matt, »ich brauche nur ein paar Stichworte.«

»Stichworte? Einem kompletten Fußball-Legastheniker soll ich den wahren Kick an London erklären? In Stichworten? Da wohnst du seit Jahren im Schatten großer Fußball-Geschichte und ihrer Stadien, meinen Kathedralen, und da fragst du mich so was?«

»Uwe«, sage ich flehend, »sag mir doch zum Beispiel, wie man sich als Besucher dem Londoner Fußball am besten annähert.«

»*Du* solltest dich dem Fußball überhaupt nicht nähern!« (Uwe glaubt, dass Menschen wie ich beim Fußballgucken Unglück bringen.) – Pause.

»Also gut, hier ein paar *Stichworte*: Gott, wo soll ich anfangen? Zunächst mal ist da die riesige Auswahl. Gar nicht so einfach für Leute wie mich, denn alle 14 Londoner Vereine in den vier Profiligen verdienen es, mal in Augenschein genommen zu werden – am besten natürlich im heimischen Stadion. Es sind einfach zu viele, da steigt fast immer irgendwo ein Lokalderby.

Tottenham gegen Arsenal ist so ein Schauspiel der Leidenschaften, da ist Feuer unterm Dach, die Zeitungen frohlocken, und in den Wettbüros klingelt die Kasse.

»Ah«, sage ich und notiere fleißig, »und wie kommt man an Tickets?«

»Am besten auf den Webseiten der Clubs nachschauen, ob überhaupt noch Karten in den freien Verkauf gehen. Dauerkartenbesitzer und Vereinsmitglieder haben Vortritt, da bleibt oft nicht mehr viel übrig. Wer grundsätzlich nur mal Stimmung erleben und echte englische Stadionluft schnuppern will, der probierts nicht unbedingt bei Arsenal oder Tottenham. Schon bei Chelsea wirds leichter mit der Karte, bei Fulham hatte ich fast nie Probleme. Und warum nicht mal die Traditionsclubs in der zweiten Reihe besuchen, West Ham United oder Crystal Palace? Die Stimmung ist dort genauso gut. Günstig geht übrigens anders, die Premier League ist der Goldesel des Weltfußballs. Eine Durchschnittskarte kostet 45 Pfund und ist damit fast doppelt so teuer wie in der Bundesliga. Aber es lohnt sich, denn wenn England das Mutterland des Fußballs ist, dann ist die Premier League die Mutter aller Ligen. Die Stadien sind ein Spiegelbild der britischen Klassengesellschaft, die es ja angeblich nicht mehr gibt. Arsenals neues Emirates Stadium ist in jeder Hinsicht eine Offenbarung und gilt als eine der profitabelsten Arenen der Welt. Unbequemer als an der Loftus Road hingegen, wo die Queens Park Rangers bolzen, kann es kaum zugehen. Viele Clubs sind noch immer Stadtteilclubs, da ist es eng, also steht die Schüssel oft wie ein gerade gelandetes UFO mitten im Wohngebiet. So, und jetzt frag mich, welcher Verein im berühmten Wembley Stadium spielt.«

»Natürlich«, rufe ich, »der heilige Rasen von Wembley! Also, welcher Verein spielt …«

»Keiner, du Pfeife! Im ›Home of English Football‹ kickt ab und zu die Nationalelf, und es gibt das eine oder andere Pokalfinale.

Ansonsten steht dieses Monument unter seinem gigantischen, das Stadion überspannenden Bogen fußballerisch meist leer.«

»Ah. Und die Stimmung, ist die so wie in Deutschland?«

»Nee, wo die Arenen bevölkert sind, sieht es meist anders aus als bei uns. Wenig Flaggen oder anderer Schnickschnack, keine scharf abgegrenzte Blockbildung der Fans – hier singt oft das ganze Stadion gemeinsam. Und es wird furchtbar clever gesungen, einen Einblick in die witzige englische Fußball-Sangeskultur gibts auf www.footballchants.org. Und es geht derbe zu, jedes zweite Wort fängt mit ›f‹ an (und endet leider nicht auf ›riendship‹) – da fliegt sofort jede Kindersicherung raus. Interessanterweise ist bis kurz vor dem Anpfiff kaum ein Mensch im Stadion. Das liegt daran, dass Alkohol im Innenraum verboten ist – folglich wird draußen bis zum Anpfiff getankt.«

»Und wenn man kein Ticket bekommt?«

»Dann gucken wir das Spiel eben im Fernsehen – ›Footy on the telly‹! Natürlich nicht zu Hause, sondern im Pub! Der zweitbeste Ort der Welt, nach dem Stadion. Es lohnt sich zu prüfen, ob die Gaststätte der Wahl auch alle Pay-TV-Anbieter freigeschaltet hat. Wer sichergehen will: Das Sports Café am Haymarket zeigt immer alles, auf mehr als neunzig Bildschirmen. Und natürlich ist es ein Riesenunterschied, ob man ein Derby in einem Pub irgendwo in London anschaut oder in einem der teilnehmenden Stadtteile, am besten noch in Stadionnähe. Sollte dann nämlich das Heimteam gewinnen, dann kann man was erleben! Sehenswert sind Spiele des Brentford FC im Westen Londons, der spielt zwar nur in der Dritten Liga, verfügt aber mit Griffin Park über ein einmaliges Anwesen in der britischen Fußballwelt: An jeder Ecke des Stadions gibt es einen Pub. Was für ein großes Glück! Auch in den Wasserlöchern rund um die White Hart Lane spielen sich nach Heimsiegen unglaubliche Szenen ab. Wenn das Bier irgendwann schon knöchelhoch auf dem Teppich steht, wird plötzlich ›Sit down, if you like Tottenham‹ intoniert – und die versammelte glückselige Gemeinde setzt sich genüsslich in die Suppe. Merke: niemals im Sonntagsstaat ins Stadion – und erst recht nicht in den Pub. So, reicht das an Stichworten?«

»Keine Ahnung«, sage ich, »was meinst du?«

»Hör mal, wenn du das alles in Schönschrift aufschreibst, dann wissen deine Leser jetzt schon mehr über Fußball in London, als du in zehn Jahren verstanden hast! Jetzt müssen nur noch ein paar Nicknames und Abkürzungen ins Vokabular ›The Gunners‹ für Arsenal, ›The Blues‹ für Chelsea, ›QPR‹ für Queens Park Rangers etc. – und schon hat ›The beautiful game‹ einen kenntnisreichen Verehrer mehr. Denn wer wie *du* nichts von Fußball versteht, der verpasst die Hälfte von London. Die wichtigere Hälfte. Er begreift nicht, worüber die Menschen reden in den Büros, Werkstätten und Pubs. Über ›One Touch Football‹ mit Arsène Wengers Arsenal oder den gigantischen Laborversuch in Chelseas Retortentruppe voller Weltstars. Und er hat keine Ahnung, wie ›Pukka Pies‹ in der Halbzeitpause schmecken: nämlich gar nicht, was aber egal ist, denn die Fleischpasteten gehören nun mal dazu wie einst der Gin zu Queen Mum. Und er weiß nicht, wo das wahre Fußball-Paradies auf Erden liegt: nämlich an der Themse. Enjoy the game.«

GRUND NR. 85

Weil man hier gut abhängen kann

Wenn ein Teenager sagt, er »hänge gerne ab«, dann ist das nichts Ungewöhnliches. Bei Tom allerdings ist das wörtlicher gemeint als bei seinen Altersgenossen. Tom hängt bevorzugt in vier Metern Höhe ab. An der Ferse. Oder an den Zehen.

Junge Leute, die von der Decke hängen, auf dem Kopf stehend Bälle jonglieren oder an langen Tüchern kopfüber von der Hallendecke stürzen, sind hier nichts Besonderes. Sie alle eint ihr Berufsziel: Zirkusartist. Bei »Circus Space« in Hoxton, der einzigen Zirkusschule des Landes, stehen Tom und seine Freunde kurz vor dem Abschluss, einem echten B.A. in »Circus Arts«. »Hogwarts trifft auf ›Fame Academy‹«, so könnte man die Atmosphäre hier beschreiben. Tagsüber gehören die fünf großzügigen Trainingshallen und Akrobatik-Studios den Studenten, die hier von Hochseil über Jonglage bis zum fliegenden Trapez alles lernen, was Zirkusdirektoren heute an Fähigkeiten erwarten. Und das ist beileibe kein Zuckerschlecken.

Tom hat sich aufs Trapez spezialisiert, die Hände des 19-Jährigen sind übersät von Schwielen, die Unterarme an vielen Stellen rot und aufgeschürft. »Die Schmerzen gehören dazu«, sagt er, »darauf kann man keine Rücksicht nehmen.« Aber nicht nur die sechzig Vollzeitstudenten lernen hier erhöhte Schmerztoleranz und Körperbeherrschung. Abends gehört die Manege den Amateurartisten. Auf der schmalen Plattform in drei Metern Höhe konzentriert sich jetzt Jasper auf seine nächste Übung am fliegenden Trapez. Der 31-jährige Eventmanager greift die Stange, schwingt beherzt nach vorn, hebt beim Zurückschwung die Beine in die Waagerechte und versucht, sich an der Stange in den Stütz zu ziehen, eine Grundübung in dieser Disziplin. Leider ohne

Erfolg, beim Rückschwung vergisst er vor lauter Ärger, die Beine anzuheben, und schlägt damit rückwärts ans Brett, auf dem zwei seiner Mitstreiter schmerzvoll das Gesicht verziehen. »No pain, no gain!«, kommentiert er lachend, als ich ihn später darauf anspreche. Auch seine Handflächen gleichen einem Reibeisen. Seit zwei Jahren lernt er die Kunst des fliegenden Trapez. »Es ist zu achtzig Prozent Konzentration, zu zehn Prozent Gefühl und zu zehn Prozent schierer Mumm!«, beschreibt Jasper, was einen guten Trapezartisten ausmacht. Schnelle Erfolgserlebnisse sucht man aber besser woanders. Ein gutes Jahr hat er gebraucht, um allein das richtige Schwungholen und Aufschaukeln zu lernen. »Aber es lohnt sich, für den puren Thrill! Und auf Partys ist es ein gutes Gesprächsthema!«, erklärt er und verschwindet grinsend in Richtung Umkleidekabine.

Auch Kelly setzt sich dem rigorosen Training bereits seit mehreren Jahren aus. Das stehende Trapez ist ihre Disziplin, als Ausgleich zu ihrem Büroalltag. »Es ist so elegant«, schwärmt die 33-jährige Australierin, »das ist wie Ballett in der Luft! Als ich das mal in einer Show gesehen habe, wusste ich: Das willst du auch.« Die Schmerzen, bestätigt auch sie, gehören dazu. »Die Seile beißen in die Haut, man schlägt sich permanent blaue Flecken an der Stange, aber das ist es wert«, sagt sie und lächelt beseelt. Überhaupt sieht man hier viele Leute lächeln, auch wenn sie gerade vom Seil gestürzt sind oder ihren Handstand zum hundertsten Mal nicht hinbekommen haben. Vielleicht weil alle wissen, dass sie Teil einer sehr speziellen Gemeinschaft sind. Elegant schwingt Kelly sich jetzt hoch, geht in den Stütz und sitzt nach einem raschen Überschlag plötzlich auf der Stange. Sie versucht eine neue Pose, lässt sich wieder fallen, immer wieder korrigiert ihre Trainerin. Schweiß tropft auf die dicken Matten, die einen Sturz auffangen würden. Erst kommt der Wille, dann die Grazie.

Billig ist dieses anspruchsvolle Fitnesstraining nicht: Die dreistufigen Erwachsenenkurse gehen über zwölf Wochen und kosten

18 Pfund – pro Trainingseinheit. Wer neugierig auf Zirkusluft ist, kann auch in dreistündigen Schnupperkursen herausfinden, ob er das Zeug dazu hat: jeden Samstagnachmittag für 59 Pfund. Dort lernt man akrobatisches Balancieren, es geht aufs Hochseil (allerdings nur in Kniehöhe, keine Angst), es wird jongliert und wer sich traut, kann tatsächlich aufs fliegende Trapez – natürlich mit einem Hüftgurt gesichert. Eine gehörige Portion Mut muss allerdings mitbringen, wer diese dynamische Form des Abhängens ausprobieren möchte.

GRUND NR. 86

Weil London Olympiastadt ist

In einer Olympiastadt zu leben, das ist schon ein besonderes Gefühl. Und London ist nicht irgendeine Olympiastadt: 2012 trifft sich nach 1908 und 1948 zum dritten Mal die Jugend der Welt in London – das ist schon mal Weltrekord, bevor die Wettkämpfe überhaupt begonnen haben. Leider haben die vorhergehenden Spiele keine Spuren im Stadtbild hinterlassen, das Olympiastadion von 1908 wurde Mitte der 1980er Jahre abgerissen, um Platz für das neue Fernsehzentrum der BBC zu schaffen. Auch scheint das britische Nationale Olympische Komitee keinen Sinn für Traditionen zu haben, denn sonst hätte man vielleicht die eine oder andere Sportart aus dem 08er-Programm wieder aufnehmen können – Motorbootrennen, Tauziehen und »Jeu de Paume« wären meine Favoriten gewesen.

Aber auch ohne exotische Sportarten werden Londons Spiele in die Geschichte eingehen, denn glaubt man den Organisatoren, sollen es die grünsten Spiele aller Zeiten werden. Das hat vor allem einen Grund: Man wollte nicht hinter den Chinesen abstinken, die mit den Megalympics von Peking die Latte ziemlich hoch gelegt hatten. Aber die dauerklammen Briten konnten sich einen ähnlichen Aufwand nicht leisten, von Chinas 25-Milliarden-Euro-Budget konnten sie gerade mal ein Zehntel zusammenkratzen. Ein PR-Trick musste her, um eine Blamage zu vermeiden. Also wurde das olympische Motto »Schneller, höher, stärker« einfach geändert in »Sauberer, grüner, sanfter« – zeitgemäß, vernünftig und vor allem: kostensparend.

Es sind am Ende dann doch knapp 11 Milliarden Euro geworden, aber die Öko-Strategie scheint funktioniert zu haben. Dazu haben die Planer sich einiges einfallen lassen. »Wir mussten komplett umdenken, Nachhaltigkeit, Recycling und CO_2-Bilanz hatten oberste Priorität«, erklärt Projektmanager Ian Crockfort, der mir das fast fertige Stadion zeigt. Die 85.000 Sitze sind noch mit Plastikfolien abgedeckt, die leise im Wind flattern, es klingt wie eine Vorahnung von Applaus. »Schauen Sie sich mal das Dach an«, sagt Ian und beschreibt mit der Hand einen großen Kreis durch das Stadion. »Wir hatten zufällig eine große Menge alter Gasrohre aufgetrieben, die wir in der Dachkonstruktion verwenden wollten. Aber die hatten nicht ganz die richtige Größe. Also haben wir das gesamte Dach umgestaltet, damit wir diese Rohre benutzen konnten. Und statt dass jetzt viertausend Tonnen alter Gasleitungen irgendwo in der Gegend herumliegen und verrosten, sind sie Teil dieser großartigen Konstruktion geworden.« London bekommt ein Olympiastadion vom Schrottplatz.

Aber es stimmt, welche Anlage man sich auch anschaut: Nachhaltigkeit hat Priorität. Besonders stolz sind die Planer auf das elegante Velodrom, in dem die Radwettbewerbe ausgetragen werden. Jeder verbaute Festmeter Holz, ob in der Bahn oder der Außenverkleidung, kommt aus nachhaltig bewirtschafteten Wäldern. Eine clevere Belüftung macht eine energiefressende Klimaanlage überflüssig, Regenwasser senkt den Wasserverbrauch um vierzig Prozent. Die nach innen gewölbte Deckenkonstruktion hält den zu heizenden Raum klein und durch geschickte Ausnutzung des Tageslichts wird man kaum Scheinwerfer brauchen.

Noch wichtiger als Öko-Materialien aber war den Planern die sogenannte »Legacy«, die wirtschaftliche Weiternutzung aller Anlagen über die Spiele hinaus. Die Basketballarena soll nach den Spielen komplett abgebaut und an einem anderen Ort wieder eingesetzt werden – möglicherweise bei den Spielen in Rio – und im Olympiastadion wird ab der Saison 2013/14 ein Londoner Fußball-Erstligist Quartier beziehen. Die Wildwasseranlage für den Kanuslalom ist bereits seit dem Sommer 2011 für jeden nutzbar – Rafting in Schlauchbooten ist nur eine Möglichkeit, sich dort zu vergnügen. Wenn also von den Spielen des vergangenen Jahrhunderts keine Spuren geblieben sind: die Sportstätten von »London 2012« werden ein Leben über Olympia hinaus entwickeln und kommende Generationen von Radlern, Schwimmern und Leichtathleten an die sportlichen Dramen und Triumphe erinnern, die sich 2012 im Osten der britischen Hauptstadt ereignet haben.

GRUND NR. 87

Weil hier an jeder Ecke das kleine Glück wartet

Ich habe nicht die blasseste Ahnung, was ich hier tue. Eine »Reverse Forecast« auf »Westmore Kid« und »Alfie Joe«, um 1.44 Uhr in Sheffield? »Könnte klappen«, sagt Mike. Und wenn nicht, na ja, zehn Pfund. Ich bin keine Zockernatur, aber seit ich in London bin, hat es mich irgendwie gejuckt, mal zu einem »Bookie« zu gehen und – zu wetten.

In London gibt es mehr Wettbüros als Fish-and-Chips-Shops, in jeder noch so kleinen Einkaufsstraße findet man eine Filiale der großen Drei des Gewerbes: allein »Ladbrokes«, »William Hill« und »Coral« betreiben mehr als siebentausend Wettbüros im ganzen Land. Wetten kann man auf alles, auf Pferde- und Hunderennen, Fußballspiele oder die Farbe des Kleides, das die Queen bei der Weihnachtsansprache tragen wird. Das Wetten liegt den Briten im Blut, auf das »Grand National«-Pferderennen zockt einmal im Jahr die halbe Nation.

Mike ist mein Nachbar, von dem ich gehört habe, er sei ein »betting man«. So ganz gern gibt das keiner zu. »Meine erste Wette hab ich mit 16 gemacht«, erinnert sich Mike. »Der Hund hieß ›Norwood Lamp‹, den Namen werde ich nie vergessen. Der hat mir Glück gebracht, sofort beim ersten Mal hab ich gewonnen, ein paar Pfund. Von da an war ich ›hooked‹.« Viel hat Mike nie gewonnen, 750 Pfund kamen mal bei einer Wette heraus, das war der Gipfel seines Glücks. Aber auch seine Verluste hielten sich in Grenzen. Wenn er Bilanz zieht, hat er wahrscheinlich mehr verloren als gewonnen, so über die Jahre, sagt er. Aber darauf kommt es gar nicht an. Es ist der Thrill, die Spannung, für die man beim Wetten zahlt.

Der »Bookie«, das Wettbüro, sieht aus wie jeder andere. Am Eingang stehen ein paar Stühle vor einem Dutzend Bildschirmen, auf denen Zahlen und Listen das Renngeschehen des Tages flimmernd widerspiegeln. An den Wänden hängen die Seiten des Zocker-Zentralorgans »Racing Post«, die »Financial Times« der Arbeiterklasse. Hier sind die Rennen aufgelistet, Einschätzungen der Hunde und Pferde, Beschaffenheit der Rennbahn und viele andere Details, die nur Eingeweihten etwas sagen. Allein heute, an einem trüben Donnerstag im Dezember, laufen im ganzen Land 21 Pferde- und 72 Hunderennen. Jede Menge Chancen. Sie alle sind so gestaffelt, dass jedes live in die Wettbüros übertragen werden kann. Ganze Tage kann man sich so um die Ohren schlagen, unterschiedliche Strategien ausprobieren, hoffen, gewinnen und verlieren.

Und das Wetten ist natürlich eine Wissenschaft für sich. Mike empfiehlt mir die »Reverse Forecast«. »Hunde«, sagt er, als er mir beim Ausfüllen des Wettscheins hilft, »sind das Einfachste. Da ist kein Jockey im Spiel, nur sechs Greyhounds, die hinter einem Hasen herrennen. Und viel wichtiger als die Hunde ist die Beschaffenheit der Bahn.« Mike deutet auf einen Bildschirm mit Zahlen. »Hier siehst du, welche Startnummer heute in den bisherigen Rennen in Sheffield gewonnen hat. Auffällig oft die Nummer zwei, oder?« Die zweitschnellste Bahn scheint die Nummer drei zu sein, da haben schon drei Hunde gewonnen. Also setze ich fünf Pfund auf die Startnummer zwei, und noch einen Fünfer auf die Nummer drei. Wenn die beiden als Erstes über die Ziellinie hecheln, egal in welcher Reihenfolge, habe ich gewonnen. Mike deutet auf den Bildschirm. »Es geht los.«

Die Klappen öffnen sich, und sechs Windhunde in verschiedenfarbigen »Trikots« stürmen los. »Westmore Kid«, die Nummer zwei, geht sofort in Führung, so weit, so gut. Aber »Alfie Joe« liegt nur auf Platz vier, als die Hunde in die erste Kurve gehen. »Come on, Alfie!«, presse ich durch die Zähne, etwas lauter, als ich gedacht hatte. Mike grinst mich an. »Now you get it, right?« Ich erschrecke über mich selbst: Das Rennfieber hat mich schnell gepackt. Jetzt geht es auf die Gegengerade, »Alfie Joe« ist inzwischen auf Platz drei. »Er ist ein guter Finisher, pass auf!«, sagt Mike. Ich gebe die Hoffnung auf, meine zehn Pfund wiederzusehen, aber da holt er plötzlich auf, »Come on!«, rufe ich laut, was niemanden hier irritiert, und tatsächlich, »Alfie« schließt auf, wird um eine Nasenlänge Zweiter und macht mich mit einem Schlag um 36 Pfund reicher. Keine Minute hat das Rennen gedauert, aber ich verstehe jetzt, was Mike meint. Ich gebe ihm die Hälfte von meinem Gewinn und danke ihm, dass er für mich eine Ausnahme gemacht hat. Ich beginne zu begreifen, warum er seit ein paar Jahren um Wettbüros einen großen Bogen macht.

GRUND NR. 88

Weil man hier den Bäumen aufs Dach steigen kann

Die Kinder sind verschwunden, plötzlich ist es ruhiger. Der Wind frischt auf, und der Boden schwankt sanft unter meinen Füßen. Vor mir, zum Greifen nah, die Spitze eines mächtigen Kastanienbaums, dahinter, unter einer Dunstglocke, ahne ich die Stadt. Ein paar Schritte weiter wiegt sich der Wipfel einer alten Eiche im Wind. Wusste ich, dass ihre Wurzeln doppelt so weit ausspreizen, wie sie hoch ist? Nein, wusste ich nicht, aber so etwas kann man hier lernen, in 18 Metern Höhe, vorausgesetzt, man ist schwindelfrei. Der »Treetop Walk« in den Royal Botanical Gardens in Kew ist eine der neueren Attraktionen auf dem Gelände der größten Pflanzensammlung der Welt – 30.000 verschiedene Blumen, Kräuter, Farne und Bäume sind hier zu bewundern –, aber bei Weitem nicht die einzige. In diesem herrlichen Landschaftspark verstecken sich, neben den imposanten viktorianischen Gewächshäusern, wunderschöne Kleinode, die es zu entdecken lohnt. Man kann und sollte sich einen ganzen Tag Zeit nehmen für Kew, im Sommer bringen viele Besucher einen Picknickkorb mit: Alle Grünflächen sind begehbar, und überall gibts kleine, abgeschirmte Ecken, auf denen man es sich mit Sandwiches und Tee bequem machen kann. Von wegen »Don't walk on the grass« – Kew Gardens ist ein Park mit Nutzwert und stark erhöhter Lerngefahr.

Ein Ziel, das sich hier anzusteuern lohnt, ist das Waterlily House von 1852, gebaut nur zu einem Zweck: der legendären Riesenseerose »Victoria«, natürlich benannt nach der damaligen Bewohnerin des Buckingham Palace, eine angemessene Heimstatt zu bieten. Die kreisrunden Blätter haben die Größe eines durchschnittlichen Bistro-Tisches, und anders als jene können sie ein

Gewicht von fünfzig Kilogramm tragen. Und wenn »Victoria« blüht, wirds so richtig theatralisch: Die Blüte, knapp einen halben Meter im Durchmesser, öffnet sich in der Dämmerung, schneeweiß und verführerisch duftend. Aber schon am nächsten Abend hat sie sich zartrosa verfärbt und ihr intensiver Duft ist vergangen. In dieser zweiten Nacht stirbt »Victoria« und sinkt ermattet an den Grund des Teiches – eine Pflanze mit Sinn fürs Dramatische.

Wer vom schwülen Klima noch nicht genug hat, macht sich jetzt auf den Weg zu meinem Lieblingsort Nummer zwei. Vorbei am spektakulären Palm House, das an einen notgelandeten Zeppelin erinnert, gibt es im Temperate House eine Ecke, die aus einem Dinosaurier-Film stammen könnte. Man muss einen stillen Moment abwarten: unter den riesigen Baumfarnen, deren Stämme mit feuchtem Moos bewachsen sind, kann man sich dann gut vorstellen, man wäre in einem urzeitlichen Regenwald gelandet. Man rechnet förmlich damit, dass jeden Moment ein Dinosaurier vorbeistampft. Stattdessen ist es nur eine Schulklasse aus Essex, die meinen Tagtraum stört, und ich fliehe die eiserne Wendeltreppe hinauf auf die Galerie, um die prächtige Sammlung mächtiger Palmen, Farne und Bäume aus luftigen neun Metern Höhe zu betrachten. Eventuell aufkommende Tarzan-Impulse bitte unterdrücken: Wer hier durchs Fenster segelt, zerstört die größte Glaskonstruktion des viktorianischen Zeitalters.

Letzte Station: die fantastische Marianne North Gallery. Die meisten Besucher gehen achtlos an ihr vorüber, was ein großer Fehler ist. Marianne North war die Tochter eines wohlhabenden Parlamentsabgeordneten, die sich nach dem Tod ihrer Eltern 1871 ihren Kindheitstraum erfüllte: ferne Länder zu entdecken und Pflanzen zu malen. In den folgenden zwanzig Jahren bereiste sie Nordamerika und die Karibik, verbrachte ein Jahr allein in einer Hütte in Brasilien, malte in Japan, Borneo und Ozeanien, stellte ihre Staffelei in Südafrika, auf den Seychellen und in Chile auf. Marianne North schuf ein Werk, das die Botaniker des ausgehenden 19. Jahrhunderts, als die Fotografie noch in den Kinderschuhen steckte, in Entzücken versetzte – Charles Darwin gehörte zu ihren Bewunderern. Ihr Gesamtwerk schenkte sie den Gärten in Kew und spendierte den chronisch klammen Botanikern Ihrer Majestät gleich eine Galerie dazu. Einzige Bedingung: Die Bilder müssen auf ewig so hängen bleiben, wie sie es bestimmt hat. Bis heute ist die herrliche Sammlung von über achthundert Bildern, die dicht an dicht bis an die Decke der wunderschön restaurierten Galerie hängen, nicht nur ein eigenständiger botanischer Garten hinter Glas, nicht nur das wissenschaftliche und künstlerische Testament einer faszinierenden Frau – sie ist auch die einzige Dauerausstellung in Großbritannien, die dem künstlerischen Werk einer Frau gewidmet ist.

GRUND NR. 89

Weil London die schönsten Sportanlagen hat

In London muss man zur körperlichen Ertüchtigung keinesfalls überteuerte Fitnessstudios aufsuchen oder sich in übelriechenden Sporthallen quälen. Es geht auch geselliger, und wer behauptet, Darts oder Snooker sei kein Sport, der sollte das hier besser für sich behalten. In der Hauptstadt eines Landes, in dem alkoholkranke Billardspieler von Millionen als Helden verehrt und Pfeilwurfturniere im Hauptabendprogramm der BBC übertragen werden, haben Top-Athleten des Gastronomiesports natürlich eine tolle Auswahl an exzellenten Trainingsgelegenheiten.

Freunde des Tischfußballspiels sollten am frühen Abend im Café Kick am Exmouth Market vorbeischauen. Vintage-Möbel, exotisches Flaschenbier und drei exzellente französische »Bonzini«-Kicker (die Filiale »Bar Kick« auf der Shoreditch High Street hat gleich elf davon) bieten hier Anfängern wie Turnierspielern glänzende Voraussetzungen für Training und Wettkampf. Die Crowd ist jung und trendy, das Essen mediterran, preiswert und überraschend gut. Bester Snack für die »Foosball«-Halbzeitpause: Sobrasada (eine Art Streich-Chorizo) mit gegrilltem Brot. Göttlich.

Poolbillard wird im Elbow Room auf der Curtain Road gespielt, auf sieben hervorragend gepflegten Tischen kann hier jeder den »Fast Eddie« raushängen lassen, bevor er sich ins bunte Nachtleben von Hoxton stürzt. Alternative: In der coolen Bar Electricity Showrooms am Hoxton Square kann man ebenfalls seine Treffsicherheit unter Beweis stellen. Echte Kenner der Materie aber werden die unvergleichliche Atmosphäre einer alten amerikanischen Pool Hall lieben, wie man sie in der Efes Pool Bar auf der Stoke Newington Road erleben kann. Am Ende eines dubiosen Treppenhauses betritt man durch eine Schwingtür die an wirklich allen Ecken abgestoßene Billardhalle, die erkennbar schon bessere Zeiten gesehen hat. Aus Fernsehern an der Decke scheppern die Soundtracks verschiedener Musiksender, Dosenbier ist das favorisierte Getränk – kein Wunder, dass sich Efes zum Geheimtreffpunkt des hippen »Dalston Set« gewandelt hat. An acht Tischen wird hier Pool und Snooker gespielt, aber abends wird Billard zur Nebensache, Efes hat eine Lizenz bis drei Uhr morgens – oft wird hier einfach nur gefeiert.

Auch Darts kann man in London natürlich in mehr als hundert Kneipen spielen. Wer mal die historische Londoner Variante des Spiels ausprobieren möchte, hat schon weniger Auswahl: »London Fives« wird nur noch in fünf (!) Kneipen im East End gespielt. Die Zielscheibe beim Fives muss man sich wie die Kindergartenausgabe eines herkömmlichen Dartboards vorstellen, sie besitzt nur zwölf statt der üblichen zwanzig Segmente. Wahrscheinlich war das für die Dockarbeiter des nahen Hafens nach dem »Liquid dinner« einfacher zu treffen. Im hinteren Salon des Pubs The Palm Tree in der Haverfield Road kann man das ausprobieren. Auch Verächter der »Art of Dart« werden sich in diesem raren Exemplar eines fantastischen alten East-End-Boozers wohlfühlen. Er liegt wie eine Insel im Mile End Park, die Fotos längst vergessener Sänger und Boxer an den Wänden lassen die »Good old days« lebendig werden, besonders am Wochenende, wenn das Publikum zu Livemusik aus vollem Hals alte Jazz-Klassiker singt. Und bei schönem Wetter setzt man sich einfach mit seinem Pint an den Regent's Canal, der direkt vor der Tür vorbeifließt. Nice.

Darts ist Ihnen zu prollig und Billard zu hektisch? Mehr so der kultivierte französische Typ? Na gut, spielen wir halt Pétanque. Dafür muss nicht mal gutes Wetter herrschen, London besitzt nämlich eine der wenigen weltweit bekannten Indoor-Pétanque-Bahnen. Baranis heißt die Kellerbar auf der Chancery Lane, die sich diesen exotischen Luxus leistet. Links vom Eingang gibts eine mit tiefem Kiesbett ausgestattete Acht-Meter-Bahn, an deren Ende sich eine intime Nische befindet, in der man mit bis zu acht Freunden seinen Pastis inhalieren kann. Das Publikum besteht aus französischen Exilanten, die ihr Heimweh in einem Glas Rotwein ertränken, und Anwälten aus den nahen Gerichtshöfen, die sich an die umfangreiche Cocktailkarte halten.

Skittles ist eine weitere Urform des Kugelspiels und in London leider so gut wie ausgestorben. Noch vor hundert Jahren gab es mehr als dreihundert »Skittles Alleys« in London, heute wird das dem deutschen Kegeln verwandte Spiel, bei dem eine ovale Kugel auf neun »Pins« geworfen wird, nur noch an zwei Orten in London gespielt. Einer davon ist das Freemasons Arms in Hampstead. Nach der Kegelpartie auf der Bahn aus den 1930er Jahren entspannt man verschwitzt und glücklich bei isotonischem Ale im wunderschönen Garten, gibt sich dem fast dörflichen Charme des Viertels hin und vergisst für die Dauer eines Pints, dass man mitten in einer Weltmetropole sitzt. So entspannend kann Hochleistungssport in London sein.

GRUND NR. 90

Weil man zum Wandern nicht in die Berge muss

Dass man eine Stadt am besten zu Fuß erkundet, ist eine Binsenweisheit und gilt für London wie für Hamburg, Paris oder Barcelona. Nur zu Fuß geht man mit der Stadt und ihren Menschen wirklich auf Tuchfühlung. Aber Wanderer, also Leute, die richtig gern zu Fuß gehen, kommen selten ausgerechnet nach London, um hier ihrem Hobby nachzugehen. Wanderurlaub, dafür muss man in die schottischen Highlands oder den Lake District, denken viele. Nur die wenigsten wissen, dass man auch in London einen tipptopp Trekkingurlaub machen kann. Denn London hat den LOOP, den »London Outer Orbital Path« – einen zusammenhängenden ausgeschilderten Wanderweg, satte 244 Kilometer rund um die Stadt. Wenn das keine Herausforderung ist! Unterteilt in 24 Teilstücke zwischen sechs und 16 Kilometern Länge kann man auf dem LOOP die britische Hauptstadt in Etappen umrunden – und von ihrer ländlichen Seite kennenlernen, die den anderen Städtereisenden verschlossen bleibt. Der LOOP führt den Wanderer durch den Grüngürtel, der London umgibt – man ist überrascht, wie still es hier an vielen Orten ist.

Der Weg beginnt offiziell in Erith, weit im Osten der Stadt, und mäandert von dort zunächst an der Themse und zwei ihrer Zuflüsse entlang, der Darent und der Cray. Man kann ihn aber auch an jeder anderen Stelle in Angriff nehmen. Der Weg bietet viel Natur, führt überwiegend durch gepflegte Landschaftsparks und stille Wälder, wird aber gelegentlich von urbanen Abschnitten unterbrochen – wir sind schließlich immer noch in London. Der überwiegende Teil der Strecke ist jedoch grün; sie führt über Wiesen und Weiden, durch vergessene Wälder und liebevoll gepflegte Naturschutzgebiete und über die »Commons«, die Grünflächen in den Zentren der alten Dörfer, die sich die gefräßige Metropole über Jahrhunderte einverleibt hat. Es gibt viel zu sehen am LOOP, stattliche Landhäuser, pittoreske kleine Dörfchen wie das »Old Village« von Bexley, Industriedenkmäler – die Crossness Pumping Station ist eine Pause wert – und es gibt uralte Kirchen, lokale Museen und nicht zuletzt urige Pubs mitsamt ihren Stammgästen zu entdecken. Auf dem LOOP entfaltet London seinen ländlichen Charme. Meine Favoriten: Kenley Airfield, einer der wenigen erhaltenen Flugplätze der Royal Air Force aus Kriegszeiten, das quirlige Zentrum von Kingston oder der wunderbare Epping Forest mit Blick über die riesigen Reservoirs des Lea Valley, aus denen London seinen Durst stillt. Alle Abschnitte beginnen und enden in der Nähe von U-Bahn-Stationen oder Bahnhöfen, sodass man sich auch einfach mal auf eine Tagestour begeben kann, wenn man von Londons lebhafteren Seiten die Nase voll hat.

Zu ländlich? Zu lang? Für Weicheier mit Wanderambitionen bietet der »Capital Ring Walk« eine etwas urbanere Alternative. Er ist nur schlappe 126 Kilometer lang, führt aber trotzdem an die schönsten Plätze und Parks der inneren Stadtbezirke. Sehenswert: die im Doppelsinne historischen Dinosaurier-Figuren im Crystal Palace Park, der geheimnisvolle uralte Highgate Wood, die wilden Rehe im Richmond Park oder die »Thames Barrier«, die London vor Flutwellen schützt. Auch das neue Olympiagelände in Stratford liegt am CRW. Also, get a move on! Wanderstiefel festzurren, Kompass, Karte und Blasenpflaster einpacken – und London von außen entdecken! Karten und vielfältige Informationen auf www.walklondon.org.uk.

GRUND NR. 91

Weil man im Theater nicht unbedingt stillsitzen muss

Natürlich, wer sich »Warten auf Godot« in einem der West-End-Theater anschaut, der sollte besser Disziplin und Sitzfleisch mitbringen. Aber in der Vorweihnachtszeit kann man an vielen Londoner Bühnen auch eine ganz andere Theatererfahrung machen, typisch britisch, mit langer Tradition – und oft mit richtigen Stars. »Panto« heißt diese Form der Bühnenkunst, und das hat überhaupt nichts mit weißgeschminkten, schwarzgekleideten Männchen zu tun, die komische Verrenkungen machen. Panto in England ist so ziemlich das Gegenteil. Laut, schrill, witzig, bunt und mitunter ganz schön sexy, aber trotzdem seltsamerweise kindertauglich. Traditionell geht die ganze Familie zum Panto, das auch in seriösen Theatern aufgeführt wird, meist aber außerhalb des West End. Und Naserümpfen ist fehl am Platz, denn diese Form der populären Unterhaltung hat ihre Wurzeln in der Commedia dell'arte und im Vaudeville, ist also im besten Sinne Theater für die Massen.

Zur Aufführung kommen üblicherweise klassische Märchen von Andersen über Grimm bis zu »Tausendundeiner Nacht«: Aschenputtel (hier bekannt als Cinderella), Peter Pan und Aladin (der mit der Wunderlampe) sind als Stammgäste besonders beliebt. Wer aber mit einer Märchenstunde auf Schultheaterniveau rechnet, ist schief gewickelt. Die Schauspieler sind allesamt Profis, oft mischen sich bekannte Gesichter aus populären Fernsehserien unter das Ensemble und gelegentlich sogar richtige Stars wie Ian McKellen oder, na ja, Pamela Anderson. Die Aufführungen halten sich nur an das Grundgerüst der Geschichten, wichtig ist vor allem, dass die klassischen Panto-Figuren auftauchen: »der junge Held« oder »die junge Heldin«, die immer von einer Frau gespielt werden. Ist die Hauptfigur ein Junge, trägt sie ein Kostüm, das ihre weiblichen Körpermerkmale betont. Dann darf die »Pantomime dame« niemals fehlen, üblicherweise die Mutter des Helden und natürlich immer gespielt von einem grellgeschminkten Mann im Frauenkostüm, mit grotesk vergrößerten weiblichen Attributen. Ein Bösewicht und eine gute Fee kommen ebenfalls immer vor, ebenso der komische Held. Ihm kommt eine besondere Aufgabe zu: Er liefert die Stichworte für den Einsatz des Publikums. Denn Panto ist Theater zum Mitmachen, hier liegt der eigentliche Spaß begründet. So sieht die Konvention vor, dass die Witzfigur des Stücks an irgendeiner Stelle sagt: »Oh, no it isn't!«, worauf das Publikum unisono zurückbrüllt: »Oh yes it is!« Als Panto-Neuling bekommt man da einen ganz schönen Schreck.

Es ist weiterhin üblich, dass das Publikum den Helden warnt, wenn sich der Bösewicht von hinten nähert: der Ruf »Behind you, behind you!« gehört zum klassischen Panto-Repertoire. Und jede Menge Musik gibt es auch, oft bekannte Hits mit anzüglich abgewandelten Texten, an denen die vom Glühwein leicht angeschossenen Erwachsenen ihren Spaß haben. Überhaupt gehören Zweideutigkeiten zum Panto wie »Mince Pies« zu Weihnachten, meist sind diese typisch britischen Anspielungen aber so schlau verklausuliert, dass der Seelenfrieden der Kleinen nicht gestört wird.

Wer ganz vorn sitzt, kann damit rechnen, irgendwann mit Wasserpistolen bespritzt oder mit Luftschlangen beworfen zu werden. Insgesamt sollte man sich Panto nicht entgehen lassen, es ist ein Riesenspaß, vor allem, weil es sich typisch britisch bei jeder Gelegenheit selbst auf die Schippe nimmt. Und auch die teilnehmenden Stars zeigen hier Sinn für Humor, David Hasselhoff zum Beispiel (ich weiß ...) als Captain Hook muss permanent »Baywatch«- und »Knight Rider«-Witze über sich ergehen lassen und Scherze über sein Talent als Sänger erdulden. Aber spätestens beim Abschlusslied, meist ein bekanntes Volkslied oder ein beliebter Popsong, den alle mitsingen können, wird klar: Die besinnliche Vorweihnachtszeit hält in London ihre ganz eigenen Vergnügungen bereit.

---
10. ONLY IN LONDON!

WAS DIESE STADT SO EINZIGARTIG MACHT

»Maybe it's because I'm a Londoner,
that I love London so.«

HUBERT GREGG, 1947

GRUND NR. 92

Weil man Straßennamen hier wörtlich nehmen darf

Die Adresse auf der Einladung zur Hochzeitsfeier meiner Freunde Anna und Matt machte mich stutzig: »Bleeding Heart Yard«. Muss man ausgerechnet im »Hof des blutenden Herzens« heiraten? Die beiden haben das nicht als böses Omen gesehen und fanden es einfach romantisch. Ein Londoner Mythos besagt, dass im Bleeding Heart Yard eine gewisse Lady Elizabeth Hatton ums Leben kam: Als man sie nach einer rauschenden Ballnacht im Morgengrauen eines kalten Januarmorgens im Jahre 1626 fand, mit abgerissenen Armen und Beinen, pumpte ihr Herz angeblich noch hellrotes Blut auf das Kopfsteinpflaster des kleinen Hinterhofs in Farringdon. Der sieht übrigens heute noch so aus wie zu Lady Elizabeth' Zeiten, aber statt eines Ballsaals findet man dort jetzt ein erstklassiges französisches Restaurant und einen gemütlichen Pub namens, genau, The Bleeding Heart – unbedingt mal auf ein Bier vorbeischauen. Immer wieder ist London zerstört und wieder aufgebaut worden, nach Kriegen und großen Bränden, hat sich verändert und weiterentwickelt. Das Einzige, was Bestand hatte, waren die Straßen; ihre Namen sind oft noch heute das Testament der versunkenen Stadt. Viele von ihnen verlaufen noch immer so wie zu Zeiten der römischen Besatzung, und ihre Namen erzählen Geschichten, von ihren Bewohnern, von geheimen Treffpunkten, von verschwundenen Flüssen, und nicht immer erschließt sich ihr Sinn sofort.

Manchmal ist die Erklärung einfach: In der mittelalterlichen City zum Beispiel wurden Straßen und Gassen schlicht nach den Produkten benannt, die dort verkauft wurden. In Poultry gabs früher Geflügel, in der Wood Lane, klar, Holz, und was in der Love Lane feilgeboten wurde, kann sich jeder denken. Viele

Liebhaber des etwas robusteren Englisch bedauern, dass es die Gropecunt Lane nicht mehr gibt, und welcher Teufel die Verantwortlichen in Newington geritten hat, die Bicknell Street 1929 in Thrush Street umzubenennen, wird mir immer unbegreiflich bleiben. »Thrush« ist zwar einerseits das englische Wort für einen Singvogel, andererseits aber auch der geläufige Sammelbegriff für juckende Pilzinfektionen an, na ja, delikateren Körperstellen. Wo wir gerade dabei sind: In der Cock Lane fanden früher Hahnenkämpfe statt (was dachten Sie denn?), und in der Cold Blow Lane wars wahrscheinlich schon immer etwas zugig.

Der Birdcage Walk beherbergte einst das Aviarium von König Charles II., seine Sammlung seltener und exotischer Vögel war berühmt, ein Kranich mit Holzbein soll sich auch darunter befunden haben. Apropos berühmt: Wer an der Knightrider Street auf das Erscheinen von David Hasselhoff in seinem berühmten Auto K.I.T.T. wartet, muss Geduld mitbringen. Sie wurde nämlich vielmehr von den Rittern des Königs Stephen I. benutzt, um vom Tower Royal zum Turnierplatz in Smithfield zu reiten, wo sie sich mit allerlei Spielchen die Zeit zwischen den Kriegen vertrieben. Die Hanging Sword Alley, ein halbe Meile weiter westlich, war früher berühmt für ihre Fechtschulen, und kein Mensch weiß heute noch, warum die Bird-in-bush Road, die Shoulder of Mutton Alley oder eine Straße namens Crooked Usage ihre Namen tragen. Jedenfalls hab ich es nicht herausfinden können.

Für die Wahl des richtigen Wohnorts sind die Londoner Straßennamen auf jeden Fall hilfreich: Frauen mit überquellendem Kleiderschrank sollten sich vielleicht auf der Wardrobe Terrace umschauen, und Fans von Fantasy-Literatur ziehen wahrscheinlich schnurstracks nach Cyclops Mews oder in die Elf Row. Naschkatzen können in der Pudding Lane oder in der Honeypot Lane endlich alle Diätpläne über den Haufen werfen und frankophile Zeitgenossen schauen am besten in Petty France in St James's nach einem geeigneten »Appartement«. Diejenigen

Londoner, die gesteigerten Wert auf Umgangsformen legen, werden am Friendly Place oder in der Pardon Street sicher auf Gleichgesinnte treffen; und sogar für Mario Barth hat London ein Plätzchen freigehalten: Wenn der nach Greenwich ziehen würde, hätte er in der Ha-Ha Road wenigstens *einen* Lacher garantiert.

GRUND NR. 93

Weil London eine Königin hat

Auch wenn sie es nicht gerne zugeben: Sie lieben ihre Königin, die Londoner. Viele verneigen sich nur im Stillen, denn als Royalist hat man in einer multikulturellen Weltmetropole keinen einfachen Stand. Aber zum Geburtstag ihrer Königin holen sie trotzdem ihre Fähnchen heraus. Bei aller Kritik an Pomp, Skandalen und Verschwendung von Steuergeldern (satte 62 Pence musste jeder Steuerzahler 2009 für den Unterhalt der Queen aufbringen!) wissen auch ihre republikanischen Gegner: London braucht die Queen. Ohne sie wäre London nicht mit weitem Abstand die bei Touristen beliebteste Stadt der Welt. Natürlich haben auch andere Städte schöne Schlösser, aber in den wenigsten lebt tatsächlich eine Regentin. Die Queen ist es, die Londons historische Bausubstanz mit Leben füllt. Millionen von Besuchern kommen jedes Jahr, um zu sehen, was sie repräsentiert: Prunk, Paläste und Paraden. Wenn Touristen zu Hause vom Besuch am Buckingham Palace erzählen, sagen sie oft: »Und sie war da tatsächlich drin! Ihre Fahne wehte über der Kuppel!« Das ist der Unterschied. Und Elizabeth II. ist keine Operettenkönigin, sie ist nach wie vor konstitutionelles Staatsoberhaupt von 16 unabhängigen Staaten, formal herrscht sie über ein Sechstel der gesamten Landmasse der Erde. Darunter befinden sich Karibik-Trauminseln wie Barbados und St Lucia – ich frage mich bei schlechtem Wetter oft, warum sie nicht längst dort Quartier genommen hat.

Ihr Rang zeigt sich besonders in einer jährlich wiederkehrenden prunkvollen Zeremonie, dem »Opening of Parliament«. Dazu versammeln sich beide Häuser des Parlaments im House of Commons, und mit Diamantkrone auf dem Haupt und Zepter in der Hand verkündet dann die Queen, was im nächsten Jahr Tarif ist. »Es ist der Wunsch meiner Regierung ... Meine Regierung wird ...«: Ohne rot zu werden verkündet sie dabei das Programm, das Premier und Kabinett ihr aufgeschrieben haben. Natürlich weiß jeder, dass sie keinen Einfluss auf die Entscheidungen »ihrer« Regierung nimmt, aber dennoch: Die alte Dame verbringt mehrere Stunden am Tag mit dem Studium von Regierungsakten und ist, nach Angaben von Insidern, überraschend gut über das Tagesgeschäft informiert. Tony Blair hat angeblich mehr als einmal auf ihren Rat gehört, bei seinen wöchentlichen Audienzen im Palast. Warum hätte er auch nicht von ihrer Erfahrung profitieren sollen, schließlich sitzt sie seit sechzig Jahren auf dem Thron, 13 Premierministern hat sie ihre Regierungsgeschäfte anvertraut, von Churchill bis Cameron: Für viele Briten ist sie die einzige Konstante im öffentlichen Leben des Landes.

Als Lilibeth, wie sie als Kind genannt wurde, den Thron bestieg, waren Lebensmittel noch rationiert, London erholte sich von den Folgen des Krieges. Ihre Königin, das wissen ihre Untertanen, hat sich nie gedrückt. Zum Ende des Krieges schloss sie sich der Reserve der britischen Armee an und ließ sich als Fahrerin und Mechanikerin ausbilden – höhere Töchter fuhren damals keine Militärlastwagen. Das haben die Londoner bis heute nicht vergessen, und als der Krieg zu Ende war, da hat sie es ein einziges Mal geschafft, aus ihrem goldenen Käfig zu entfliehen. Die 19-jährige Prinzessin stahl sich heimlich aus dem Palast und ging inkognito auf die Straße, lief untergehakt mit wildfremden Menschen durch die Straßen und feierte ausgelassen mit ihren Londoner Nachbarn das Ende des Krieges.

Obwohl sie heute den Buckingham Palace eigentlich nicht mag und eher als Dienstwohnung betrachtet (sie bevorzugt Windsor Castle, eine gute Autostunde entfernt), ist die Queen aus London nicht wegzudenken. Die alljährliche Geburtstagsparade »Trooping the Colour«, der Wachwechsel am Palast und gelegentlich mal eine kleine Hochzeitsfeier: Da stinken Berlin und Paris doch ziemlich ab. Mit Gimmicks wie diesen gewährleistet Londons Königin ihrer Stadt einen uneinholbaren Vorsprung in der Bling-Abteilung, und mal ehrlich: Ohne Elizabeth Alexandra Mary Windsor wäre London doch einfach nur die Hauptstadt Großbritanniens – und nicht das Zentrum eines Königreichs.

GRUND NR. 94

Weil man hier auf die Popstar-Schule gehen kann

Überall auf der Welt stehen junge Menschen vor derselben monumentalen Frage: Was zum Teufel soll ich nur mit dem Rest meines Lebens anfangen? Viele träumen von Ruhm und schnellem Geld, da erscheint besonders ein Karriereweg verlockend: Popstar. Aber Eltern lassen es oft an Enthusiasmus fehlen, wenn ihre Sprösslinge sie mit diesem Berufswunsch konfrontieren. »Du willst *Popstar* werden? Hast du dich mal unter der Dusche singen gehört? Kind, mach doch lieber dein Abitur!« In London geht beides.

An der »BRIT School« in Croydon kann sich jeder, der einen britischen Pass besitzt, in der Nähe von London wohnt und die Aufnahmeprüfung besteht, die Grundlagen draufschaffen, die für eine erfolgreiche Karriere im Musikgeschäft unabdingbar sind. Seit zwanzig Jahren belehrt die Schule ihre Kritiker, die behaupten, Popstar könne man nicht lernen, eines Besseren. Absolventen der BRIT haben weltweit 65 Millionen Alben verkauft, zu den Ehemaligen gehören Superstars wie Adele, Katie Melua, The Kooks, Leona Lewis und die verstorbene Amy Winehouse. Der Andrang ist dementsprechend groß, nur jeder dritte Bewerber bekommt einen der momentan 1150 Plätze.

Die BRIT ist eine reguläre weiterführende Schule, die man schon ab dem vierzehnten Lebensjahr besuchen kann, im Unterricht liegt allerdings der Schwerpunkt deutlich auf künstlerischen Fächern. Die Schüler spezialisieren sich auf Hauptfächer wie Musik, Tanz, Musical oder Theater und werden nicht nur in Musiktheorie, Kunstgeschichte, Mathematik und Englisch unterrichtet. Praktische Übungen und Livekonzerte bilden den Kern des Curriculums, es gibt Theater, Musik- und TV-Studios sowie Tanzsäle:

Wer sich an »Fame« erinnert fühlt, liegt nicht ganz falsch. Jeden Dienstag gibts die »Tuesday Auditions«, wo die Schüler ihr Können vor Vertretern von Agenturen und Produktionsgesellschaften unter Beweis stellen, schon sehr früh werden hier die Weichen für Plattenverträge gestellt. Aber auch hier gilt: Viele sind berufen, aber nur wenige sind auserwählt. Für jede Adele und Amy gibt es Dutzende, die nach ihrem Abschluss in weniger glamourösen Bereichen des Showgeschäfts ein Auskommen finden. Tontechniker, Bühnendesigner, Choreografen und Plattenmanager werden hier genauso ausgebildet, je nach Talentlage. Ein kürzlich eingeführter »Arts Management«-Kurs soll die zukünftigen Manager des Musikgeschäfts hervorbringen, er steht auch älteren Studenten offen. Aber der wichtigste Erfolgsfaktor der BRIT ist wohl die Tatsache, dass sie keine Schulgebühren verlangt, sie finanziert sich aus staatlichen Mitteln und Spenden. Und deshalb bekommen hier auch Schüler eine Chance, deren Eltern sich eine teure Privatschule nie hätten leisten können, wie Amy Winehouse zum Beispiel. Man kann mit Fug und Recht behaupten, dass wir ihre Stimme ohne die BRIT niemals gehört hätten.

GRUND NR. 95

Weil die Welt der Mode sich um London dreht

Beim Stichwort »Modemetropole« denken immer alle sofort an Paris. Oder an Mailand. Dabei kamen die wohl wichtigsten Impulse der jüngeren Modegeschichte aus dem Herzen der britischen Hauptstadt. Beispiele gefällig? Mary Quandt erfand nirgendwo anders als hier – genauer gesagt auf der King's Road – den Minirock, der legendäre »Biba«-Shop erblickte in Kensington das Licht der Welt, Vivienne Westwood machte den Punk der Sex Pistols modisch salonfähig und auch Schuh-Gott Jimmy Choo hat hier sein Hauptquartier.

Viele der einflussreichsten Couturiers der Gegenwart haben ihre Wurzeln in London, entweder sind sie hier geboren oder sie haben an den berühmten Modeschulen ihr Handwerk gelernt und sich hier ihre Sporen verdient. Kein Wunder, dass die großen französischen Couture-Häuser immer wieder Designer aus London verpflichten, um ihren Kreationen den unvergleichlichen urbanen Touch zu verpassen, den nur London so inspiriert und prägt. John Galliano unterzog Dior einer Reanimation, bevor er sich skandalbedingt aus der Modebranche verabschieden durfte. Der jüngst verstorbene Alexander McQueen drückte Givenchy seinen Stempel auf, bevor er sich unter eigenem Namen selbstständig machte. Stella McCartney machte Chloe trendy und Giles Deacon schubste Ungaro ins 21. Jahrhundert – sie alle haben in London ihr Handwerk gelernt, Inspiration gesammelt und ihren Stil entwickelt. So hat London das kollektive Modebewusstsein von Abermillionen Frauen auf der ganzen Welt beeinflusst.

Auch wenn von internationalen Starfriseuren die Rede ist, fallen zuerst Namen wie John Frieda, Nicky Clarke und natürlich Vidal Sassoon: Er kreierte hier den berühmten Bob – in den

Siebzigern wurde seine Akademie in Mayfair zum Wallfahrtsort für ambitionierte Friseure aus aller Welt, die hier komplett neu Haare schneiden lernten.

Die Modebranche erweist ihrer heimlichen Hauptstadt zweimal im Jahr die Ehre: Zu Tausenden pilgert die Szene zur »Fashion Week« nach London – viele Experten sagen neuerdings, die Modewoche an der Themse habe die Konkurrenten vom East River und der Seine längst abgehängt. Dafür sorgt schon die unglaubliche Zahl an Nebenevents, Vernissagen und kleinen Modenschauen der Nachwuchs-Couturiers aus den Londoner Fashion Colleges, den Talentschmieden der Modewelt, die jedes Jahr neue McQueens und Gallianos produzieren. Da ist es dann auch wenig überraschend, dass die Londoner selbst die mutigsten Modepioniere der Welt sind. Wer das nicht glaubt, schlendere mal an einem Samstagabend durch Shoreditch oder halte in den coolen Bars in Dalston oder den bebenden Clubs um Waterloo die Augen auf – hier gibt es nichts, was nicht geht. Alles wird kombiniert, neu erfunden, verfremdet, aufgerüscht. Jeder scheint sein eigener Designer zu sein und hinter jeder Ecke wird stündlich ein neuer Trend geboren – und genauso schnell verworfen. Immer wieder sieht man in den abgerockten atmosphärischen Straßen des East End ein Model auf unmöglich hohen Absätzen in seltsamen Posen, davor liegt ein Fotograf im Straßendreck – gut möglich, dass die Aufnahme in der nächsten »Vogue« erscheint und dieser Look in der kommenden Saison auf den Laufstegen auftaucht.

Apropos Fotos: Es waren Londoner Lichtbildner, die die Modefotografie zur Kunstform erhoben haben. Lord Snowdon, Cecil Beaton oder der legendäre David Bailey – London bietet Fotokünstlern neben Inspiration vor allem eines: eine perfekte, sich ständig verändernde Leinwand für ihre Arbeit. Also, pardon Paris und scusa Milano: Die Modehauptstadt der Welt liegt an der Themse.

GRUND NR. 96

Weil die Straßen mit Silikon gepflastert sind

Im Osten Londons, dort wo früher Arbeiter in den Textilmanufakturen und den Lagerschuppen der Handelshäuser schufteten, entwickelt sich gerade ein Industriezweig, der das Zeug hat, ein europäisches Gegenstück zum Silicon Valley zu werden. Mehr als zweihundert Internet-Start-ups haben sich in den vergangenen Jahren rund um den Kreisverkehr über der Tube Station Old Street angesiedelt, und es werden beinahe täglich mehr. Still und heimlich hat sich der »Silicon Roundabout« als Brennpunkt der Web-2.0-Szene etabliert. Er liegt mitten in Shoreditch, dem Lieblingsviertel der jungen Kreativen, wo viele der ehemaligen Fabriketagen in coole loftige Büros verwandelt wurden und ein Fixie-Bike und Hornbrille zur Grundausstattung jedes zweiten Bewohners zu gehören scheinen.

Und die City, Zentrum der Hochfinanz, wo die dringend benötigten Investoren sitzen, ist nur einen Steinwurf entfernt. Die Symbiose scheint zu funktionieren, auf dem monatlichen Branchen-Meet-up »Minibar« tummeln sich Webdesigner auf Jobsuche, Jungunternehmer mit Hunger auf ein paar Millionen Startkapital und Investoren auf der Suche nach dem nächsten großen Ding: Auf einem Bierdeckel skizziert, kann eine Idee hier die finanzielle Initialzündung bekommen, die sie zum Abheben braucht – »Techs and the City« blödelte schon die »Times«. Wer eine Idee für das Internet von morgen hat, kann sie hier realisieren. »Shutl« zum Beispiel bringt Online-Einkäufe binnen neunzig Minuten zum Besteller, »Editd« betreibt digitale Marktforschung für die Modebranche, »MindCandy« entwickelt Online-Spiele für Kinder – und wird inzwischen mit zweihundert Millionen Pfund bewertet. Die ersten märchenhaften Erfolgsgeschichten kursieren längst, die jungen Gründer des Musikdienstes »last. fm« verkauften ihre Firma für 140 Millionen an einen großen Medienkonzern, und Twitter zahlte 25 Millionen für das Shoreditch-Start-up »TweetDeck« – nur drei Jahre zuvor gegründet von einem arbeitslosen Programmierer.

In Shoreditch werden die wildesten Nerd-Träume gerade Wirklichkeit. In den Bars und Cafés kann man die Aufbruchstimmung spüren, hier verbringen die jungen Kreativen ihre Mittagspause, und es ist kaum einer unter ihnen, der nicht beim Lunch ein iPad vor sich liegen hätte. Wer abends in den Bars um den Hoxton Square den Thekengesprächen folgen will, muss schon IT-Profi sein, um den Shoptalk der Programmierer und Entwickler zu verstehen. Wie schnell sich die Gegend von einer urbanen Krisenzone zum digitalen Gewerbegebiet gewandelt hat, erkennt man am Beispiel »Songkick«, einer Internetplattform für Fans von Livekonzerten. Zwei Jahre mussten die Gründer warten, bis die Telefongesellschaft endlich einen schnellen Internetzugang in ihrer Fabriketage installierte – die heruntergewirtschaftete Gegend war dafür gar nicht vorgesehen. Inzwischen hatte »Songkick« den ersehnten High-speed-Zugang, neben 1,3 Millionen Nutzern, 23 Mitarbeitern und vier Millionen Pfund Kapital.

Binnen drei Jahren hat sich die Anzahl der Start-ups mehr als verzehnfacht, auch Google hat sich ein siebenstöckiges Bürogebäude gesichert, eine Akademie für seine Software-Entwickler soll hier entstehen. Die kritische Masse an Web-Unternehmen zieht die wichtigste Ressource des Silicon Roundabout an: qualifiziertes Personal. Viele der talentiertesten Software-Entwickler und Webdesigner sind längst hier, und etliche werden folgen, denn es gibt hier vor allem eines: Jobs mit Zukunftsgarantie. Nirgendwo in Europa ist die Wahrscheinlichkeit größer, dem »next big thing« auf die Welt zu helfen, in einem schmuddeligen Büro im wilden Osten der aufregendsten Stadt der Welt.

GRUND NR. 97

Weil die Welt auf London blickt

Als 2009 im Iran die Studenten auf die Straße gingen, um unter Einsatz ihres Lebens gegen das Teheraner Mullah-Regime zu demonstrieren, herrschte besonders in einer Büroetage am Portland Place der Ausnahmezustand. Die Redaktion von »BBC Persia«, dem in Farsi ausgestrahlten Nachrichtenprogramm der BBC, fuhr Sonderschichten, die Sendezeit wurde verlängert, die Journalisten schliefen unter ihren Schreibtischen. Die Atmosphäre im »Newsroom« war wie elektrisiert, vom Kameramann bis zur Moderatorin wussten alle: Unser Programm ist die wichtigste unabhängige Nachrichtenquelle für die Opposition in der Heimat, wir schreiben hier Geschichte. Genau wie die Widerständler in Nazi-Deutschland, die ihre Volksempfänger heimlich auf die Nachrichten des britischen Staatssenders einstellten, verließen sich die iranischen Studenten auf die Stimme aus London: Es war die Stimme der Freiheit.

London ist heute wie gestern die interessanteste Medienstadt der Welt. Für Nachrichten-Junkies gibt es nichts Schöneres, als jeden Tag in der Vielfalt der Londoner Medienlandschaft zu baden. Die besten Zeitungen der Welt werden hier gemacht, von gnadenlosen Revolverblättern wie der berüchtigten »Sun« oder dem »Mirror« – nirgendwo liest man witzigere Schlagzeilen – bis zu den »Broadsheets«, den Qualitätszeitungen: Die traditionsreiche »Times«, der konservative »Daily Telegraph« und der liberale »Guardian« gehören zum täglichen Pflichtprogramm, und abends gibts noch eine Extradosis Lokales und Klatsch aus dem »London Evening Standard«. Alle Londoner sind begierige Nachrichtenkonsumenten, in der U-Bahn steckt fast jeder zweite Kopf hinter der Gratiszeitung »Metro« oder einem anderen Titel.

Die »alte Tante« BBC schreibt hier seit hundert Jahren Radio- und Fernsehgeschichte, ihre Webseite gehört zu den meistbesuchten Info-Seiten des Internets, die Nachrichtensendungen von BBC und Channel 4 gehören anerkanntermaßen zu den besten Fernsehnachrichten der Welt. Apropos Weltnachrichten: Sorry, Berlin, aber die Völker der Welt schauen leider eher auf *diese* Stadt. Der Großteil der TV-Bilder von Vulkanausbrüchen, Revolutionen und Kriegen rund um den Globus, die wir in Fernsehen und Internet sehen, kommt nämlich aus den Londoner Zentralen der beiden großen Fernsehnachrichtenagenturen APTN und Reuters.

Und selbstverständlich sind auch die deutschsprachigen Medien hier vertreten. Als die ARD 1950 ihr erstes Auslandsstudio eröffnete, wurde über den Ort nicht lange diskutiert: London, natürlich! Das ZDF folgte, und auch der Privatsender RTL unterhält hier eines seiner wenigen Auslandsbüros, ebenso wie »Stern«, »Spiegel« und dpa. Wer mitsingen will im internationalen Medienkonzert, der muss einfach hier präsent sein, weil hier Weltnachrichten gemacht werden, jeden Tag aufs Neue.

Korrespondent in London, das ist für ambitionierte Journalisten auf der ganzen Welt immer noch ein Hauptgewinn in der Karrierelotterie: Wer vor Big Ben steht und in die Kamera schaut, hat einen der begehrtesten Korrespondentenplätze der Welt ergattert. 1700 Journalisten von mehr als fünfhundert ausländischen Zeitungen, Radio- und Fernsehsendern sind hier akkreditiert – weil die Welt wissen will, was in London läuft, auch jenseits von Parlament und Palast. Es vergeht kaum ein Tag, an dem es nicht etwas zu berichten gäbe, hier passieren einfach fortwährend Dinge, die die Welt interessieren: königliche Hochzeiten und Polit-Skandale, Glitzer und Glamour, Mord und Totschlag – London erzählt jeden Tag Geschichten. Manche sind traurig, andere lustig, einige wichtig, oft sind sie eine Mischung aus Dichtung und Wahrheit – aber langweilig sind Londons Geschichten nie.

GRUND NR. 98

Weil Künstler hier Kriege führen

Vincent van Gogh und Paul Gauguin, Picasso und Matisse: Die Kunstgeschichte ist voller Beispiele für große Fehden zwischen weltberühmten Künstlern. Auch in London passiert das, aber nicht in Zeitungen oder Salons, hier läuft das auf der Straße ab. In der roten Ecke: der kamerascheue und inzwischen weltberühmte Sprühkünstler Banksy; in der blauen Ecke – King Robbo, Londoner Graffiti-Legende der ersten Stunde.

Alles begann angeblich mit einer Ohrfeige: Als die beiden Ende der 1990er Jahre in einem Club in Shoreditch einander vorgestellt wurden, soll der damals noch unbekannte Banksy vorgegeben haben, noch niemals von King Robbo gehört zu haben, was in Graffiti-Kreisen einer Majestätsbeleidigung gleichkam. Robbo war ein Pionier der Szene, als einer der ersten besprühte er komplette U-Bahn-Züge, er arbeitete grundsätzlich illegal und unter permanentem Verfolgungsdruck der Behörden. Banksys Affront quittierte Robbo angeblich mit einer Ohrfeige und der Bemerkung: »Auch wenn du noch nicht von mir gehört hast, jetzt wirst du mich wenigstens nicht mehr vergessen.«

Dabei hätte es bleiben können. Doch offenbar konnte Banksy, inzwischen berühmt und reich und allein deshalb bei vielen orthodoxeren Fans in Ungnade gefallen, die alte Fehde nicht auf sich beruhen lassen. Im Jahre 2009 beging er ein Sakrileg, das ihm die Graffiti-Kommune bis heute nicht verziehen hat. Banksy überpinselte eine Arbeit von Robbo, im typischen Banksy-Stil sprühte er einen Anstreicher, der über Robbos Graffiti zu tapezieren schien. In Sprayer-Kreisen ist das vergleichbar mit einem Säureattentat auf die »Mona Lisa«. Denn erstens verstieß Banksy damit gegen den Ehrenkodex der Spray-Künstler, Arbeiten anderer Sprayer nicht zu verändern. Und zweitens war es nicht irgendein Graffito, das Banksy attackiert hatte. Es war die älteste Arbeit von King Robbo, aus dem Jahr 1985, wahrscheinlich das älteste Graffito in ganz London und somit ein inoffizielles Heiligtum, eine Art Gründungsdokument der Bewegung. Damit hatte Banksy die erste Salve abgefeuert in einem Krieg, der die Londoner Graffiti- und Street-Art-Szene bis heute spaltet. Ohnehin sind sich beide Lager nicht grün: Die Freihand-Graffitista verachten die Schablonenkünstler der Streeet-Art-Szene, die sich Banksy, den mysteriösen Millionär aus Bristol, zu ihrem Hohepriester auserkoren haben. Und die Street-Art-Künstler, die mit Hilfe vorbereiteter Schablonen – sogenannter »Stencils« – ihre cleveren, oft politischen Kunstwerke an Londons Hauswände sprühen, schmähen die grellbunten Graffitis als testosterongesteuerten Vandalismus aus dem künstlerischen Niedriglohnbereich.

Robbo hatte sich eigentlich Jahre zuvor aus der Szene zurückgezogen und war nicht mehr aktiv, doch diesen Angriff konnte er nicht auf sich sitzen lassen. Am Weihnachtsmorgen 2009 kam seine Riposte, er verfremdete Banksys Anstreicher so, dass dieser plötzlich »King Robbo« an die Wand zu pinseln schien. Und wieder parierte Banksy, diesmal setzte er ein »Fuc« vor das »King«. Aber es blieb nicht bei diesem ironischen Schlagabtausch zweier Künstler-Egos. Die Graffiti-Szene solidarisierte sich mit ihrem Altmeister Robbo, in der ganzen Stadt wurden jetzt Banksy-Arbeiten attackiert und verändert, und immer zeichnete ein »Team Robbo« verantwortlich: über das Internet verbundene Sprühaktivisten, die dem etablierten, nach ihrer Auffassung korrupten Banksy zeigen wollten, dass man den Pfad der Tugend nicht ungestraft verlässt. Denn Banksy war immer umstritten, die Szene wirft ihm künstlerischen Ausverkauf und die Kommerzialisierung der Street Art vor, und selbst seriöse Kritiker verweisen darauf, dass Banksy sich vor allem zu Anfang seiner Karriere stilistisch und inhaltlich allzu schamlos beim Urvater der Straßenkunst bedient habe, dem Franzosen Xavier Prou, besser bekannt unter seinem Pseudonym »Blek le Rat«.

Und so wäre das Duell der Sprühkünstler wohl munter weitergegangen, wenn die ganze Sache nicht eine dramatische Wendung genommen hätte: Der aus der Versenkung aufgetauchte Robbo, der gerade begonnen hatte, mit seiner Kunst Geld zu verdienen, wurde am 11. April 2011 – fünf Tage vor seiner zweiten Solo-Ausstellung – mit schwersten Kopfverletzungen bewusstlos vor seiner Wohnung aufgefunden. Unfall oder Gewaltverbrechen? Robbo liegt seit dem Vorfall im Koma, also weiß niemand, was in dieser Nacht vorgefallen ist. Insider bezweifeln zwar, dass dies das Resultat des Streits mit Banksy ist, aber dennoch: Der Sprayer-Zwist von London könnte als ungelöster Kriminalfall in die Kunstgeschichte eingehen.

GRUND NR. 99

Weil London eine große Klappe hat

Man merkt dieser Stadt auf Schritt und Tritt an, dass sie einmal das Zentrum der Welt war – und sich noch immer dafür hält. Schon im 2. Jahrhundert lebten hier 60.000 Menschen, zu einer Zeit, als in der Gegend des heutigen Berlin gerade die ersten Dörfer entstanden. Bescheidenheit ist deshalb nicht gerade Londons auffälligster Charakterzug, nein, diese Stadt liebt die große Geste. Kein Wunder, noch 1922 erstreckte sich das britische Empire über unfassbare 25 Prozent der Landmasse der Erde – da dürften selbst die alten Römer vor Neid erblassen. Größter Hafen der Welt, einer der wichtigsten Handelsplätze Europas, dazu Finanzzentrum, Kulturmetropole, dreifache Olympiastadt – noch Fragen? Da kann man leicht mal arrogant werden, so als Stadt.

Diese Hybris aus fast zweitausendjähriger Großstadtgeschichte macht sich vor allem in Londons Bauwerken bemerkbar. Es gibt zum Beispiel elegantere Klappbrücken als die Tower Bridge, aber diese diente einem ganz anderen Zweck, als bloß Tower Hill mit Bermondsey zu verbinden. Sie war vor allem ein wuchtiges Statement des Empire. Es ging darum, einen Punkt zu setzen, zu zeigen, dass die britische Ingenieurskunst weltweit unschlagbar war. Die Nelsonsäule auf dem Trafalgar Square ist auch so ein Symbol. Sie ist erstens viel zu hoch (kein Mensch kann ohne Fernglas den Admiral sehen) und zweitens den Säulen eines römischen Tempels nachempfunden, der keinem Geringeren als dem Kriegsgott Mars gewidmet ist. Größenwahn, wohin man schaut, überall stehen diese Zeugnisse des über Jahrhunderte gewachsenen Macht- und Selbstbewusstseins der Londoner: Man betrachte nur die eleganten Stadtschlösser der Reichen wie

Burlington House, Buckingham Palace oder Somerset House, die großzügigen Parks, auch die mächtige alte Börse und die Bank of England, die wie Trutzburgen die City beherrschten – die Hauptstadt einer bescheidenen, freundlichen Inselnation sieht anders aus. Hier handelt es sich, für alle sichtbar, um das Zentrum einer expansiven Großmacht.

Doch London baute nicht nur Macht und Mammon hübsche Tempel, auch der Wissenschaft und der Kunst spendierte die Stadt monumentale Heimstätten. Das British Museum gehört dazu, das Victoria & Albert Museum, Tate Gallery, Natural History Museum – der Führungsanspruch der Forscher und Künstler des Empire manifestiert sich bis heute in diesen opulenten Palästen des Wissens und der Schönheit. Und das britische Parlament, die Wiege unserer modernen Demokratie, residiert seit mehr als siebenhundert Jahren im Westminster Palace – die Demokratie, das Volk also, hat der Krone einen weiteren Palast abgerungen. Und der Premierminister Seiner Majestät muss sich bis heute mit einem Reihenhaus in der Downing Street zufriedengeben. Diese Verteilung von Immobilien sagt noch heute viel über das ewig skeptische Verhältnis der Briten zu ihrer Regierung aus.

Sicher ist London heute nicht mehr das Zentrum eines Weltreiches, dafür aber eine der wichtigsten Kommandozentralen der Weltwirtschaft. Hundert der fünfhundert größten Firmen Europas haben hier ihren Hauptsitz. Knapp ein Drittel aller weltweiten Devisengeschäfte wird hier abgewickelt, in den Türmen der City und in Canary Wharf werden mehr Euros gehandelt als in allen anderen europäischen Städten zusammen.

Und auch der Hang zu Monumentalbauten hat sich erhalten. Tony Blair setzte mit dem »Millennium Dome« seinem »Cool Britannia« ein umstrittenes Denkmal, die Tate Modern ist die meistbesuchte Ausstellungshalle für moderne Kunst in der Welt und das neue Wembley Stadium die zweitgrößte Fußballarena Europas. London ist immer noch gut für Rekorde. Wenig überraschend also, dass es mit 15 Millionen Touristen pro Jahr die meistbesuchte Stadt der Welt ist. Und sicher läuft vielen Besuchern, wenn sie durch die Straßen schlendern und die Sehenswürdigkeiten bestaunen, irgendwann ein kleiner Schauer über den Rücken: das seltsame Bewusstsein, an einem außergewöhnlichen, fast mystischen Ort zu sein. Sie spüren Londons Kraftfeld, gespeist aus fast zwei Jahrtausenden Hauptstadtgeschichte, die London so einzigartig macht unter allen Städten dieser Welt. Da darf man schon mal 'ne große Klappe haben.

GRUND NR. 100
Weil Weihnachten hier früh losgeht

Nervt Sie das auch so? Kaum kleiden sich die Bäume zaghaft in herbstliches Gelb, läuten im Werbefernsehen die ersten Glöckchen und rauschebärtige Weihnachtsmänner düsen auf Schlitten durch die Nacht, um pausbäckige Kinderlein mit allerlei Schund zu beglücken.

In London ist das nicht anders, es geht nur bedeutend früher los, denn hier ticken die Uhren nun mal etwas schneller. Schon Ende Juli öffnet Harrods traditionell mit großem Tamtam seine Weihnachtsabteilung. Mal wird eine Schneekanone angeworfen und verwandelt die Straße mit Puderzuckerschnee in ein sommerliches Winterparadies, mal verbimmelt »Father Christmas«, wie der Weihnachtsmann hier heißt, Eiscreme in zwölf weihnachtlichen Geschmacksrichtungen an irritierte Kinder in kurzen Hosen. Trotz des englischen Sommers erinnert das eher an Heiligabend in der Karibik – 150 Tage vor dem Fest.

Zeitgleich lässt auch die Konkurrenz an der Oxford Street ganze Armeen von glitzernden Engeln auf die ahnungslosen Kunden los, die am Wochenende vorher gerade den Gartengrill aus dem Schuppen gerollt haben und eigentlich nach Sonnenschirm und Holzkohle suchen. Im Untergeschoss von Selfridges irren sie stattdessen verunsichert zwischen Christbaumschmuck (Kugeln mit dem »Union Jack« sind der Renner) und Eisbärmützen hin und her. Aus den Lautsprechern an der Decke dudelt der passende Soundtrack, von »Jingle Bells« bis »Last Christmas« wird hier alles gespielt, bald kann man erste Kundinnen verträumt mitsummen hören. Draußen sind entspannte 26 Grad, aber das ficht Londons Top-Kaufhäuser nicht an: Zum Geldverdienen ist es nie zu warm.

Bei Harrods gibts jedes Jahr auf 750 Quadratmetern von Christbaumkugeln für 1,95 Pfund bis zum lebensgroßen Nikolaus (dreitausend Pfund) alles, was man so braucht, um die Geburt des Heilands angemessen zu würdigen – inklusive »Christmas Pudding« (eine klebrige, stark zitronatlastige stollenähnliche Nachspeise, die glücklicherweise durch und durch mit Rum getränkt ist) und natürlich »Christmas Crackers« – jene Knallbonbons, in denen die bescheuerten bunten Papierkrönchen stecken, die hier rituell bei jeder familiären oder betrieblichen Weihnachtsfeier getragen werden. Unglaubliche 250.000 Weihnachtsartikel hält Londons berühmtestes Kaufhaus bereit – und das hat durchaus seinen geschäftlichen Sinn. Viele Überseetouristen, besonders aus dem Fernen Osten, kommen im Sommer in Scharen nach London und nehmen gerne gleich das mit, was sie für typisch englische Weihnachtsutensilien halten. Besonders beliebt bei Japanern: Hüte aus Plüsch in Form eines Rentier- oder Eisbärkopfes.

Aber natürlich spekuliert man hier auch auf die heimische Klientel der Oligarchen und Ölprinzen, wir sind schließlich immer noch in London. Für den Schwiegervater etwa eine – zugegebenermaßen große – Flasche Louis-XIII.-Cognac für 16.000 Pfund? Für die Fashionista-Gattin, die sonst schon alles hat, vielleicht die Mutter aller Adventskalender: ein handgefertigter Schrank aus Edelholz, hinter dessen mit Zahlenschlössern gesicherten Türchen sich puppengroße Miniaturausgaben von Designerschuhen und Handtaschen verbergen, von Vivienne Westwood bis Christian Louboutin. Nur 18.000 Pfund, da wird auch der anspruchsvollsten Mutti garantiert schnell weihnachtlich ums Herz, auch wenn draußen noch die Vögel singen statt einer winterlichen Engelsschar.

GRUND NR. 101

Weil irgendwann jeder drankommt

Folgen Sie bitte der blauen Linie.« Der Ton der Empfangsdame ist geschäftsmäßig. Die genannte Linie führt im Zickzack vorbei an Behandlungsräumen, hinter denen ich Würgen und Stöhnen höre, durch eine hölzerne Schwingtür, dann biegt sie ab, bald nach links, dann nach rechts, leitet mich zuverlässig durch Korridore, ausgelegt mit grünem Krankenhauslinoleum, verschwindet zwischendurch, aber ich finde sie wieder und befinde mich schließlich in der Notaufnahme. Das Royal London Hospital ist um diese Zeit das Auffangbecken des East End. Es ist Samstagnacht, hier sitzen die Stupor-Säufer, bewegungslos, aber nicht schlafend, neben Gewaltopfern, die seltsam ruhig auf ihre Wunden konzentriert sind und durchnässte Kompressen darauf drücken. Vier Teenager, die sich um einen zu langen Blick oder sonst was geprügelt haben und offensichtlich nur knapp um eine Messerstecherei herumgekommen sind, besprechen ihre bevorstehenden Zeugenaussagen, einer von ihnen mustert mich feindselig. Zwei Polizisten führen einen Mann an mir vorbei, der aus einer Kopfwunde blutet, er trägt Handschellen. Auf einer Bank liegt eine komplett verschleierte Frau, offenbar schwanger, sie weint leise. Man kann sich, denke ich, wirklich bessere Zeiten aussuchen, um sich einen Herzinfarkt einzubilden.

Ich setze mich auf den einzigen freien Stuhl. Nach einer Minute kommt ein Pfleger zu mir und beginnt mit der Anamnese. Schmerzen unter dem Brustbein, aha, schon mal Herzbeschwerden gehabt? Wie alt? Herzkrankheiten in der Familie? Ich bin hier falsch, denke ich, als zwei Sanitäter ein Bahre hereinschieben, darauf liegt eine junge Frau, mit einer dieser Plastikmanschetten um den Hals, die blonden Haare wirr im blutverschmierten

Gesicht. Ein Begleiter im Nadelstreifenanzug hält ihre Hand. Ich tippe auf einen Verkehrsunfall, häusliche Gewalt kann man auch nicht ausschließen, da ist die Frau schon hinter einem blauen Vorhang verschwunden.

Ich solle schon mal in einer der Kabinen Platz nehmen, eine erfahrene Schwester werde sich gleich um mich kümmern, sagt mein Pfleger. Erfahren, aha. Und was war *er* dann? Ein blutiger Anfänger? Es ist mein erster Kontakt mit dem oft kritisierten britischen Gesundheitssystem. Ich bin skeptisch und wünsche mich nach Deutschland zurück, in irgendein Uniklinikum, diese Bezeichnung allein klingt schon vielversprechend. Trotzdem, ich beruhige mich etwas, angesichts der offensichtlich viel ernsteren Fälle um mich herum. Nur wirklich dringende Angelegenheiten werden in England sofort von Ärzten begutachtet. Kann also bei mir so schlimm nicht sein. Auf dem Gang liegt ein schmutziger alter Mann, auf seiner Glatze ist eine kreisförmig genähte Verletzung zu sehen. Ich bekomme langsam ein schlechtes Gewissen: ein privatversicherter Hypochonder aus Deutschland, der gleich Angina pectoris vermutet, wo der Durchschnittsbrite eine Aspirin nimmt und sich schlafen legt.

Ein modernes Krankenhaus sieht anders aus, denke ich. Das »Royal London« ist eines der größten des Landes – und eines der ältesten, das ist offensichtlich. Seit 1740 kommen die Kranken des East End hierher, früher war das hier ein Armenspital. Das abgewetzte EKG-Gerät, an das ich jetzt angeschlossen werde, scheint aus dieser Zeit zu stammen. Ich liege inzwischen auf einer schmuddeligen Liege. Ein junger Arzt mit geröteten Augen klebt Elektroden auf meinen Oberkörper. Das Gerät summt leise und beginnt, Papier auszuspucken. Ich schließe die Augen und denke an meinen Besuch im »Operating Theatre« im alten St Thomas' Hospital, dem ältesten erhaltenen Operationstheater Großbritanniens, das jetzt ein bizarres kleines Museum der Medizingeschichte beherbergt. Dort bekommt man einen guten

Eindruck, was es früher bedeutete, ernsthaft krank zu sein. Um den hölzernen Operationstisch sind ansteigende Bänke angeordnet, sodass Studenten die Operationen gut beobachten konnten. Und dafür brauchte man gute Nerven, denn die Ärzte operierten ohne Narkose, ein Beißholz in einer der Vitrinen zeugt von diesen Zeiten. Neben Sonden und Skalpellen ist eine beunruhigende Vielfalt von Sägen ausgestellt. Die Ärzte hatten damals oft keine andere Wahl, als bei Knochenbrüchen oder Wundinfektionen das betroffene Glied kurzerhand zu amputieren. Das zeigt sich besonders, wenn man den alten OP-Tisch näher betrachtet: Er ist an den Rändern übersät mit makabren Spuren, die nur von Sägen stammen können. Darunter steht, zu allem Überfluss, noch die »Blood Box«, mit Holzspänen gefüllt: Ihren Zweck kann sich jeder vorstellen. Die Todesrate bei chirurgischen Eingriffen lag bei dreißig Prozent.

Ich erwache schaudernd aus meinem kleinen Traum. Ich will hier raus. Das EKG-Gerät piept. Der dumpfe Druck unter meinem Brustbein ist verschwunden. Was mache ich überhaupt hier? Da rauscht der blaue Vorhang zur Seite, und mein Arzt – er heißt Dr. Chen, wie ich dem Namensschild entnehme – schaut sich die Papierfahnen an. Er nickt und sagt: »Prima, das muss sich jetzt kurz der Oberarzt anschauen.« Grundgütiger, denke ich, was ist denn daran bitte schön prima, wenn er jetzt auch noch den Chef konsultieren muss? Ich sehe mich schon auf einem OP-Tisch liegen, in einem dieser hinten offenen Hemdchen, unter den klinischkalten Augen Dutzender weißbekittelter Studenten tut mein Herz seinen letzten müden Schlag ... Wieder rauscht der Vorhang zur Seite, und der Oberarzt entschuldigt sich für die lange Wartezeit. Wartezeit? Ich schaue auf die Uhr: Vor nicht einmal einer halben Stunde bin ich durch die Tür gekommen. »Mit Ihrer Pumpe ist alles in bester Ordnung«, sagt er nach einem kurzen Blick auf das EKG, »diese Art Brustschmerzen kommen zum Glück öfter vom Magen als vom Herzen.« Mir gelingt ein verschämtes Lächeln.

»Ist aber trotzdem gut, dass Sie hergekommen sind. Man kann ja nie wissen!«, ruft er noch, bevor er grußlos verschwindet. Dr. Chen nimmt die Sonden ab, gibt mir ein paar Magentabletten und entlässt mich in die Welt der Gesunden. Beim Rausgehen sehe ich plötzlich meinen Oberarzt wieder, mit fliegendem Kittel rennt er durch einen Korridor. Kein gutes Zeichen, für irgendjemanden, denke ich, und empfinde ein ungewöhnlich starkes Gefühl von Freude, als ich draußen dicke Londoner Regentropfen auf meinem Gesicht spüren darf.

II. CALM DOWN, DEAR!

LONDON ZUM RUNTERKOMMEN

»This melancholy London – I sometimes imagine
that the souls of the lost are compelled
to walk through its streets perpetually.
One feels them passing like a whiff of air.«

W.B. YEATS, 1888

GRUND NR. 102

Weil man unter Anwälten wunderbar entspannen kann

Es mag nicht jedermanns Sache sein, Entspannung ausgerechnet in Gesellschaft von Juristen zu suchen, aber in London kann sich das lohnen. Wenige Orte sind dafür so gut geeignet – und so zentral gelegen – wie die »Inns of Court«. Nahe den Royal Courts of Justice sind besonders die Gärten des »Middle Temple« und »Inner Temple« grüne Oasen der Ruhe zwischen der betriebsamen Fleet Street und der Themse. Apropos Fleet Street: auf jeden Fall einen kurzen Blick in die Lloyds Bank werfen, direkt gegenüber von den Royal Courts. Dort den Eingangsflur und besonders die Schalterhalle aus dem 19. Jahrhundert bewundern – da sieht man erst mal, was man beim Internetbanking so alles verpasst.

Anstatt sich zum Mittagessen ein Restaurant zu suchen, kann man besser ein kleines Picknick veranstalten. Am besten, man besorgt sich in einem der vielen Sandwich-Läden der Umgebung (extrem gut sortiert: Apostrophe in der Fleet Street) einen Caffè Latte, ein getoastetes Panino oder ein Baguette mit »Cheddar and Pickle« und sucht sich dann den Weg durch eine der unscheinbaren kleinen Gassen, die von der Fleet Street in Richtung Fluss führen. Stadtplan schön im Rucksack lassen und dem Instinkt folgen, auch hier ist wieder mal der Weg wichtiger als das Ziel – wer sich verläuft, sieht einfach mehr.

Die vier Inns of Court sind die Kammern der bei den königlichen Gerichtshöfen, den »Royal Courts«, zugelassenen Anwälte. Diese sogenannten »Barristers« haben seit dem 14. Jahrhundert hier ihre Büros, die langen Namenslisten an den Türen der alten Bürohäuser zeugen davon. Die Bänke im Hof des »Fountain Court« sind ein prima Rastplatz für Eilige, an warmen Tagen eignet sich der namensgebende Springbrunnen hervorragend zum Kühlen heißgelaufener Füße. Im Schatten mächtiger Bäume kann man die Anwälte und Mitarbeiter der »Inns« bei der Arbeit beobachten, die, oft noch mit Robe bekleidet und immer mit Blackberry am Ohr, von Termin zu Termin eilen. Liebhaber der traditionellen Perückenmode bekommen hier ganz nebenbei in wenigen Minuten einen prima Überblick der aktuellen Trends.

Wer sich länger ausruhen möchte, findet in den angrenzenden Gärten fein manikürte Rasenflächen, die zu einem ausgedehnten Picknick einladen – vielleicht noch schnell Nachschub besorgen? Seltsamerweise ist hier auch in der Hochsaison nicht halb so viel Betrieb wie in den Parks, die Anwälte haben wohl keine Zeit für ausgedehnte Mittagspausen. Deshalb kann man hier schön auf dem Rasen für sich sein oder es sich mit einem Buch unter einem der alten Bäume bequem machen. Tipp: »Bleak House« von Charles Dickens für lau auf den E-Reader des Smartphones runterladen. Das erste Kapitel beginnt mit einer wunderbar farbigen Beschreibung der Fleet Street im viktorianischen Zeitalter. Laut vorlesen! Wer sich nicht auf den Rasen flegeln möchte, findet an der »Middle Temple Hall« einige Tische, die von einem Café in der Nachbarschaft bewirtschaftet werden.

Wenn der Sechshundert-Seiten-Wälzer ausgelesen ist, empfiehlt sich ein Besuch in der nahen Temple Church. Die ist zwar ganztägig von Touristen belagert, aber die mittelalterlichen Gräber der ersten Tempelritter, die in der Kirche bestattet sind, sollte man sich nicht entgehen lassen. Vielleicht bittet man aber auch einen der umherschwirrenden Anwälte um eine ambulante Rechtsberatung oder eine Fußmassage. Die tun nämlich angeblich fast alles für ein Mandat. Am besten aber bleibt man einfach liegen, schaut in den blauen Himmel und gibt sich dem Gefühl hin, dass die Erdachse sich gerade unmerklich verschoben hat – und die großartigste Stadt der Welt sich gerade nur um einen selbst dreht.

GRUND NR. 103

Weil hier Knochen angebetet werden

Wenn man sich die Oxford Street einmal von Ost nach West heruntergeshoppt hat und endlich mühselig und beladen mit Tüten von Primark und Topshop in die U-Bahn-Station Marble Arch stolpert, sollte man für einen Moment innehalten. Man könnte sich ein Café suchen, um bei einem Caffè Latte etwas auszuruhen. Man kann sich aber auch eine Erfrischung für die Seele gönnen. Vor allem Katholiken sollten im Tyburn Convent ihre Seele von den Übeln der Verschwendung und Eitelkeit reinigen, um sich gegen weitere Versuchungen der Konsumgesellschaft (Selfridges ist nicht weit!) zu wappnen. Die Kapelle dieses Klosters, die immer geöffnet ist, ist eigentlich recht schmucklos. Aber man kann dort eine uralte religiöse Praxis beobachten: das Ritual der »Ewigen Anbetung«. In einer Monstranz auf dem Altar befindet sich immer eine geweihte Hostie, und zu jeder Tages- und Nachtzeit betet mindestens eine der zwanzig Benediktinerschwestern des Ordens diese Hostie an. »So wird die dauerhafte Anwesenheit Jesu Christi sichergestellt«, erklärt mir die Schwester, die mich herumführt, sie gehört seit zwei Jahren dem Orden der »Adorers of the Sacred Heart of Jesus of Montmartre« an.

Ein Nonnenkloster, mitten in London? Nicht zufällig haben sich die Benediktinerinnen hier niedergelassen. Im Mittelalter lag hier das Dorf Tyburn, an der Westgrenze der Hauptstadt. Dieser Ort sollte furchtbare Berühmtheit erlangen: Seit dem 13. Jahrhundert stand hier ein Galgen, und über sechs Jahrhunderte war Tyburn die wichtigste Hinrichtungsstätte Londons. Tausende ließen hier ihr Leben und wurden oft einfach nahebei verscharrt. Katholiken hatten in England schon lange einen schweren Stand, aber als Elizabeth I. auf den Thron kam, verfinsterte sich die Lage weiter. Als eine ihrer ersten Amstshandlungen gründete sie die protestantische Kirche Englands – doch viele Katholiken weigerten sich, sich der Kirche von Elizabeth anzuschließen, allen voran die Priester, und die zahlten dafür mit ihrem Leben. Speziell für sie ließ Elizabeth, die »Virgin Queen«, 1571 den berühmten »Tyburn Tree« errichten, damals gewissermaßen der letzte Schrei im Hinrichtungsgeschäft, ein Hochleistungsgalgen mit dreieckigem Grundriss, an dem bis zu zwei Dutzend Delinquenten gleichzeitig baumeln konnten – Exekutionen waren ein Riesenspektakel mit Tausenden Zuschauern (damals gabs halt noch kein »DSDS«, was ja nach dem gleichen Grundprinzip funktioniert). Mehr als hundert katholische Kirchenmänner wurden am »Tyburn Tree« während der Reformation zu Märtyrern, und die Benediktinerinnen von Tyburn sorgen dafür, dass ihr Opfer nicht vergessen wird.

Die Schwester öffnet jetzt eine schwere Gittertür und führt mich in die unterirdische Kapelle. Hier werden die Reliquien aufbewahrt, Erinnerungsstücke an viele der englischen Heiligen und Seligen, die sich für den katholischen Glauben geopfert haben. Die Schwester zieht ein paar Vorhänge zur Seite, und mich packt das kalte Grausen. In den Vitrinen liegen, auf rotem Samt gebettet, Souvenirs der makabren Sorte. Winzige Holzreste aus dem Originalgalgen von Tyburn, ein Fingerknochen des heiligen John Roberts, gehängt, geköpft und geviertelt im Jahre des Herrn 1610, ein Fingernagel des seligen Thomas Holland, hingerichtet 1642, ein vom Henker gespaltener Halswirbelknochen eines gewissen John Lockwood, blutbefleckte Kleidungsfetzen, Haare, eine zerbrechliche gläserne Phiole mit getrocknetem Blut, sogar ein Armknochen und was für Körperteile sich sonst noch so zur Anbetung eignen. Meine Gastgeberin erzählt munter weiter, zum Beispiel die Geschichte von Thomas Houghton, einem Mönch, der in Tyburn gehängt und geviertelt wurde. Weil das immer noch nicht grausam genug war, schnitt ihm der Henker zusätzlich bei lebendigem Leibe des Herz heraus. »Nach der Überlieferung rief er dabei aus: ›Oh Jesus, was willst du tun mit meinem Herzen!‹« Schlagfertig war der Mann.

Was auch immer man von so einem Gruselkabinett hält, es scheint seinen Zweck zu erfüllen. Man kann die Nonnen nämlich bitten, für sich oder jemand anderen zu beten. Die Schwestern kümmern sich in ihren Gebeten um spirituelle Probleme, schwere Krankheiten, Ehekrach und unerfüllte Kinderwünsche. An einer Pinnwand hängen Dankesbriefe aus der ganzen Welt, mit Fotos von strahlenden Eltern, die ihr Wunschkind auf dem Arm halten, von plötzlich genesenen Krebskranken und glücklichen Ehepaaren. Also, wenn auch Sie der Schuh irgendwo drückt: Einfach eines der bereitliegenden Formulare ausfüllen, eine kleine Spende schadet auch nicht, fertig. Den Rest übernehmen die Schwestern. Und natürlich die Märtyrer von Tyburn.

GRUND NR. 104

Weil man am Kanal stundenlang schlendern kann

Vierzehn Kilometer Idylle und Beschaulichkeit, nur ab und zu mal eine Polizeisirene aus der Ferne, und das mitten in London: Der Regent's Canal ist ein idealer Ort, wenn man mal seine Ruhe haben will. Nur das ein oder andere Boot tuckert gemütlich vorüber, wenig vom Lärm der Stadt stört hier die Beschaulichkeit, die von der stillen grünen Wasserader ausgeht. Vor zweihundert Jahren war das noch anders: Der Regent's Canal wurde gebaut, um den Londoner Hafen mit dem verzweigten Kanalsystem der britischen Insel zu verbinden. Kohle, Stahl, Müll, Baumaterial: So ziemlich alles, was die Stadt zum Wachstum verbrauchte und ausschied, wurde hier früher entlanggeschippert, meist in »Narrowboats«, den langen, schmalen Lastkähnen, die heute vielfach am Ufer vertäut liegen und von Exzentrikern jeder Couleur als Hausboot oder Wochenendlaube genutzt werden. Früher wurden sie von Pferden gezogen, der alte Treidelpfad ist heute einer der beliebtesten Spazierwege der Londoner.

In einem großen Bogen schlägt der Kanal einen Halbkreis durch Nordlondon, von Paddington über Camden bis Limehouse, wo er in die Themse mündet. Der schönste Abschnitt für einen ausgedehnten Spaziergang beginnt am Camden Lock, einer der zwölf Schleusenanlagen der schmalen Wasserstraße. Die werden wie anno dazumal von Hand bedient, oft sieht man Freizeitkapitäne mit großen Kurbeln die Ventile und Tore öffnen, eine schöne Erinnerung, wie gemächlich es hier früher zuging. Überhaupt ist »gemächlich« ein gutes Stichwort für den Kanal: Hier ändert London seinen Rhythmus. Abgesehen von Joggern und Radfahrern passen sich hier automatisch alle an, der Kanal ist ein Ort zum Schlendern und Schauen. Wer von Camden westwärts wandert, erreicht schon nach wenigen Minuten die schattigen Bäume des Regent's Park, durch den der Kanal führt.

Nicht wundern, wenn von rechts komische Geräusche kommen: Wir befinden uns mitten im Londoner Zoo. Folgerichtig taucht nach wenigen Minuten plötzlich ein seltsames netzbespanntes Gestell auf: das Snowdon-Aviarium, benannt nach seinem Architekten, Lord Snowdon (der Schwager der Queen). Irgendwann verbreitert sich der Kanal und kurz nach dem Passieren einer größeren Anlegestelle, an der man alle möglichen Arten von Narrowboats einer näheren Inaugenscheinnahme unterziehen kann, führt der Kanal in einen Tunnel und der Pfad hoch auf den Aberdeen Place. Dort kann man sich ein schönes Beispiel von »Der frühe Vogel fängt nicht immer den Wurm« anschauen. »Crocker's Folly« heißt im Volksmund der pompöse, inzwischen leider mit Brettern vernagelte Backsteinbau zur Rechten. Ein semischlauer Investor namens Frank Crocker hatte 1898 Gerüchte gehört, dass hier ein großer Bahnhof gebaut werden sollte, und stellte schon mal vorsorglich ein schickes Hotel auf das Grundstück gegenüber – erfahrene Monopoly-Spieler wissen: So was kann in die Hose gehen. Und richtig, der Bahnhof wurde nie gebaut, Crocker stürzte in den Ruin und – die Schmach! – sich selbst aus dem obersten Fenster seines Geisterhotels.

Am Ende der Straße finden wir den Kanal wieder, leider ist der Treidelpfad den Besitzern der dort festgemachten und vielfach hübsch renovierten Narrowboats vorbehalten, die sich am Ufer idyllische kleine Vorgärten eingerichtet haben. Aber nach ein paar Hundert Metern gehts wieder runter zum Kanal, und hier lässt man bei einem Kaffee oder Wein den Spaziergang in »Little Venice« ausklingen – am besten im Waterside Café oder, nur ein Stück die Blomfield Road hinauf, auf der Terrasse des Restaurants Lace Plate. Von hier aus kann man auch dreimal am Tag mit »Jason's« Ausflugsboot in Ruhe nach Camden zurückschippern – auch eine Art, Londons schönste Wasserstraße zu erkunden. Wer den Kanal dann immer noch nicht voll hat: Die Strecke von Islington nach Hackney hat einen etwas raueren Charme, dafür bekommt man mehr vom industriellen Grundcharakter des Kanals mit, zwei Schleusen und einen schönen Pub am Wasser inklusive.

GRUND NR. 105

Weil nicht nur Airlines in Heathrow eine Lounge haben

Die gewölbte Betondecke ist niedrig, der Grundriss des Raumes dreieckig. Der durchdringende Geruch von Kerosin, der draußen die Luft schwängert, weicht dem zarten Duft von Weihrauch, sobald man die Tür hinter sich geschlossen hat. Ein halbes Dutzend Gläubige hat sich eingefunden zum mittäglichen Gottesdienst in der St George's Chapel. Die Flughafenkapelle ist ein Ort wunderbarer Stille inmitten der hektischen Betriebsamkeit des drittgrößten Flughafens der Welt. Aber nur wenige der 67 Millionen Passagiere, die sich jährlich durch Heathrow quetschen, finden den Weg hinein. Und wer hierherkommt, braucht meistens Hilfe. »Viele sind verzweifelt«, sagt Father Joseph, »aus dem einen oder anderen Grund. Einige haben sich gerade für lange Zeit von geliebten Menschen verabschiedet und brauchen Trost, andere sind hier gestrandet und kommen nicht mehr weg. Und Sie glauben gar nicht, wie viele Leute auf Reisen sterben!« Aber es kommen auch immer wieder Menschen, die einfach mal zu sich selbst kommen wollen zwischen zwei Flügen, sie nutzen die Kapelle nicht zum Beten, sondern zum Nachdenken. Sie sind genauso willkommen wie die Gläubigen.

Der Großteil der überraschend aktiven Gemeinde rekrutiert sich aus den 75.000 Mitarbeitern des Riesenflughafens. »Einer der Leute vom Schalter für verlorenes Gepäck kommt jeden Morgen vor Schichtbeginn her«, erzählt Father Joseph und unterdrückt mit Mühe ein Grinsen. »Er betet lange und stärkt sich so für die vielen Auseinandersetzungen mit Fluggästen, die ihre Koffer verloren haben. Er sagte mir mal: ›Ich will jeden so behandeln, als sei er Jesus. Aber meist gelingt mir das nur bis kurz vor der Mittagspause.‹ Heathrow ist eben ein Ort der Konflikte. Wir sind dafür da, Frieden zu den Menschen zu bringen.«

Und die Friedensengel von Heathrow – sie sind Geistliche aller Glaubensrichtungen – gehen auch auf Patrouille. Sie besuchen die multikonfessionellen Gebetsräume in den Terminals und sehen in Abflughallen und im Transitbereich nach dem Rechten. Bei gestrichenen Flügen gibt es dort oft Beratungsbedarf, die Seelsorger sprechen die Menschen an, trösten die Verzweifelten und beruhigen die Gestressten, besorgen Kaffee oder eine warme Mahlzeit. Und gelegentlich werden auch kleine Wunder vollbracht: »Wir beten für die Leute, und manchmal bekommen wir dann auch ein Ticket. Mit Gottes Hilfe«, sagt Father Joseph und lächelt wissend. »Aber wir wissen natürlich auch, wen wir bei den Airlines anrufen müssen.«

Bei größeren Krisen wird die Kapelle zur wichtigen Anlaufstelle und Mission. Eine Gedenktafel erinnert an die 16 Crewmitglieder des Pan-Am-Jumbos »Maid of the Seas«, die 1988 dem Bombenanschlag über Lockerbie zum Opfer fielen – die Kabinenbesatzung war in Heathrow stationiert. Für viele Kollegen und Angehörige der Opfer wurde die Kapelle zu einer Art Wallfahrtsort – noch immer werden hier Gedenkgottesdienste abgehalten.

Wer also auf seinen verspäteten Flug warten muss, sollte sich nicht ärgern, sondern ruhig mal Gottes Vielflieger-Lounge einen Besuch abstatten. Sie befindet sich nahe des zentralen Busbahnhofs, zwischen den Terminals eins und drei und ist gut ausgeschildert. Wie gesagt, zum Beten wird da keiner gezwungen. Aber vielleicht bittet man den Himmel einfach darum, den Kapitän und den Kopiloten des Fliegers bei guter Gesundheit zu erhalten. Wenigstens für die Dauer des Fluges. Kann ja nicht schaden.

GRUND NR. 106

Weil man hier Hochzeiten und Todesfällen auf die Spur kommt

Natürlich, die ganze Stadt ist bis zum Erbrechen voll mit Kirchen. St Paul's Cathedral und Westminster Abbey sind nur die prominentesten, dazu weltbekannte Wahrzeichen der Stadt. Leider ständig ausgebucht für Krönungsmessen oder Prinzenhochzeiten, darunter findet hier wenig statt, es sei denn, Papst Benedikt beehrt die Westminster Cathedral mit einer Messe. Wer nun bei St Paul's mit guten Vorsätzen aus dem Bus gestiegen ist und sich plötzlich von den Menschenmassen – oder den happigen Eintrittspreisen – abgeschreckt fühlt, aber trotzdem ein intensives Bedürfnis nach geistlicher Erbauung verspürt, dem empfehle ich eine Kirche der bescheideneren Sorte.

Keine zehn Gehminuten von den Stufen von St Paul's entfernt wartet nämlich, eingezwängt zwischen St Barts Hospital und Londons viktorianischem Fleischmarkt, St Bartholomew the Great: die wahrscheinlich schönste Kirche Londons. Ein frommer Mann namens Rahere, Hofnarr von König Henry I., hat sie gegründet. Auf einer Pilgerreise nach Rom fing sich der Spaßvogel eine hässliche Infektionskrankheit ein – Italienreisende wissen, wie das ausgehen kann – und gelobte im Fieberwahn, im Falle seiner Genesung nach London zurückzukehren und ein Krankenhaus für die Armen zu errichten. Natürlich genas Rahere und passenderweise erschien ihm auf dem Rückweg nach Albion der heilige Bartholomäus, der gleich detaillierte Anweisungen gab. »Ich habe einen Ort in einem Londoner Stadtteil namens Smithfield ausgesucht, wo du in meinem Namen eine Kirche bauen sollst«, sprach der Bartel nach wörtlicher Überlieferung, und niemand wunderte sich, woher der sich in London so gut auskannte. Also gründete Rahere im Jahre des Herrn 1123 weisungsgemäß Kirche nebst Kloster, dessen Abt er auch gleich wurde, und errichtete nebenan das versprochene Hospital – bis heute eines der bedeutendsten Lehrkrankenhäuser des Königreichs, berühmtester Student: Dr. John Watson. Sie wissen schon, der »Harry-hol-schon-mal-den-Wagen« von Sherlock Holmes.

Seit fast neunhundert Jahren stehen die Fundamente von St Bartholomew the Great nun am selben Fleck. Sie hat das große Feuer von 1666 überstanden, Verfall und diverse Renovierungen, selbst von den Bomben im Zweiten Weltkrieg wurde sie verschont. So sind Beispiele von normannischer bis zu viktorianischer Architektur in ihr erhalten geblieben. Der beste Weg in die Kirche: am Eingang sofort links halten und durch die kleine hölzerne Tür zur Rechten ins Chorgestühl treten – von hier aus erschließt sich die bescheidene Pracht von St Bartholomew auf einen Blick. Die schummrige Stimmung nimmt augenblicklich gefangen. Raheres reich verziertes Grab, 1405 um eine lebensechte Figur des Gründers ergänzt, kann man sich hinten links anschauen, es liegt neben dem feinen Hochaltar. Und noch viele andere Kleinode gibt es hier zu entdecken, wie die Säulen und Bögen im nördlichen Querschiff oder das Taufbecken aus dem 15. Jahrhundert, der Maler William Hogarth wurde in ihm getauft. Interessant auch die vielen jahrhundertealten, noch gut lesbaren Grabplatten im Boden der Seitenschiffe.

Die Kirche kommt Ihnen während des Rundgangs auf unheimliche Weise bekannt vor? Nicht wundern, Besucherinnen mit Hang zum Mystischen machen hier oft eine spirituelle Erfahrung: Ihnen erscheint der heilige Hugh. Wahrscheinlich waren sie – in einem früheren Leben – auf der berühmten Hochzeitsfeier zu Gast, die hier stattgefunden hat. Es war die vierte aus dem gleichnamigen Film. Hier in St Bartholomew bekam Hugh Grant kalte Füße – und anschließend von seiner Braut »Duckface« was aufs Maul. Der Mantel der Filmgeschichte weht aber noch weiter: »Shakespeare in Love«, »Robin Hood – König der Diebe« oder »Elizabeth – Das goldene Königreich« liehen sich von St Bartholomew Stimmung und historische Glaubwürdigkeit. Wer jetzt ausreichend beseelt ist, gönnt sich im Cloister Café, in einem Kreuzgang aus dem 15. Jahrhundert, in Ruhe ein Gläschen Wein. Sympathisch, oder? Eine Kirche mit Alkoholausschank, ganz ohne Eucharistie. Der alte Rahere dreht sich vermutlich im Grabe um.

GRUND NR. 107

Weil man hier mit Geheimlogen auf Tuchfühlung gehen kann

Ich muss an der Treppe falsch abgebogen sein. Hatte der Mann an der Pforte nicht links gesagt? Der Flur ist schummrig, Decke und Fußboden sind geschmückt mit geheimnisvollen Mosaiken und Symbolen. Es ist still, sehr still. Ich weiß: Ich bin in den nicht öffentlichen Bereich eingedrungen, allein. Was passiert, wenn man mich hier entdeckt? Wahrscheinlich finden die »Masons« es höchstens semi-lustig, wenn Besucher unbeaufsichtigt in ihrem Tempel herumtrampeln. Ich gehe trotzdem vorsichtig weiter, wie ein Dieb fühle ich mich. Fasziniert von der Atmosphäre, die mich an einen Film erinnert, an welchen bloß? Am Ende des Flures entdecke ich einen großen Saal, das Türschild weist ihn als »Grand Officer Hall« aus. An den Wänden schwere Ölschinken der ehemaligen »Grand Master« der Loge, allesamt Prinzen des englischen Königshauses, und sogar ein König ist dabei, King George VI., der Vater der Queen. Ist vielleicht doch was dran an den Gerüchten über die geheime Weltregierung? Winston Churchill war schließlich auch einer von denen, und viele amerikanische Präsidenten. Es riecht wie in einer Kirche, vielleicht bilde ich mir das aber auch nur ein. Drei goldene Thronsessel stehen verloren an der Stirnwand, übergroße, mit Samt bezogene Tische nehmen die Mitte des Saales in Beschlag. Plötzlich kann ich mir den Zweck der Tische gut vorstellen, Bilder aus Gruselfilmen schießen mir durch den Kopf, bizarre Rituale, Menschenopfer, Männer in Masken, bin ich hier wirklich ins Geheimste ... »Kann ich Ihnen helfen?«

Ein kleiner, dicker Mann mit randloser Brille steht hinter mir, keine drei Schritte entfernt. Wie ist der da so lautlos hingekommen? Und wie komme ich aus dieser Nummer nun wieder raus?, denke ich und sehe mich schon gefesselt auf einem der Tische liegen, mit übelriechenden Ölen gesalbt, während eine Art Hohepriester mit einem langen Dolch langsam auf mich zukommt. Es läuft mir kalt den Rücken runter, aber der Dicke fragt nur freundlich, ob ich auch an der Tour teilnehmen will, die gehe nämlich jetzt los. Er bittet mich mit einer Handbewegung durch eine kleine Tür. Dahinter, im Museum der »Freemason's Hall«, wartet schon eine Handvoll weiterer Besucher. Wahrscheinlich sind die an der Treppe richtig abgebogen.

Geheimgesellschaft, Religionsersatz, Weltregierung, Kungelclub – jeder hat schon Gerüchte gehört, was sich angeblich hinter der Freimaurerei verbirgt, aber wenige wissen Näheres. Wer es genauer wissen will, besucht die »Freemasons Hall« in der Great Queen Street, die selbst in der Hochsaison nie überlaufen ist. Auch wer sich nicht für Freimaurerei interessiert, wird von ihrem imposanten Jugendstil-Bling überwältigt sein. Seit 1775 steht hier ein Tempel der Freimaurer, der aktuelle wurde 1933 erbaut und ist eines der wenigen niemals modernisierten Gebäude der Ära, ein Sakralbau ohne religiösen Hintergrund, rätselhaft und wunderschön – »Harry Potter« meets »Eyes Wide Shut«, so lässt sich die Atmosphäre vielleicht am besten beschreiben.

Schon Bibliothek und Museum haben eine geheimnisvolle Aura, sie beherbergen unzählige Artefakte aus der Geschichte der englischen Freimaurerei: opulente Leuchter, rituelle Gefäße, Schmuck, Gewänder, mysteriöse Abzeichen, Truhen, geheimnisvolle Rechenmaschinen, deren Funktion bis heute rätselhaft ist. Alles ist reich verziert mit den Symbolen der Freimaurer Winkel, Stern, Zirkel, Hammer. Besonders beeindruckend ist der große Tempel, der wahrscheinlich stillste Ort in London, und ein »Haus im Haus«: Die dicken Wände des Tempels sind von den Außenwänden des Gebäudes durch einen drei Meter breiten Lichtschacht getrennt, sodass niemand belauschen kann, was hier passiert. Die Freimaurer sind halt immer noch eine verschwiegene Gemeinschaft. An der Decke ein riesiges Mosaik mit Motiven aus alttestamentarischer Mystik, aus mehr als einer Million Steinen, zwei Arbeiter brauchten geschlagene zweieinhalb Jahre, um es zu vollenden. Die Tour ist kostenlos, wer gern Thriller von Dan Brown liest und sich eine Dreiviertelstunde Zeit nimmt, wird es nicht bereuen. Aber entfernen Sie sich besser nicht von der Gruppe …

GRUND NR. 108

Weil auch kleine Friedhöfe viel zu erzählen haben

Längst umschlungen von dicken Wurzeln ragen graue Grabsteine wie dünne Arme aus der Erde, kreisrund verteilt um eine uralte Esche. Es scheint, als ob sie Halt suchten an ihrem mächtigen Stamm, als ob die Toten sich aus der Erde herausstreckten, ans Licht, zurück ins Leben. An regnerischen Tagen oder in der Dämmerung kann es einem schon unheimlich werden am »Hardy Tree«. Man meint, die Klagen der Toten um ihre gestörte Ruhe zu hören. Für alle, die nicht ganz so mystisch veranlagt sind, ist dieser Ort einfach ein packendes Symbol für die ewig wachsende Stadt, die ohne Rücksicht alles unterpflügt, was sich ihrer Ausbreitung in den Weg stellt. An keinem anderen Ort kommen Londons krimineller Unterleib, Literatur, Politik und Musik sich so nahe wie auf dem Old St Pancras Cemetery, einem der schönsten Friedhöfe der Stadt.

Früher teilten sich hier fünf Gemeinden eine Fläche, die höchstens so groß war wie zwei Fußballfelder. Doch alte Kirchenakten zeigen, dass hier zwischen 1800 und 1840 sage und schreibe 26.000 Menschen beerdigt wurden – die letzten können nur wenige Zentimeter tief unter der Grasnarbe gelegen haben. Irgendwann, in der Mitte des 19. Jahrhunderts, nagelte der Pfarrer das »Belegt«-Schild ans Tor, und der alte Friedhof fiel in einen Dornröschenschlaf. Aber als 1866 eine Bahnlinie in den nahen Bahnhof St Pancras verlängert wurde, mussten Teile des alten Gottesackers umgegraben werden. Ziemlich pietätlos ging man ans Werk, und so konnten sich die ersten Zugpassagiere später an unzähligen Skeletten und Schädeln rechts und links des neuen Bahndamms erfreuen. Die Empörung darüber war groß, und so wurde der junge Architekt Thomas Hardy (der später als Schriftsteller und Autor von Werken wie »Tess von den d'Urbervilles« weltberühmt wurde) beauftragt, eine sorgsame Exhumierung und Umbettung der Toten zu beaufsichtigen. Viele Grabsteine und Gebeine konnten einander nicht mehr zugeordnet werden, also entschied Hardy, einige davon rund um eine junge Esche aufzustellen, die heute als »Hardy's Tree« schaurige Berühmtheit erlangt hat. In seinem Gedicht »The Levelled Churchyard« hat er das Erlebnis verewigt.

Auch der Grabstein von Johann Christian Bach wurde verschludert, Komponist und jüngster Sohn von Johann Sebastian Bach, der in London ziemlich erfolgreich arbeitete und drei Opern schrieb. Auch wenn er jetzt im Schatten seines Vaters vergessen ist, erinnert hier wenigstens ein Gedenkstein an ihn. Um andere berühmte Geister von Old St Pancras macht man besser einen weiten Bogen: um Jonathan Wild etwa, Londons ersten Unterwelt-Boss und Hehlerkönig, zu Recht aufgehängt 1725, nach über zwanzig Jahren krimineller Karriere. Späten Ruhm erlangte er als Vorbild für die Figur des Jonathan Jeremiah Peachum in Bertolt Brechts »Dreigroschenoper« – Verbrechen lohnt sich manchmal eben doch.

Und noch eine zwielichtige Gestalt liegt hier begraben: Der »Chevalier d'Eon«, ein Edelmann, Kriegsheld, Fechtmeister und Spion im Dienste des französischen König Ludwigs XV. Er war eine Art frühe Mata Hari, denn er spionierte vor allem als Frau verkleidet – eine Transe mit Doppel-Null. Diese Rolle gefiel ihm so gut, dass er seinen Vornamen Charles-Louis kurzerhand in Charlotte-Louise umwandelte und die zweite Hälfte seines Lebens im Londoner Exil als Frau verbrachte. Charlotte pflegte einen ausschweifenden Lebensstil, das Geheimnis um ihr wahres Geschlecht, mit dem sie gern kokettierte, war lange Zeit Gegenstand anzüglicher Spekulationen in der feinen Londoner Gesellschaft. Sie starb, wie das bei den Promis damals üblich war, völlig verarmt, und erst eine Obduktion schaffte 1810 Klarheit: D'Eon war ein Mann, wenn er auch möglicherweise unter dem seltenen Kallmann-Syndrom litt, das ihn, hormonell gesehen, zur Frau machte. Wo wir gerade von einflussreichen Frauen reden: Auch die Früh-Feministin Mary Wollstonecraft-Godwin wurde hier beerdigt, aber 1851 in ein ruhigeres Grab auf dem Land umgebettet, Seite an Seite mit ihrer Tochter Mary Shelley, der Autorin des Grusel-Klassikers »Frankenstein«.

Und noch ein besonders schönes Denkmal sticht ins Auge, wenn man sich unter dem rauschenden Blätterdach der riesigen Platanen nach Westen wendet: die Coutts-Sonnenuhr, errichtet von der Bankerbin Angela Burdett-Coutts. Sie war seinerzeit nach Königin Victoria die reichste Frau des Landes und widmete ihr beträchtliches Vermögen der Hilfe für die Armen. Das mit wunderschönen, original erhaltenen Blumenmosaiken verzierte Monument soll an weitere namhafte Londoner erinnern, deren Gebeine irgendwo auf dem Gelände begraben liegen – wenigstens diese armen Seelen müssen nicht mehr anonym in St Pancras herumspuken.

GRUND NR. 109

Weil man hier überall stille Ecken findet

Ziemlich verloren steht sie da, wie aus der Zeit geworfen, eingezwängt zwischen den Bankentürmen von Bishopsgate, ein Anachronismus. Niemand weiß genau, wann St Ethelburga's gegründet wurde, aber schon in mittelalterlichen Schriften ist von der Kirche die Rede. Damals war sie das höchste Gebäude der Umgebung. Als Kirche macht sie nicht viel her, sie ist klein, ihrer Fassade fehlt jede Grandeur, und auch innen ist sie ziemlich unspektakulär. Aber sie ist ein Symbol für Londons Zähigkeit, sie lässt sich nicht unterkriegen, nicht von Bomben oder Bränden und erst recht nicht von Banken.

Sie ist ein Muster an Bescheidenheit. Vielleicht hat sie deshalb so viel überstanden. Das große Feuer von 1666 zum Beispiel, dem die meisten Kirchen der City zum Opfer fielen. Auch die Bomben des Zweiten Weltkriegs konnten ihr nichts anhaben, mit ein paar Kratzern ist sie davongekommen, 1953 öffnete sie ihre Pforten wieder. Als dann immer weniger Menschen zu den Gottesdiensten kamen, nahm man ihr auch noch die Gläubigen weg: 1991 wurde ihre kleine Gemeinde der nicht weit entfernten St Helen's Church zugeschlagen, und Ethelburga's wurde eine »Chapel at ease«, eine Kirche im Ruhestand. Der währte jedoch nicht lange, denn 1993 kam die IRA. Direkt vor der Tür zündete die irische Untergrundorganisation eine mächtige Autobombe, die gegen die Banken in der Umgebung gerichtet war, Schäden in Höhe von rund einer Milliarde Pfund anrichtete und nebenbei St Ethelburga's zu Boden warf: Knapp zwei Drittel des Gebäudes wurden ein Kollateralschaden des Terrors. Und als ob das nicht reichte, war ausgerechnet drei Wochen vor dem Attentat auch noch die Versicherung der Kirche abgelaufen. Die kleine, zähe

Kirche schien am Ende. Doch es fanden sich ein paar Spender, die den Wiederaufbau finanzierten, und wieder steht die Kirche an ihrem seit dem Mittelalter angestammten Platz im historischen Herzen der Stadt.

Die unbeugsame St Ethelburga's ist aber nicht nur wegen ihrer Geschichte ein Grund, London zu lieben. Hinter ihr versteckt sich nämlich eine weitere Insel der Ruhe inmitten der ewig lärmenden City. Direkt links neben der Kirche führt ein dunkler, schmaler Gang in den winzigen Kirchgarten, wo man beim Plätschern des Brunnens wunderbar entspannen und die kunstvollen Mosaike bewundern kann. Und hier, hinter einer weiteren Mauer, verbirgt sich noch ein Kuriosum: Im Schatten der Bankentürme haben die Leute von Ethelburga's ein riesiges, 16-eckiges Beduinenzelt aus Ziegenhaar aufgeschlagen, das als Treffpunkt für den interkonfessionellen Dialog genutzt wird. Manchmal ist die Tür offen und man kann einen Blick hineinwerfen, und wer freundlich fragt, wird gern hineingelassen. Leider wird direkt nebenan ein weiterer Wolkenkratzer gebaut, der St Ethelburga's ab 2015 um das Zehnfache überragen wird. Die Banken in der Nachbarschaft rücken dem schmalen Kirchlein mit ihren Geldtempeln immer dichter auf den Pelz. Aber das scheint sie nicht zu jucken. Sie hat, weiß Gott, schon Schlimmeres überstanden.

GRUND NR. 110

Weil Helden des Alltags hier Denkmäler bekommen

Sie kennen das sicher: Es gibt Tage, an denen man den Glauben an das Gute im Menschen verliert und über die Schlechtigkeit seiner Mitbürger verzweifeln möchte. Ein schönes Gegenmittel ist an solchen Tagen ein Besuch im Postman's Park. Er liegt inmitten der hektischen City, auf halbem Wege zwischen St Paul's und Smithfield Market, nur selten verirrt sich ein Tourist hierher. Der Haupteingang dieser grünen Ruheinsel liegt an einer Straße namens St Martin's Le Grand, direkt neben der alten blauen Polizeirufsäule. Dieser ehemalige Friedhof der Gemeinde von St Botolph wurde 1880 zum Park umgestaltet, die verwitterten Grabsteine an seinen Rändern erinnern noch an seinen ursprünglichen Zweck.

Die weitaus interessanteren Gedenksteine aber befinden sich unter einer Loggia am nördlichen Ende. Das »Denkmal der heldenhaften Selbstaufopferung« ist mutigen Männern und Frauen gewidmet, die ihr Leben gaben, um in Not geratene Mitmenschen zu retten. Alltagshelden wie Mary Rogers zum Beispiel. Sie war Stewardess auf dem Dampfer »Stella«, der 1899 vor den Kanalinseln auf ein Riff lief und sank. Mary gab ihre Rettungsweste einem Passagier, weigerte sich, einen Platz in einem der wenigen, überfüllten Rettungsboote einzunehmen – und ging mit dem Schiff unter, betend, wie es heißt. Oder Elizabeth Boxall: Die 17-Jährige aus dem Stadtteil Bethnal Green rettete ein Kind vor einem durchgehenden Pferd und starb später an den Verletzungen, die sie sich dabei zugezogen hatte. Oder Thomas Simpson: Der Landarbeiter starb an Unterkühlung, nachdem er mehrere Menschen aus dem Highgate Pond gerettet hatte, die im Januar 1885 durch das dünne Eis eingebrochen waren.

Dieses ungewöhnliche und rührende Ehrenmal ist das Projekt des viktorianischen Künstlers George Frederic Watts. Der Maler und seine Frau Mary hingen schon früh sozialreformerischen Idealen an und verfolgten über viele Jahre lang hartnäckig ihre Idee, ein Denkmal für Helden aus dem Volk zu errichten. Bei Hofe stießen sie aber auf wenig Gegenliebe, niemand wollte das geplante große Bronze-Monument im Hyde Park finanzieren, Denkmäler waren damals schließlich Königen und Militärs vorbehalten. Doch Watts blieb stur, fand schließlich den Platz im Postman's Park und zahlte die Baukosten der Loggia selbst. Anstelle der geplanten gravierten Marmorplatten musste er sich mit handgemalten Kacheln begnügen, die er von seinem Freund, dem berühmten Keramiker und Künstler William De Morgan, gestalten ließ. Der Enthüllung seines Denkmals im Jahre 1900 konnte Watts schon nicht mehr beiwohnen, lediglich vier der geplanten 120 Kacheln waren installiert und nur neun weitere sollten hinzukommen, bevor Watts 1904 starb. Seine Witwe trieb das Projekt aus Geldmangel nur halbherzig voran, sodass bis heute nur 53 Kacheln die Geschichten von Londons vergessenen Helden erzählen. Erst im Jahre 2009 wurde – zum ersten Mal nach 78 Jahren – eine weitere Kachel hinzugefügt. Sie erinnert an Leigh Pitt, der einen ertrinkenden Jungen aus einem Kanal rettete und dabei selbst ums Leben kam.

Wenn man also wieder mal einen dieser Tage hat, an denen einem die grundsätzliche Boshaftigkeit seiner Mitmenschen aufs Gemüt schlägt: Im Postman's Park kann man sich daran erinnern, dass nicht nur Könige, Generäle und Komponisten ein Denkmal verdienen. Und dass es engagierte Menschen wie Watts gibt, die dafür sorgen, dass diese Zufallshelden nicht vergessen werden.

GRUND NR. III

Weil das Buch hier niemals ausstirbt

Gebetsmühlenartig hört man es in Internetforen und im Radio, Journalisten schreiben Nachrufe darauf, iPad-bewehrte Zeitgenossen verbreiten die Nachricht mit Freude weiter, während sie lässig in ihrer Online-Bibliothek blättern: Das Buch ist am Ende! Erledigt, aus, für alle Zeiten. Informationsvermittlung via Zellulose hat uns lange gedient, aber wozu noch Bäume fällen? Die schöne neue Zeit des E-Books hat begonnen. Halleluja.

Das Buch ist tot? Wenn Sie sich mal die Schuhe abtreten und mir rasch folgen wollen: Willkommen in der British Library. Die zweitgrößte Bibliothek der Welt ist ein Tempel des gedruckten Wortes. Sie beherbergt sage (und schreibe ...) 14 Millionen Bücher, und es gibt dort einen Raum, für jedermann frei und kostenlos zugänglich, in dem man die Wurzeln der menschlichen Zivilisation in Augenschein nehmen kann, ohne Scherz. Er heißt, nicht zu Unrecht, »Schatzkammer«. Und Menschen, die Bücher aus Papier lieben, werden sich hier vor Ehrfurcht die Nackenhaare aufstellen. Der violette Teppichboden verstärkt die dunkle, fast sakrale Stimmung dieses Reliquienschreins, man spürt, dass man hier das Allerheiligste dieser Kathedrale des Buches betritt. Nur die gedämpfte Beleuchtung der Vitrinen spendet Licht, es muss hier dunkel sein, die alten Schriften vertragen keine Helligkeit. Doch wenn sich die Augen daran gewöhnt haben, traut man ihnen kaum: zerbrechliche Fragmente erster Niederschriften des Johannesevangeliums auf Papyrus, fast zweitausend Jahre alt. Der »Codex Sinaiticus«, eine der ältesten handschriftlichen Bibelquellen überhaupt und die älteste vollständige Niederschrift des Neuen Testaments. Eine fantastisch erhaltene Gutenberg-Bibel, eines der ersten Druckerzeugnisse der Welt, dazu jüdische, islamische und buddhistische Schriften aus den letzten tausend Jahren, oft grandios illustriert, mit Farben, die leuchten wie frischer Lack, darunter ein taoistischer Comic aus dem Japan des 17. Jahrhunderts. Unter dem poetischen Titel »Ein Souvenir aus der Galerie der Wolken« beschreibt er den Weg von Herrn und Frau Lin in den Himmel – da kann man schon mal ins Träumen geraten.

Aber nicht nur Philosophisches gibts hier zu bewundern. Musikfans werden von Händels erstem Originalmanuskript des »Messiah« fasziniert sein (auch wenn seine Notenschrift etwas nachlässig daherkommt), Mendelssohns »Hochzeitsmarsch« (Taa-ta-ta-taaaa …) gibt es ebenso im Original zu bewundern wie Ravels »Boléro«. Besonders rührend sind allerdings die Handschriftproben, die ein paar Halbstarke hinterlassen haben: Auf Zetteln, Briefumschlägen und Glückwunschkarten sind die hingekritzelten Original-Textentwürfe von »Help«, »A Hard Days Night« und »Yesterday« erhalten. An dieser Stelle hört man oft ergraute Alt-68er leise weinen. Manuskripte literarischer Großmeister von Charlotte Brontë bis Oscar Wilde runden das Programm ab. Freunde von Politik und Zeitgeschehen kommen ebenfalls auf ihre Kosten: Ein ganzer Raum ist der »Magna Charta« von 1215 gewidmet, zwei Kopien dieser Urquelle aller angloamerikanischen Rechtssysteme sind hier frei zugänglich. Es ist eines der wichtigsten Verfassungsdokumente aller Zeiten, die erste Grundlage für die Freiheit des Individuums gegenüber der Willkür der Herrscher. Drei der in der »Magna Charta« erstmals verbrieften Rechte sind in Großbritannien bis heute gültiges Recht, darunter der Grundsatz, dass niemand ohne Gerichtsverfahren bestraft werden darf – damals wie heute eine prima Idee.

Wie war das also? Das Buch ist am Ende? Dieses hier vielleicht, aber insgesamt?

I don't think so.

Dank

Ohne die Hilfe, die Ideen und die Kritik meiner Londoner Freunde und Kollegen wäre dieses Buch nicht entstanden. Ich danke besonders meiner Frau für Langmut und unermüdliche Recherche in Sachen Damenoberbekleidung; ich danke ferner der wunderbaren Christina Blache für zahllose Anregungen und die Bereitschaft, ihre Kontakte großzügig mit mir zu teilen; der nicht weniger wunderbaren Verena Maria Dittrich für eine entscheidende Frage; Robert Green für Ideen und zahllose Einblicke in Charakter und Seele der Stadt (and for being a friend); Uwe Schwering für seine Erläuterungen zum Thema Nummer eins; Caroline Danneil für Kritik und Korrekturen; Marwan Khafaji für eine hilfreiche Buchempfehlung; James Mann für eine unbezahlbare Liste; Katja Theile, Sarah Prietzsch und Kristina Heidemann für Insidertipps, Ideen und Ermunterung; Kristina Dinser für den Stuhl, Seb Winter für sein Auge und Steve F. für zuverlässig schlechte Laune.

Aus ähnlichen und anderen Gründen bin ich allen Protagonisten sowie Klaus und Therese Bassler, Anna und Matt Valentine, David Irvine, Gordon Young, Rev.-Capt. Liability E., Marzena Niziol, Phillip Nichols, Emilio Pucci, Jonathan Leffman, Stephanie Lincoln, Eddie Crofton-Martin und Katharina Thiel zu tiefem Dank verpflichtet.

Und den Eheleuten K. sowieso, ganz generell.

SCHWARZKOPF & SCHWARZKOPF

111 GRÜNDE, BERLIN ZU LIEBEN

EINE LIEBESERKLÄRUNG AN DIE BUNTE HAUPTSTADT, DIE STÄNDIG IM WANDEL IST UND NIEMALS STILLSTEHT

111 GRÜNDE, BERLIN ZU LIEBEN
EINE LIEBESERKLÄRUNG AN DIE
GROSSARTIGSTE STADT DER WELT
Von Verena Maria Dittrich und Thomas Stechert
304 Seiten, Taschenbuch
ISBN 978-3-89602-967-6 | Preis 9,95 €

»Von Details, persönlichen Anekdoten bis zu Insidertipps widmen sich die Autoren in jedem Kapitel einer liebenswerten Facette der Stadt. Fazit: Macht Lust auf Berlin.« BILD

»Wenn der West-Berliner Thomas Stechert bei einem Fußmarsch von Spandau bis nach Friedrichshain seine Stadt plötzlich ganz neu entdeckt, während die Ostdeutsche Verena Maria Dittrich selbstironisch vor der architektonischen Vielfalt der Stadt kapituliert, dann zeigen sich überraschende Perspektiven auf eine zu Tode beschriebene Stadt – zwei gute Gründe, dieses Buch zu kaufen!«
Welt am Sonntag

»Die subjektive Liebeserklärung vermittelt in 111 kleinen, kurzweiligen Geschichten viele Fakten über die Stadt.«
Heilbronner Stimme

WWW.SCHWARZKOPF-SCHWARZKOPF.DE

SCHWARZKOPF & SCHWARZKOPF

111 GRÜNDE, HAMBURG ZU LIEBEN

EINE LIEBESERKLÄRUNG AN DIE EDLE HAFENSTADT, IN DER SICH
MARITIME TRADITIONEN MIT DEM GROSSSTÄDTISCH-MODERNEN VERBINDEN

111 GRÜNDE, HAMBURG ZU LIEBEN
EINE LIEBESERKLÄRUNG AN DIE
GROSSARTIGSTE STADT DER WELT
Von Ann-Christin Zilling und Torsten Lindner
288 Seiten, Taschenbuch
ISBN 978-3-89602-968-3 | Preis 9,95 €

»Hamburg ist einfach zum Knutschen: Ann-Christin Zilling und Torsten Lindner – zwei besonders glühende Verehrer Hamburgs – haben nun ein Buch geschrieben. ›111 Gründe, Hamburg zu lieben‹ heißt das Werk – eine Mischung aus Lesebuch und Reiseführer für Fortgeschrittene.«
  Hamburger Morgenpost

»Statt Daten, Fakten und der üblichen ›Geheimtipps‹ findet der Leser kleine, ganz persönliche Geschichten: Weshalb man mit der Buslinie 112 die Stadt am aufregendsten kennenlernt, wo der Jazz in Würde jung bleibt und wie die leckersten Currywürste nach Eppendorf kamen. Das macht schon beim Lesen Spaß und ist dabei typisch hanseatisch. ›Eine Liebeserklärung an die großartigste Stadt der Welt‹ lautet der Untertitel. Stimmt.«
  HÖRZU

WWW.SCHWARZKOPF-SCHWARZKOPF.DE

SCHWARZKOPF & SCHWARZKOPF

111 GRÜNDE, MÜNCHEN ZU LIEBEN

EINE LIEBESERKLÄRUNG AN DIE NÖRDLICHSTE STADT ITALIENS, IN DER SICH TRADITION UND MODERNE AUFS SCHÖNSTE VEREINEN

111 GRÜNDE, MÜNCHEN ZU LIEBEN
EINE LIEBESERKLÄRUNG AN DIE
GROSSARTIGSTE STADT DER WELT
Von Evelyn Boos und Andreas Körner
280 Seiten, Taschenbuch
ISBN 978-3-89602-966-9 | Preis 9,95 €

»Wer aus Bayern kommt und im Ausland – also in anderen Bundesländern – unterwegs ist, muss sich oft einiges anhören. In München lebe nur die Schicki-Micki-Gesellschaft, heißt es da. Und überhaupt, so richtig was los sei hier nicht. Alle Münchenliebhaber, die von diesen Klischees genervt sind, sollten das Buch ›111 Gründe, München zu lieben‹ im Gepäck haben, das ausführlich erklärt, warum es in München so schön ist. Zu jedem Grund wird eine kurzweilige Geschichte erzählt – das dürfte auch den stärksten München-Muffel überzeugen.« Münchner Merkur

»›111 Gründe, München zu lieben‹ ist eine gute Bestandsaufnahme, die jedem Neu-Münchner die Orientierung erleichtern und jedem überzeugten Münchner die Vorzüge seiner Heimatstadt vor Augen führen kann.« dpa

WWW.SCHWARZKOPF-SCHWARZKOPF.DE

SCHWARZKOPF & SCHWARZKOPF

111 GRÜNDE, ITALIEN ZU LIEBEN

EINE HUMORVOLLE LIEBESERKLÄRUNG AN DAS »LAND, WO DIE ZITRONEN BLÜHN«,
DIE DEN LESER IN DAS GEHEIMNIS DER ITALIENISCHEN LEBENSKUNST EINWEIHT

111 GRÜNDE, ITALIEN ZU LIEBEN
EINE LIEBESERKLÄRUNG AN DIE KUNST ZU LEBEN
Von Beate Giacovelli
ca. 320 Seiten, Taschenbuch
ISBN 978-3-86265-129-0 | Preis 9,95 €

Italien ist seit vielen Jahren das beliebteste Urlaubsziel der Deutschen. Familien und Pärchen, Jung und Alt pilgern Sommer für Sommer dorthin, um Wärme zu tanken und Erholung zu finden. Warum ausgerechnet Italien? Weil dieses Land so viel mehr zu bieten hat als Sonne, Strand und Meer – und weil man sich nur zu gern von der einzigartigen Lebenslust seiner Bewohner anstecken lassen möchte.

Die Autorin Beate Giacovelli, die seit vielen Jahren in ihrer Wahlheimat, der Lombardei, lebt, führt 111 Gründe an, warum man Italien einfach lieben muss. In amüsanten, erfrischenden Geschichten stellt sie Land und Leute mit all ihren charmanten Eigenheiten vor und lädt auf eine faszinierende Reise durch »Bella Italia« ein. Das Buch enthält außerdem einen Genießer-Grundwortschatz und einen »Gestikulier-Guide«.

WWW.SCHWARZKOPF-SCHWARZKOPF.DE

DER AUTOR Gerhard Elfers wurde 1966 im westfälischen Steinfurt geboren. Seit knapp einem Jahrzehnt lebt und arbeitet er in seiner Wahlheimat London. Er ist freiberuflicher Korrespondent für verschiedene deutsche Fernsehsender, Zeitschriften und Zeitungen. Twitter: @11ers

Gerhard Elfers
111 GRÜNDE, LONDON ZU LIEBEN
Eine Liebeserklärung an die großartigste Stadt der Welt

ISBN 978-3-89602-977-5
© Schwarzkopf & Schwarzkopf Verlag GmbH, Berlin 2012
Alle Rechte vorbehalten. Dieses Werk ist urheberrechtlich geschützt. Jede Verwendung, die über den Rahmen des Zitatrechtes bei korrekter und vollständiger Quellenangabe hinausgeht, ist honorarpflichtig und bedarf der schriftlichen Genehmigung des Verlages. Lektorat: Nadine Landeck | Coverfotos: 1. Reihe v.l.: © Neil Lang / shutterstock.com | © Boguslaw Bafia / shutterstock.com | © privat | 2. Reihe v.l.: © QQ7 / shutterstock.com | © Seb Winter | © wildarrow / shutterstock.com | Illustrationen im Inhaltsteil: © andromina / shutterstock.com | Foto des Autors: © Seb Winter

KATALOG
Wir senden Ihnen gern kostenlos unseren Katalog.
Schwarzkopf & Schwarzkopf Verlag GmbH
Kastanienallee 32, 10435 Berlin
Telefon: 030 – 44 33 63 00
Fax: 030 – 44 33 63 044

INTERNET | E-MAIL
www.schwarzkopf-schwarzkopf.de
info@schwarzkopf-schwarzkopf.de